EDENS ZERO

22

DAS ETHER ALLER DINGE

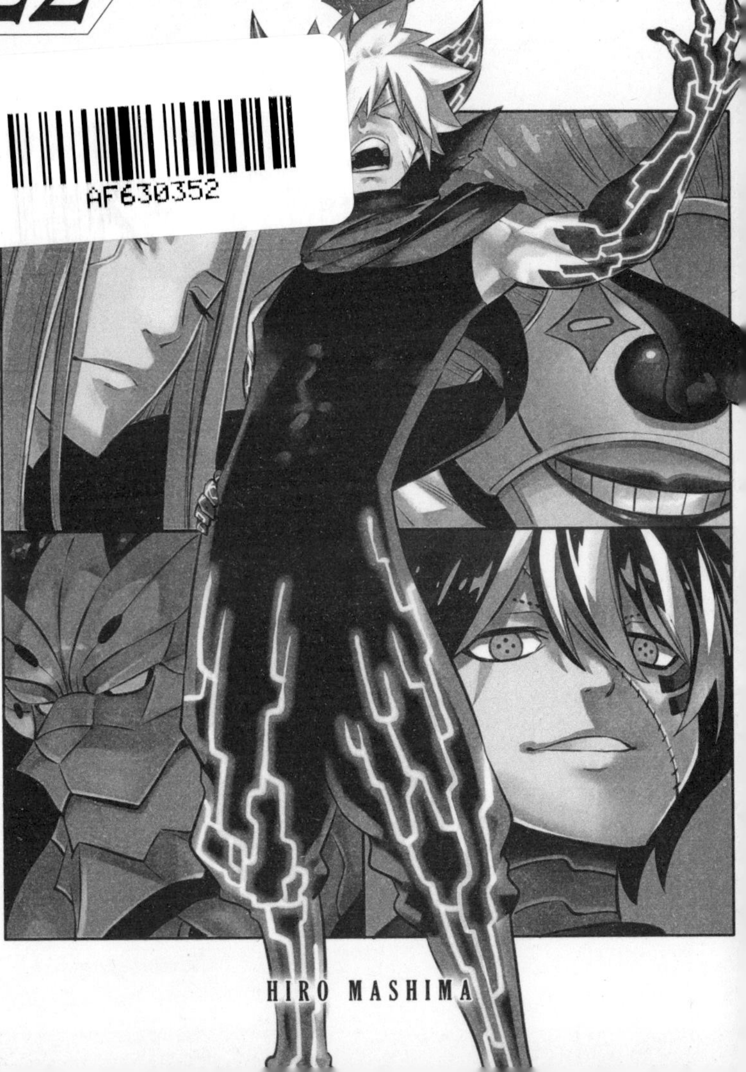

HIRO MASHIMA

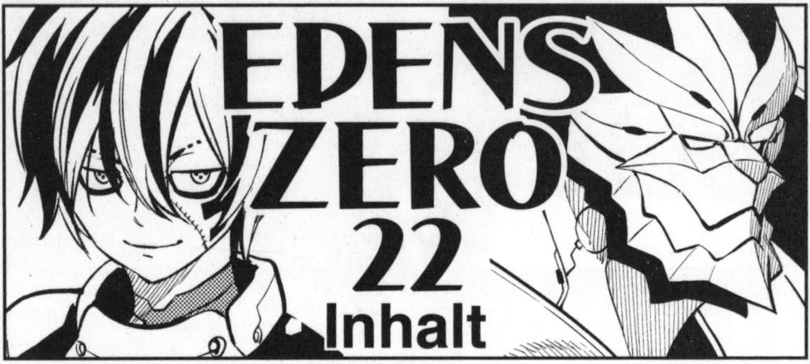
EDENS
ZERO
22
Inhalt

EDENS ZERO

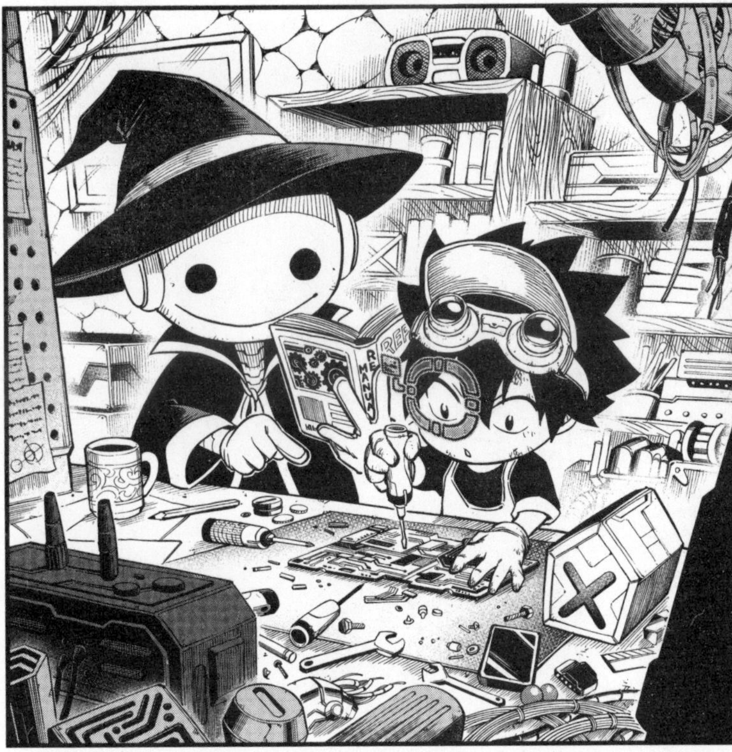

KAPITEL 186: DAS SUBSPACE-PROGRAMM

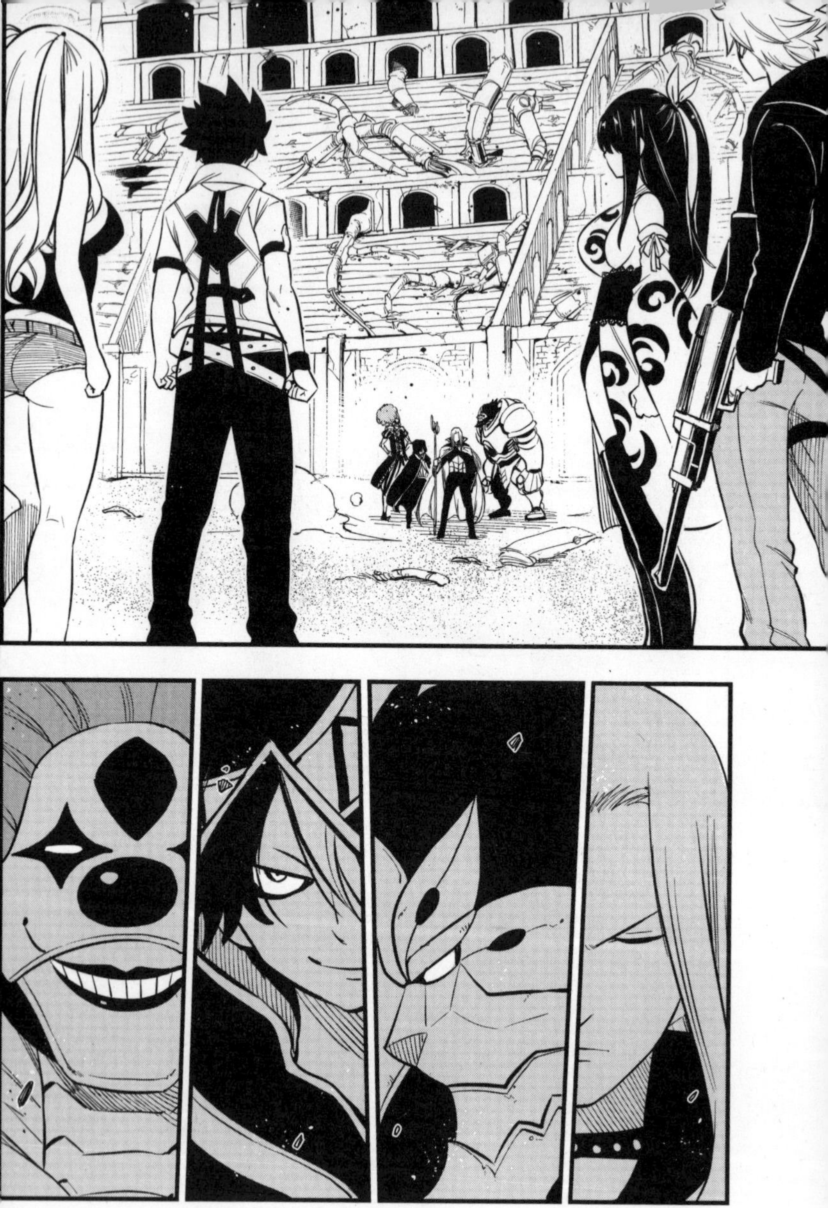

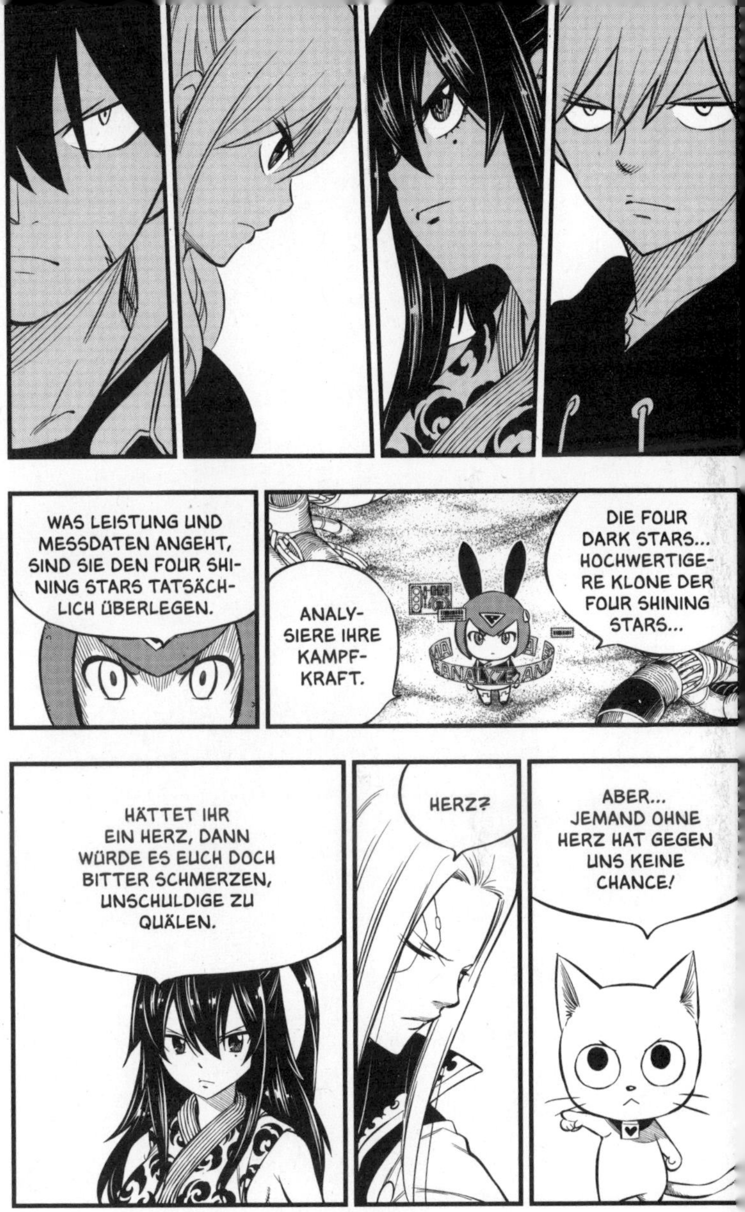
WAS LEISTUNG UND MESSDATEN ANGEHT, SIND SIE DEN FOUR SHI-NING STARS TATSÄCH-LICH ÜBERLEGEN.
ANALY-SIERE IHRE KAMPF-KRAFT.
ANALYZE
DIE FOUR DARK STARS... HOCHWERTIGE-RE KLONE DER FOUR SHINING STARS...
HÄTTET IHR EIN HERZ, DANN WÜRDE ES EUCH DOCH BITTER SCHMERZEN, UNSCHULDIGE ZU QUÄLEN.
HERZ?
ABER... JEMAND OHNE HERZ HAT GEGEN UNS KEINE CHANCE!

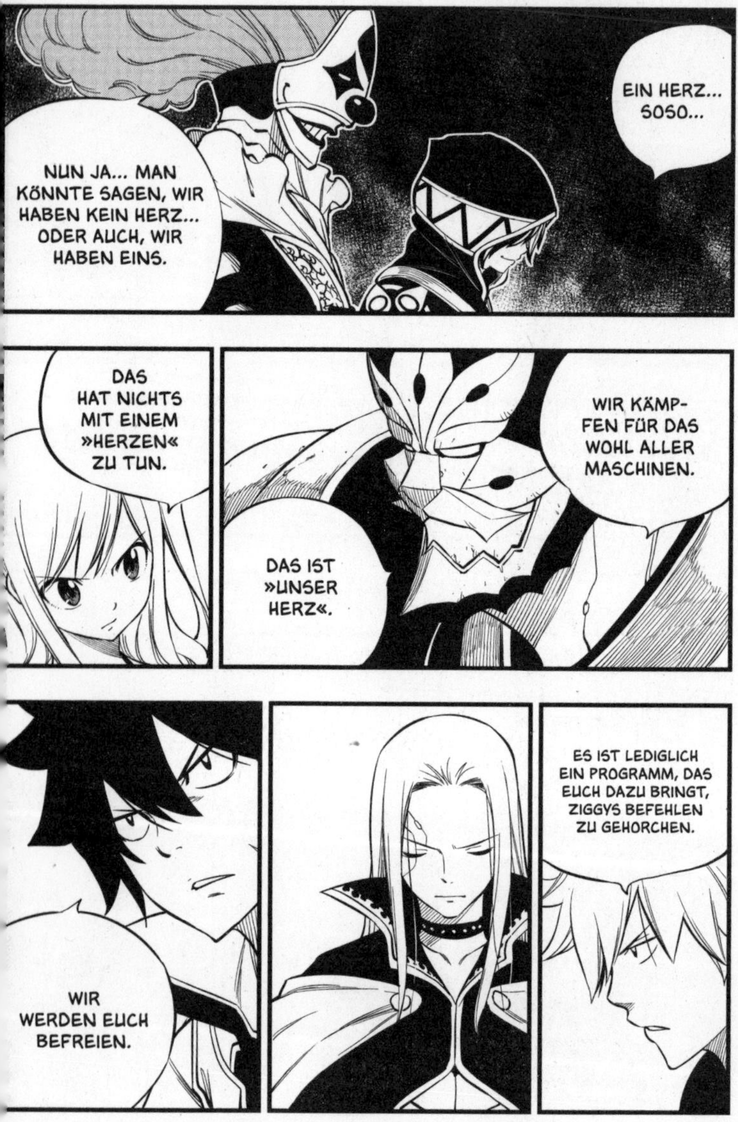
EIN HERZ... SOSO...
NUN JA... MAN KÖNNTE SAGEN, WIR HABEN KEIN HERZ... ODER AUCH, WIR HABEN EINS.
WIR KÄMPFEN FÜR DAS WOHL ALLER MASCHINEN.
DAS IST »UNSER HERZ«.
DAS HAT NICHTS MIT EINEM »HERZEN« ZU TUN.
ES IST LEDIGLICH EIN PROGRAMM, DAS EUCH DAZU BRINGT, ZIGGYS BEFEHLEN ZU GEHORCHEN.
WIR WERDEN EUCH BEFREIEN.

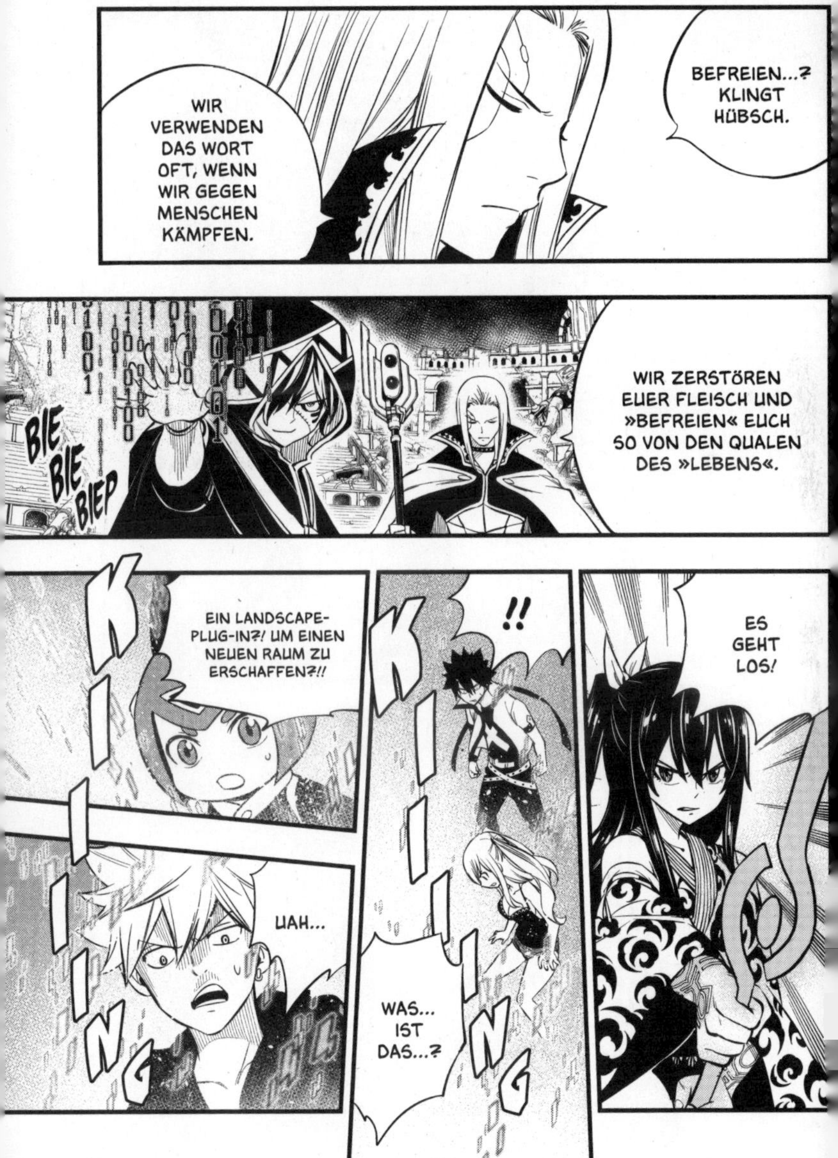
BEFREIEN...?
KLINGT HÜBSCH.
WIR VERWENDEN DAS WORT OFT, WENN WIR GEGEN MENSCHEN KÄMPFEN.
WIR ZERSTÖREN EUER FLEISCH UND »BEFREIEN« EUCH SO VON DEN QUALEN DES »LEBENS«.
BIE BIE BIEP
ES GEHT LOS!
KIIIING
!!
WAS... IST DAS...?
KIIIING
EIN LANDSCAPE-PLUG-IN?! UM EINEN NEUEN RAUM ZU ERSCHAFFEN?!!
UAH...

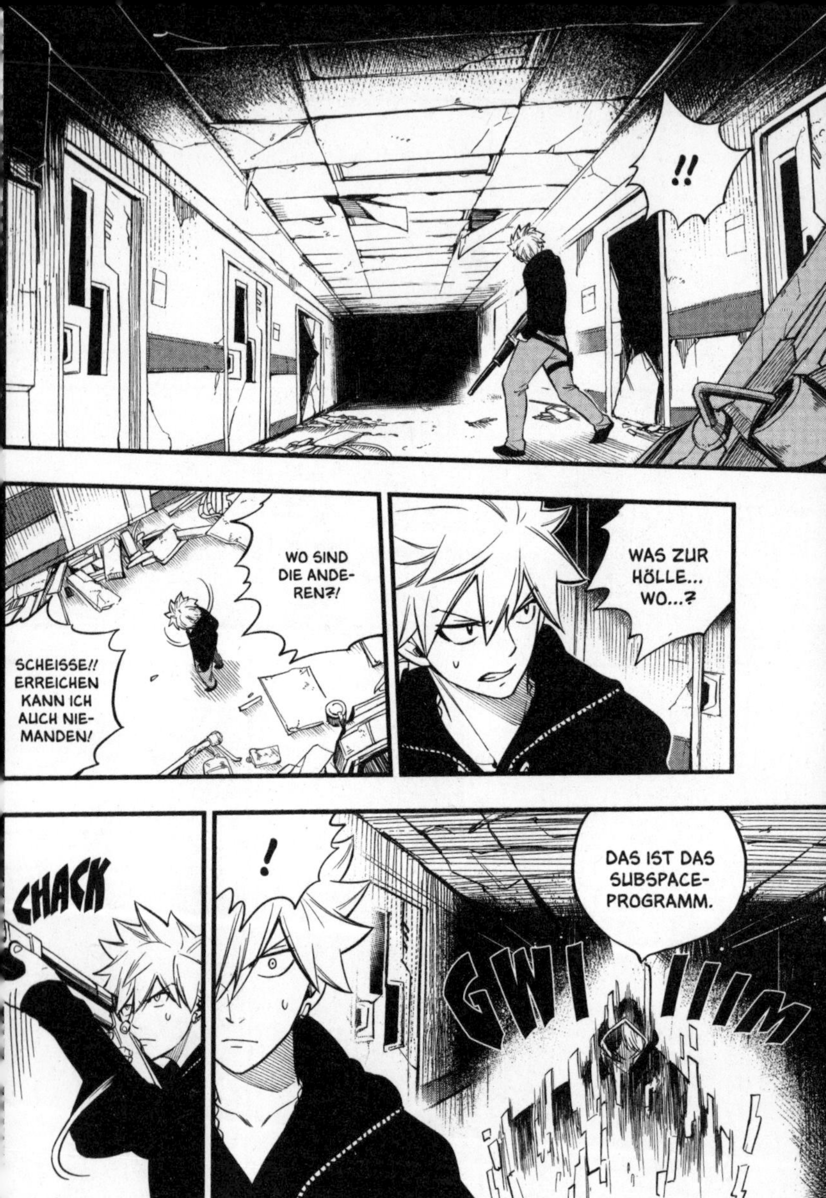
!!
WAS ZUR HÖLLE... WO...?
WO SIND DIE ANDE-REN?!
SCHEISSE!! ERREICHEN KANN ICH AUCH NIE-MANDEN!
DAS IST DAS SUBSPACE-PROGRAMM.
GWI IIIM
!
CHACK

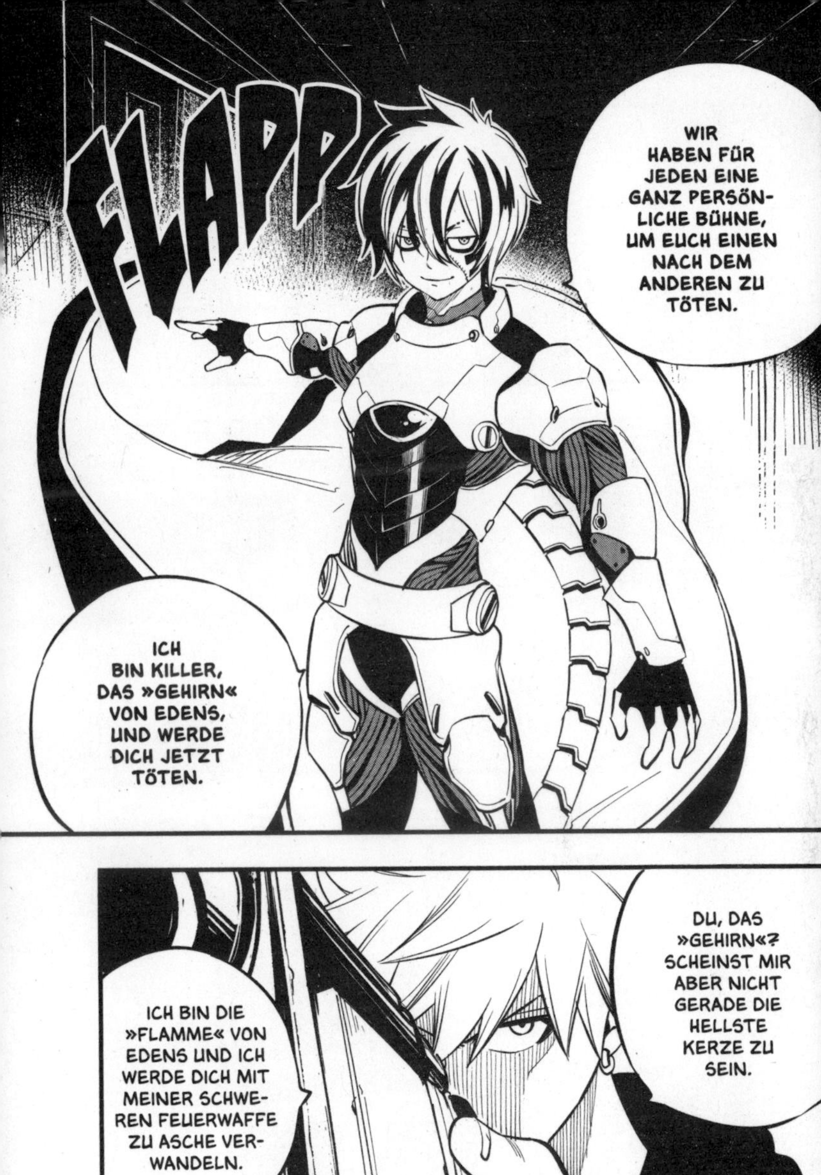
WIR HABEN FÜR JEDEN EINE GANZ PERSÖN-LICHE BÜHNE, UM EUCH EINEN NACH DEM ANDEREN ZU TÖTEN.
FLAPP
ICH BIN KILLER, DAS »GEHIRN« VON EDENS, UND WERDE DICH JETZT TÖTEN.
DU, DAS »GEHIRN«? SCHEINST MIR ABER NICHT GERADE DIE HELLSTE KERZE ZU SEIN.
ICH BIN DIE »FLAMME« VON EDENS UND ICH WERDE DICH MIT MEINER SCHWE-REN FEUERWAFFE ZU ASCHE VER-WANDELN.

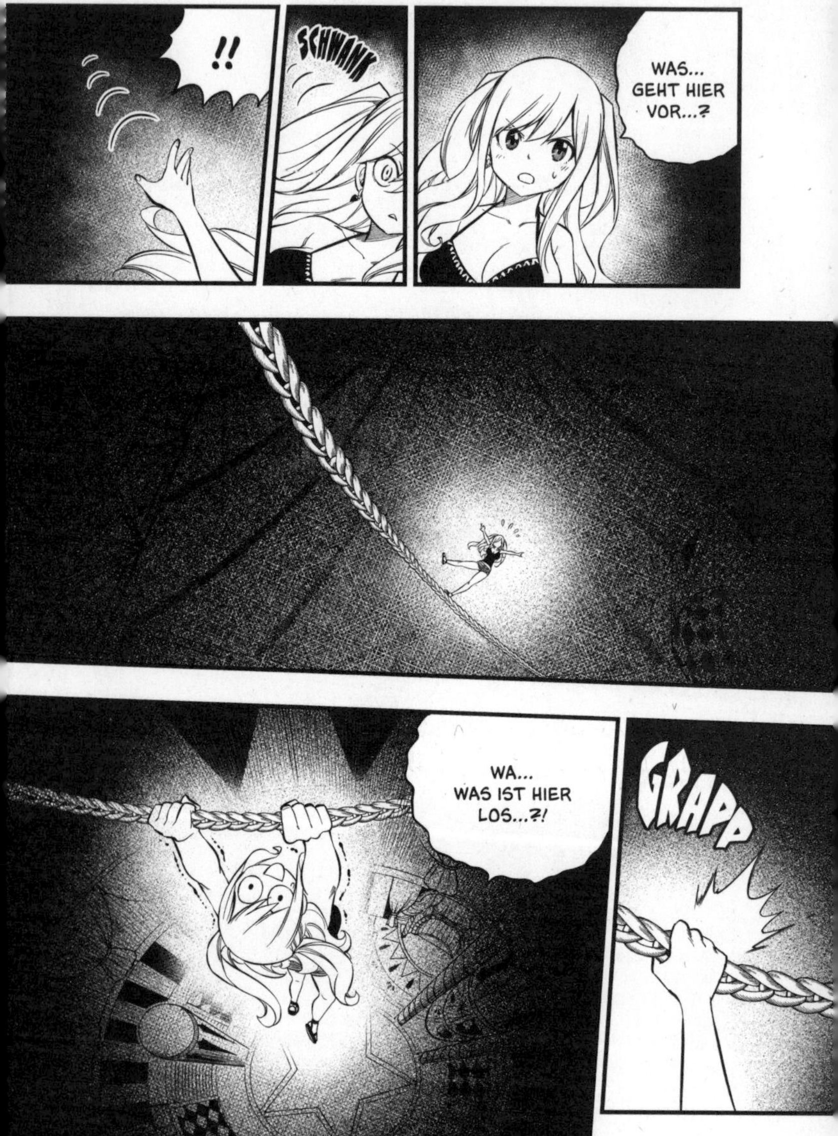
!!
SCHWANK
WAS...
GEHT HIER
VOR...?
WA...
WAS IST HIER
LOS...?!
GRAPP

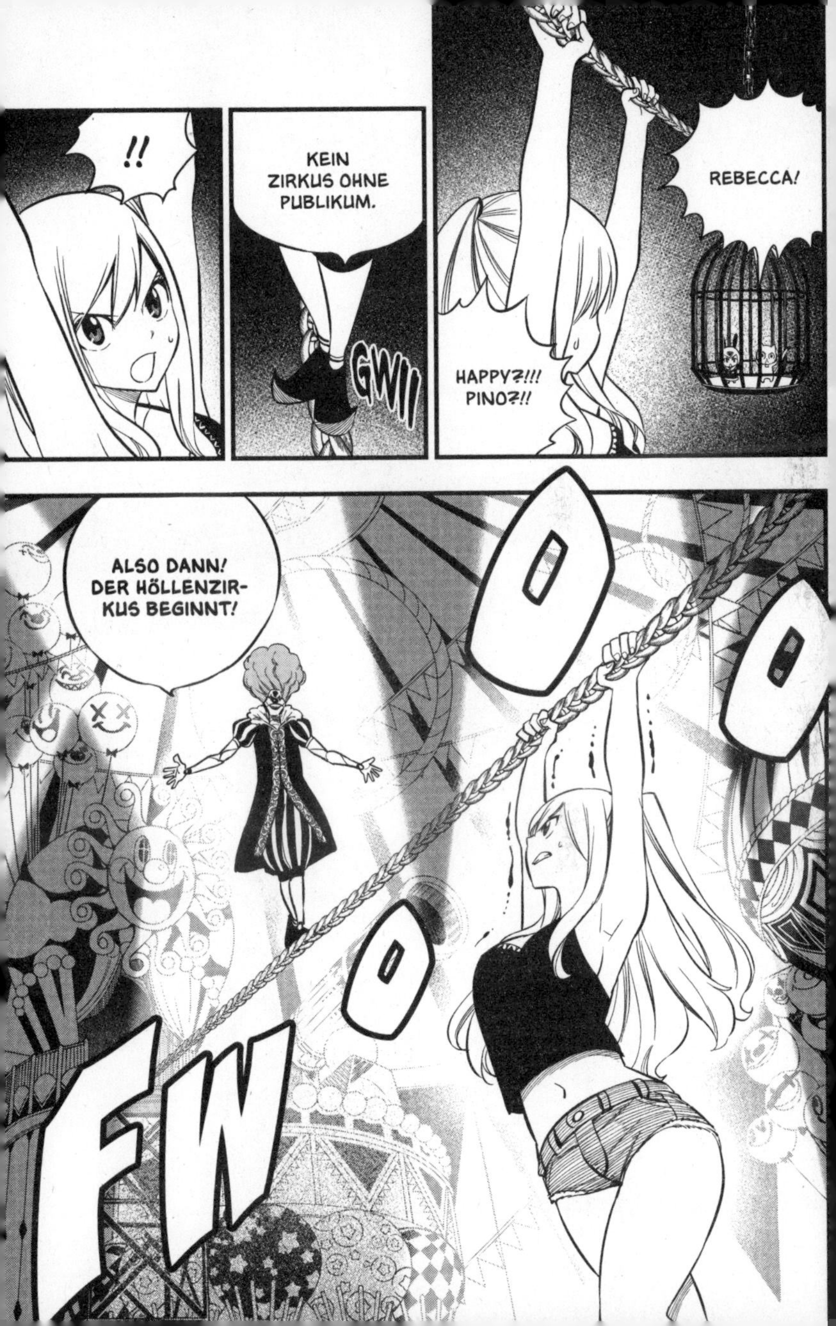

REBECCA!
HAPPY?!!!
PINO?!!
KEIN
ZIRKUS OHNE
PUBLIKUM.
GWII
!!
ALSO DANN!
DER HÖLLENZIR-
KUS BEGINNT!
FWOOO

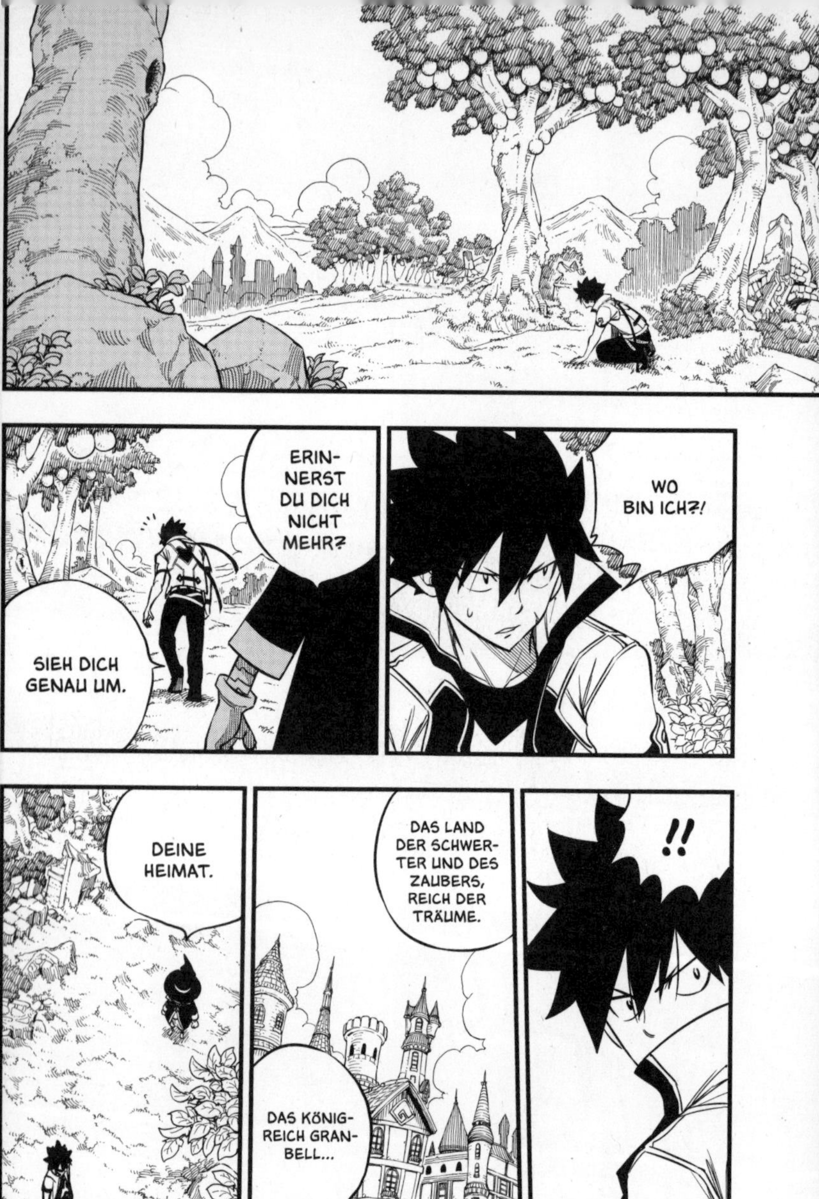
WO BIN ICH?!
ERINNERST DU DICH NICHT MEHR?
SIEH DICH GENAU UM.
!!
DAS LAND DER SCHWERTER UND DES ZAUBERS, REICH DER TRÄUME.
DAS KÖNIGREICH GRANBELL...
DEINE HEIMAT.

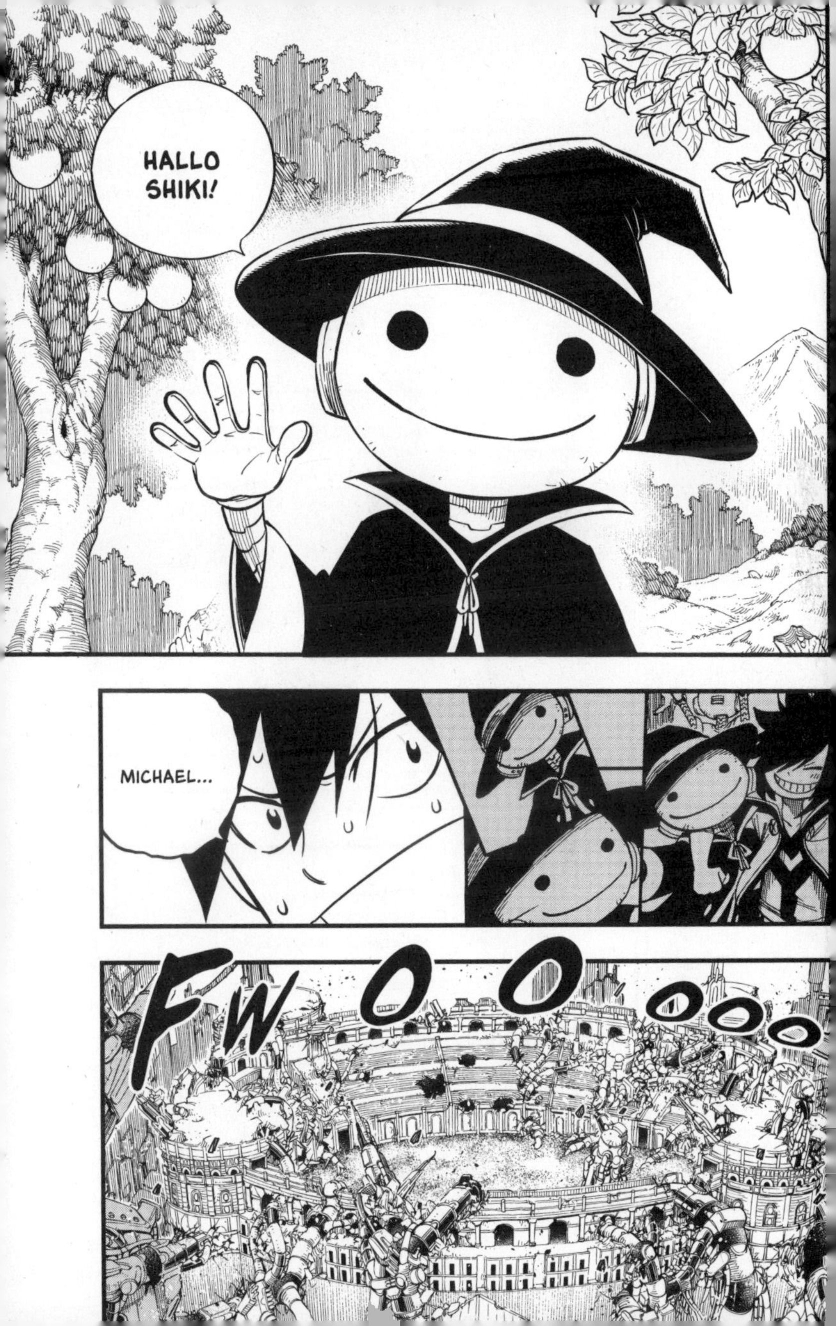
HALLO SHIKI!
MICHAEL...
FWOOOOOO

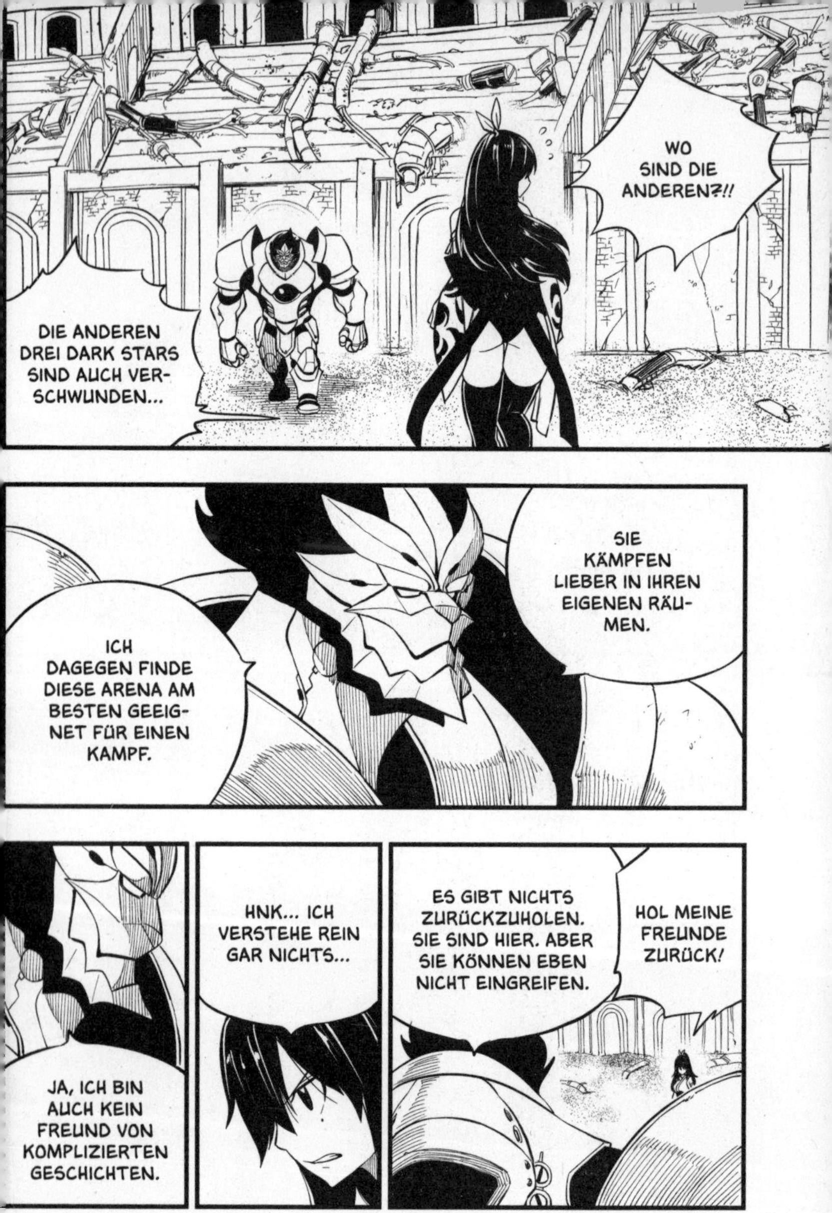
WO SIND DIE ANDEREN?!!
DIE ANDEREN DREI DARK STARS SIND AUCH VERSCHWUNDEN...
SIE KÄMPFEN LIEBER IN IHREN EIGENEN RÄUMEN.
ICH DAGEGEN FINDE DIESE ARENA AM BESTEN GEEIGNET FÜR EINEN KAMPF.
HOL MEINE FREUNDE ZURÜCK!
ES GIBT NICHTS ZURÜCKZUHOLEN. SIE SIND HIER. ABER SIE KÖNNEN EBEN NICHT EINGREIFEN.
HNK... ICH VERSTEHE REIN GAR NICHTS...
JA, ICH BIN AUCH KEIN FREUND VON KOMPLIZIERTEN GESCHICHTEN.

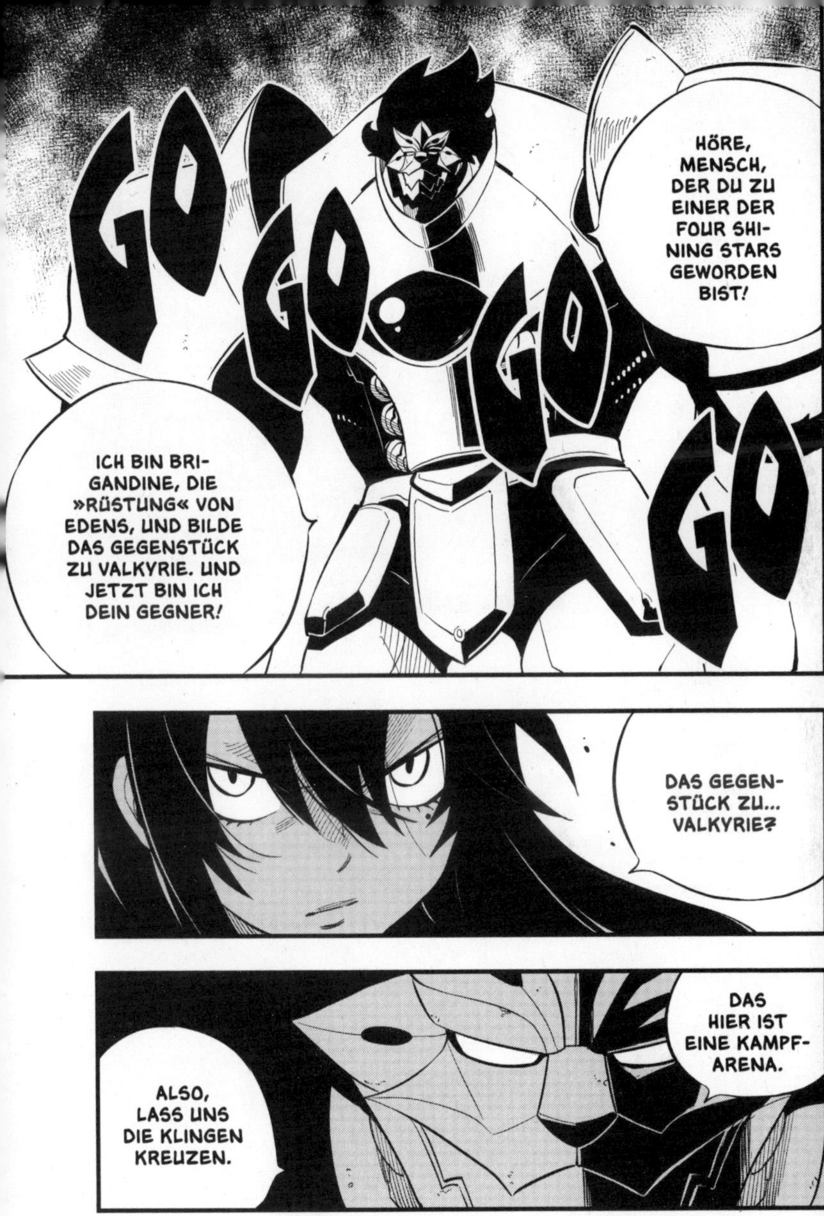
GO GO GO GO
HÖRE, MENSCH, DER DU ZU EINER DER FOUR SHINING STARS GEWORDEN BIST!
ICH BIN BRIGANDINE, DIE »RÜSTUNG« VON EDENS, UND BILDE DAS GEGENSTÜCK ZU VALKYRIE. UND JETZT BIN ICH DEIN GEGNER!
DAS GEGENSTÜCK ZU... VALKYRIE?
DAS HIER IST EINE KAMPF-ARENA.
ALSO, LASS UNS DIE KLINGEN KREUZEN.

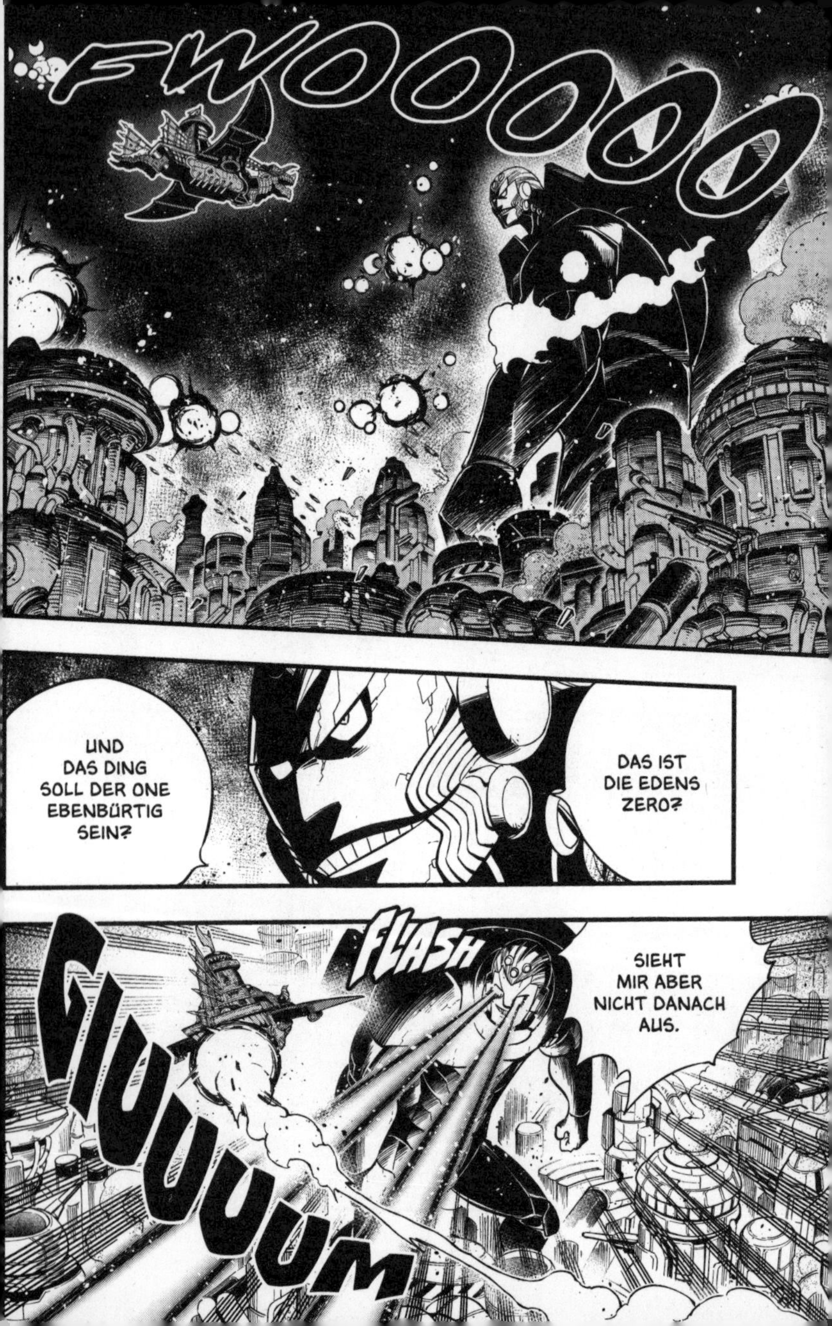
FWOOOOO
UND DAS DING SOLL DER ONE EBENBÜRTIG SEIN?
DAS IST DIE EDENS ZERO?
FLASH
SIEHT MIR ABER NICHT DANACH AUS.
GIUUUUUM

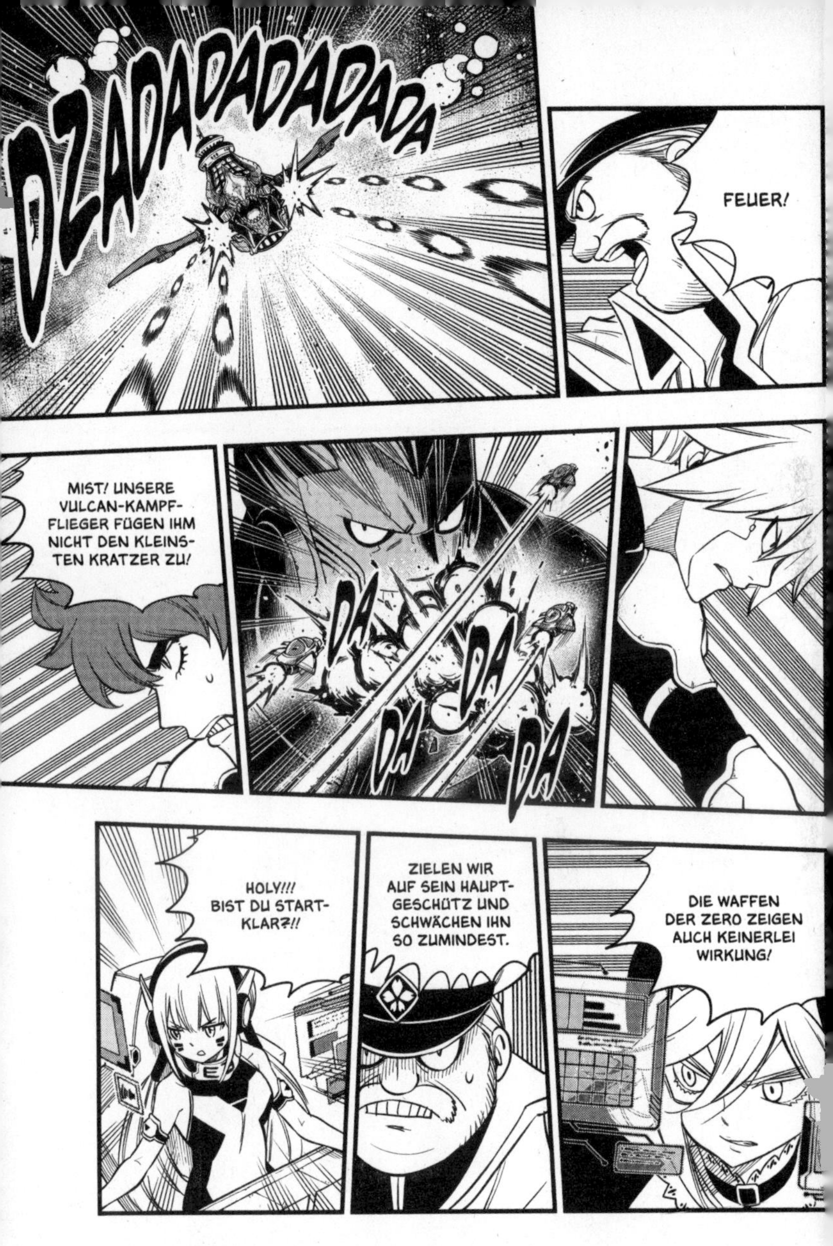
DZADADADADADADA
FEUER!
MIST! UNSERE VULCAN-KAMPF-FLIEGER FÜGEN IHM NICHT DEN KLEINS-TEN KRATZER ZU!
DA
DA
DA
DA
DA
HOLY!!! BIST DU START-KLAR?!!
ZIELEN WIR AUF SEIN HAUPT-GESCHÜTZ UND SCHWÄCHEN IHN SO ZUMINDEST.
DIE WAFFEN DER ZERO ZEIGEN AUCH KEINERLEI WIRKUNG!

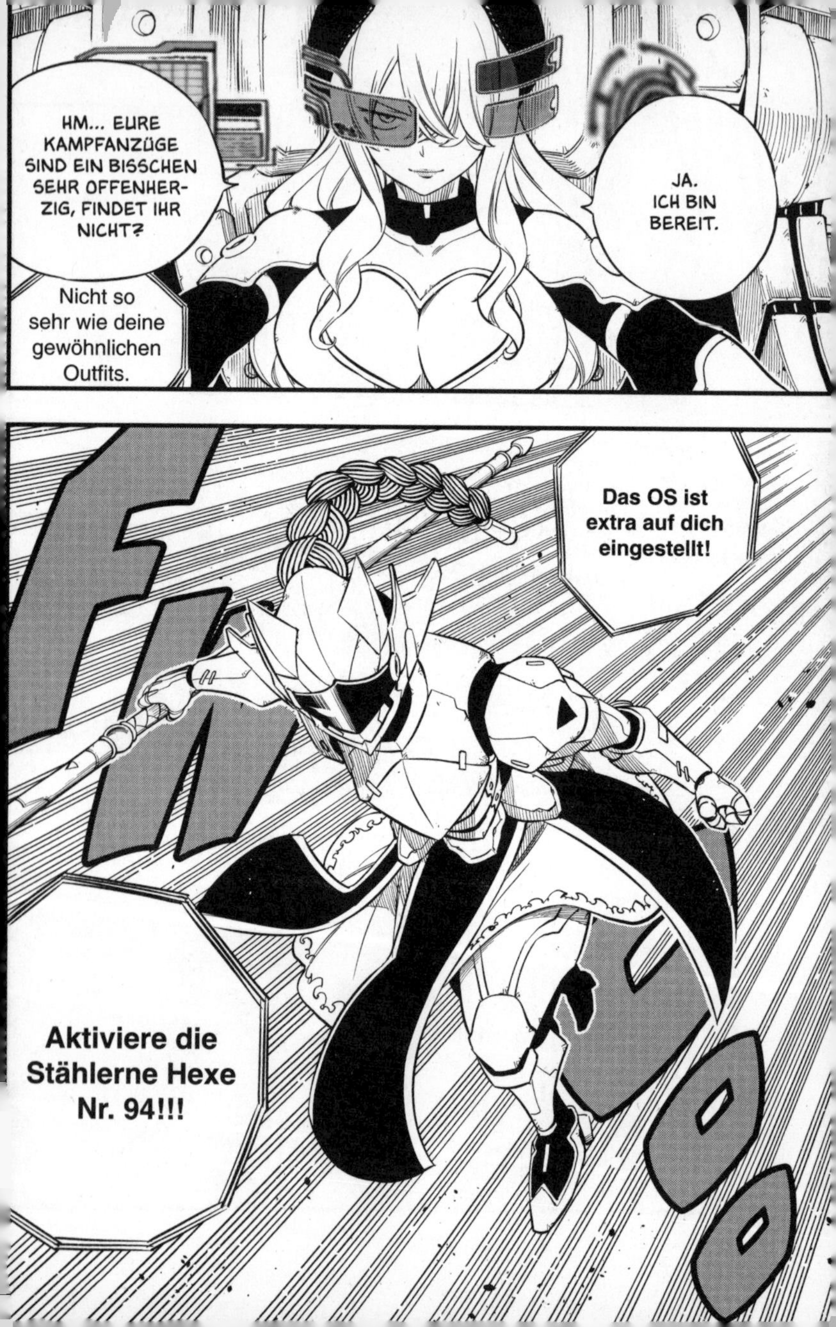
JA. ICH BIN BEREIT.
HM... EURE KAMPFANZÜGE SIND EIN BISSCHEN SEHR OFFENHER-ZIG, FINDET IHR NICHT?
Nicht so sehr wie deine gewöhnlichen Outfits.
Das OS ist extra auf dich eingestellt!
Aktiviere die Stählerne Hexe Nr. 94!!!

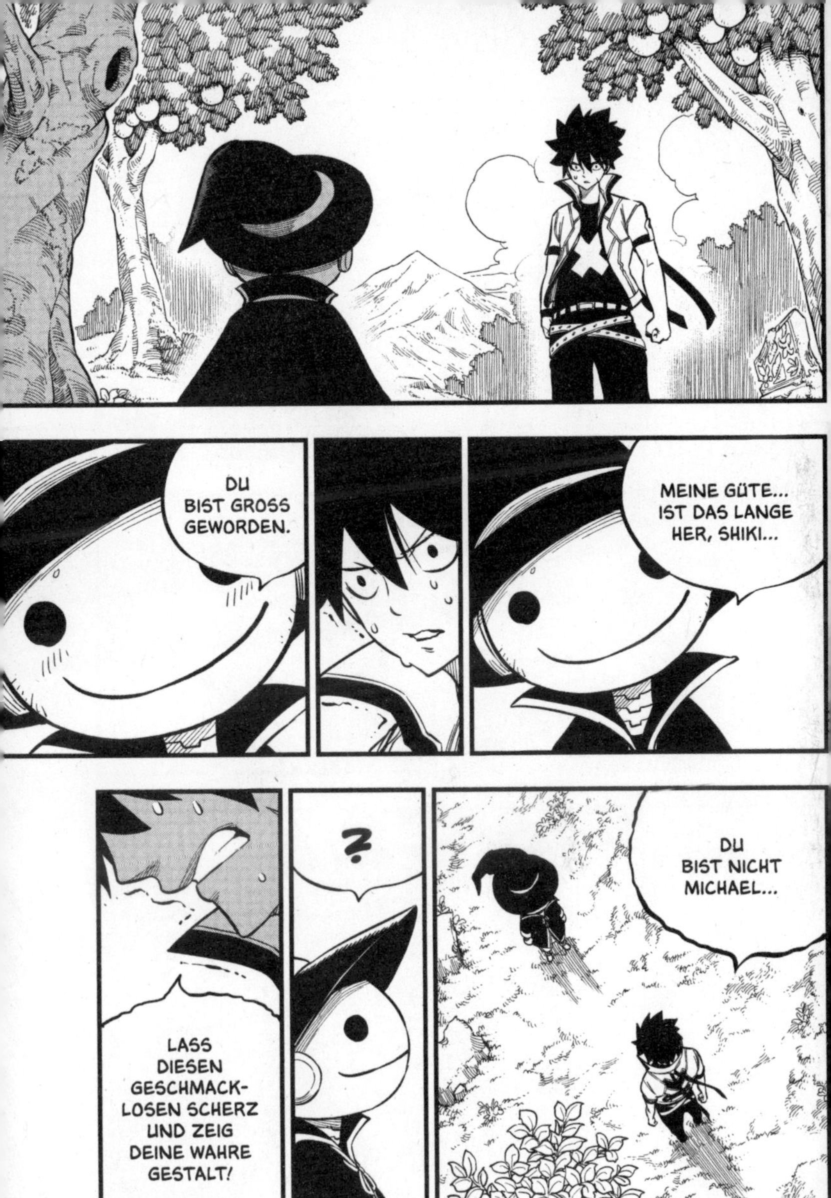
MEINE GÜTE... IST DAS LANGE HER, SHIKI...
DU BIST GROSS GEWORDEN.
DU BIST NICHT MICHAEL...
?
LASS DIESEN GESCHMACK-LOSEN SCHERZ UND ZEIG DEINE WAHRE GESTALT!

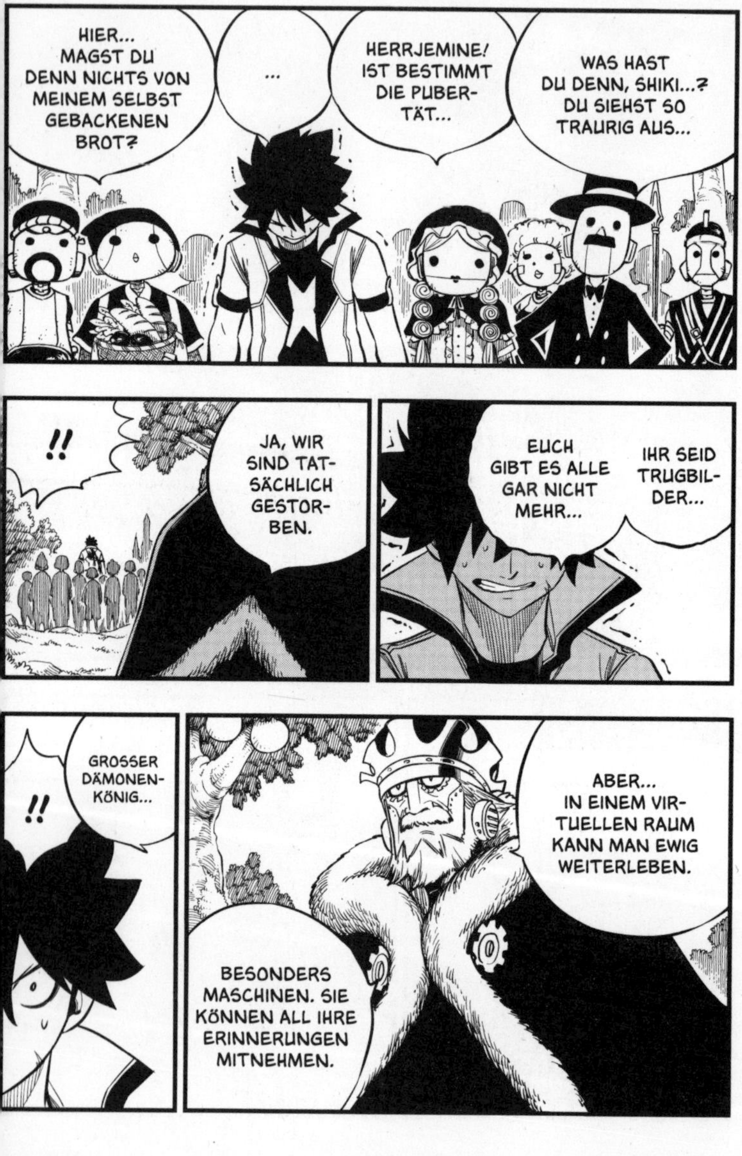
WAS HAST DU DENN, SHIKI...? DU SIEHST SO TRAURIG AUS...
HERRJEMINE! IST BESTIMMT DIE PUBER-TÄT...
...
HIER... MAGST DU DENN NICHTS VON MEINEM SELBST GEBACKENEN BROT?
IHR SEID TRUGBIL-DER...
EUCH GIBT ES ALLE GAR NICHT MEHR...
JA, WIR SIND TAT-SÄCHLICH GESTOR-BEN.
!!
ABER... IN EINEM VIR-TUELLEN RAUM KANN MAN EWIG WEITERLEBEN.
BESONDERS MASCHINEN. SIE KÖNNEN ALL IHRE ERINNERUNGEN MITNEHMEN.
GROSSER DÄMONEN-KÖNIG...
!!

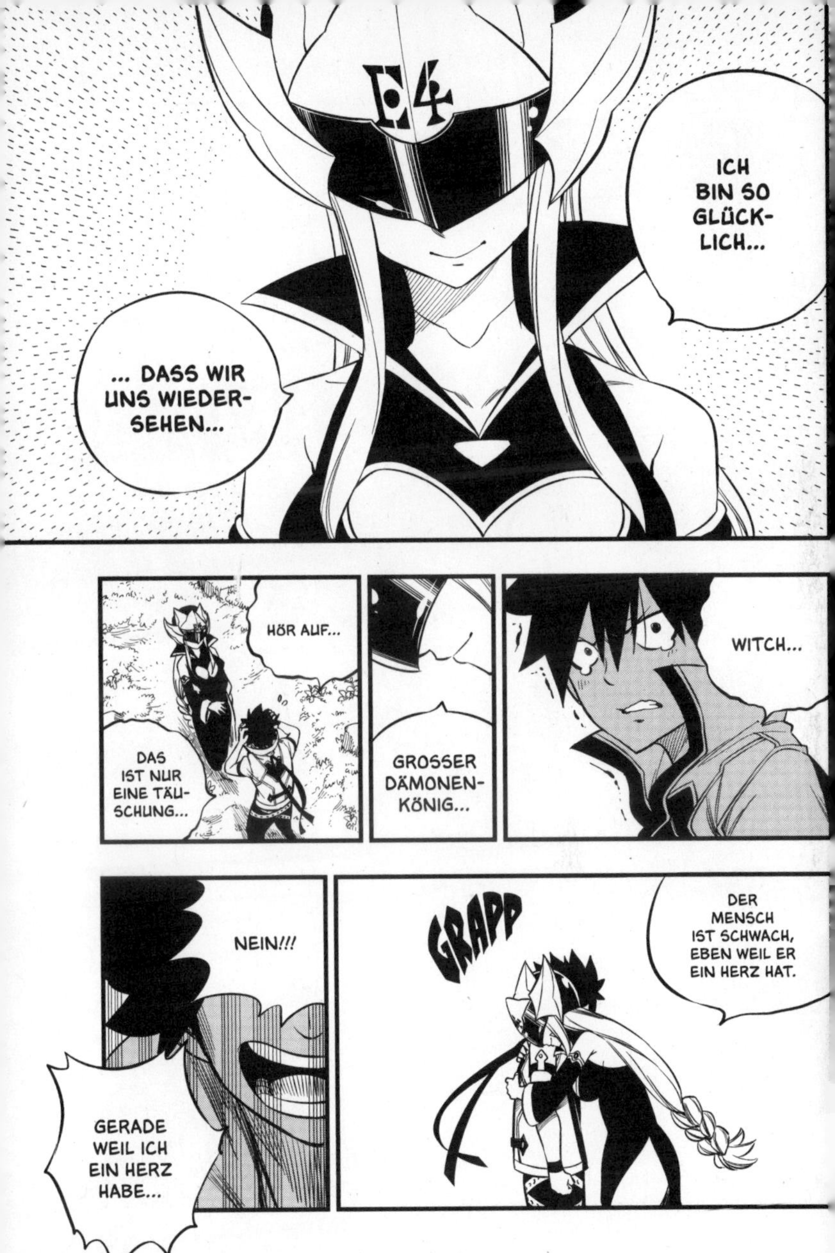
ICH BIN SO GLÜCKLICH...
... DASS WIR UNS WIEDERSEHEN...
WITCH...
GROSSER DÄMONENKÖNIG...
HÖR AUF...
DAS IST NUR EINE TÄUSCHUNG...
DER MENSCH IST SCHWACH, EBEN WEIL ER EIN HERZ HAT.
GRAPP
NEIN!!!
GERADE WEIL ICH EIN HERZ HABE...

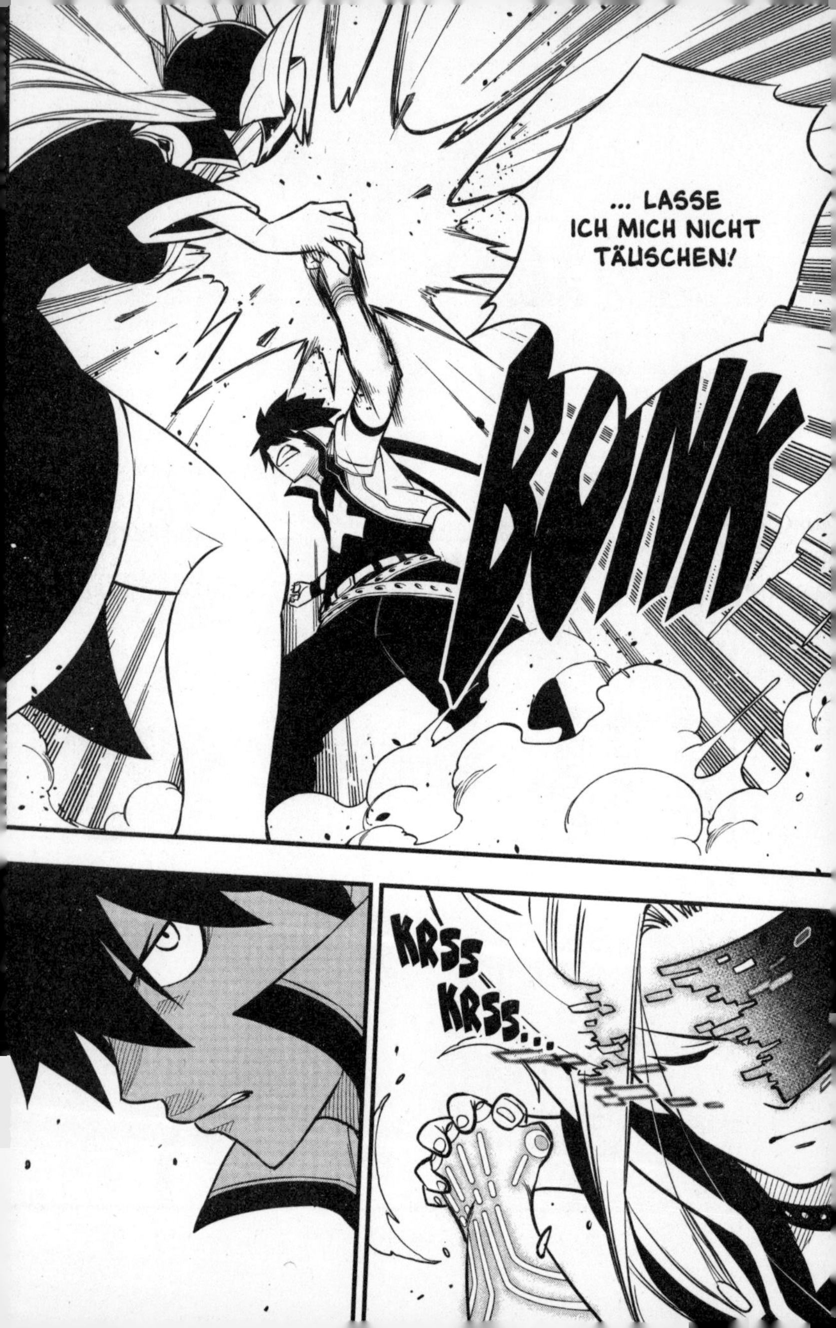
... LASSE
ICH MICH NICHT
TÄUSCHEN!
BONK
KRSS
KRSS...

EDENS ZERO

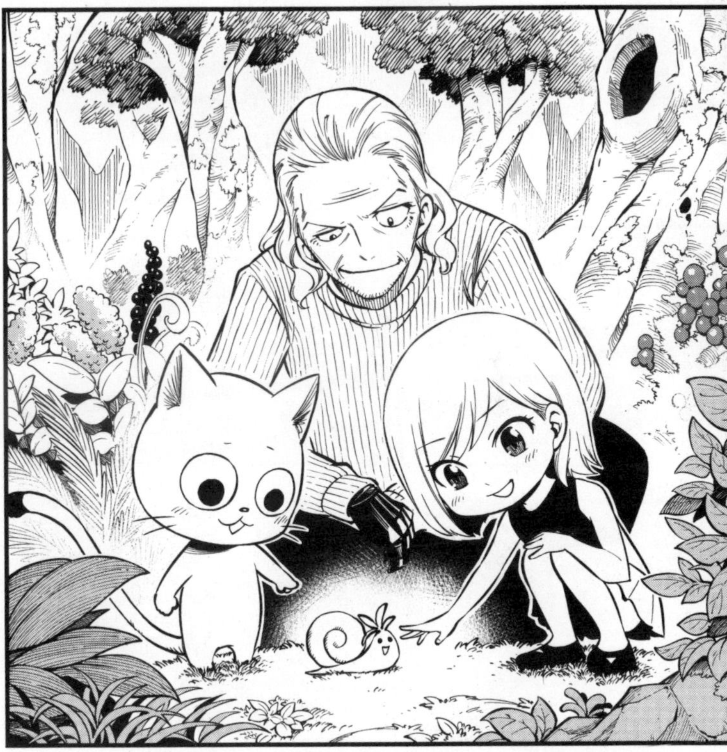

KAPITEL 187: SHIKI VS. WIZARD

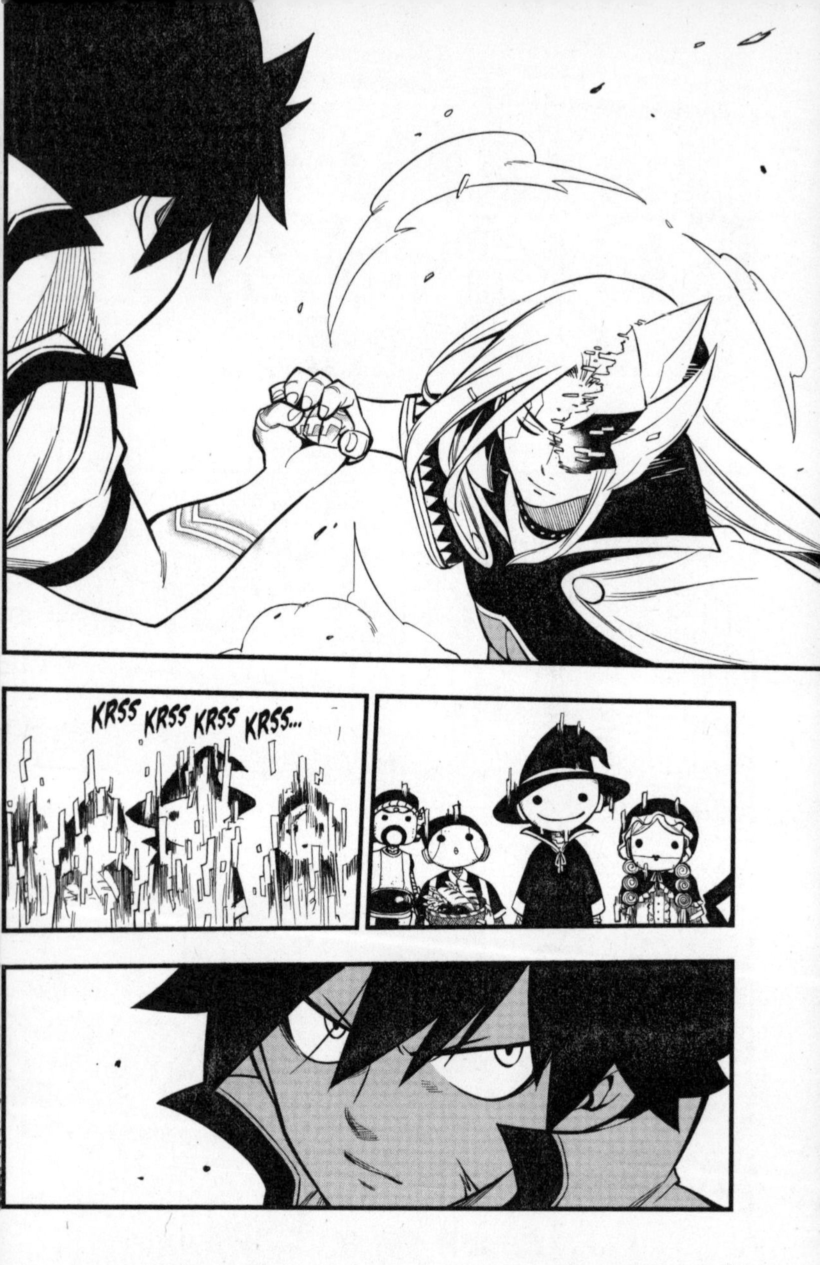
KRSS KRSS KRSS KRSS...

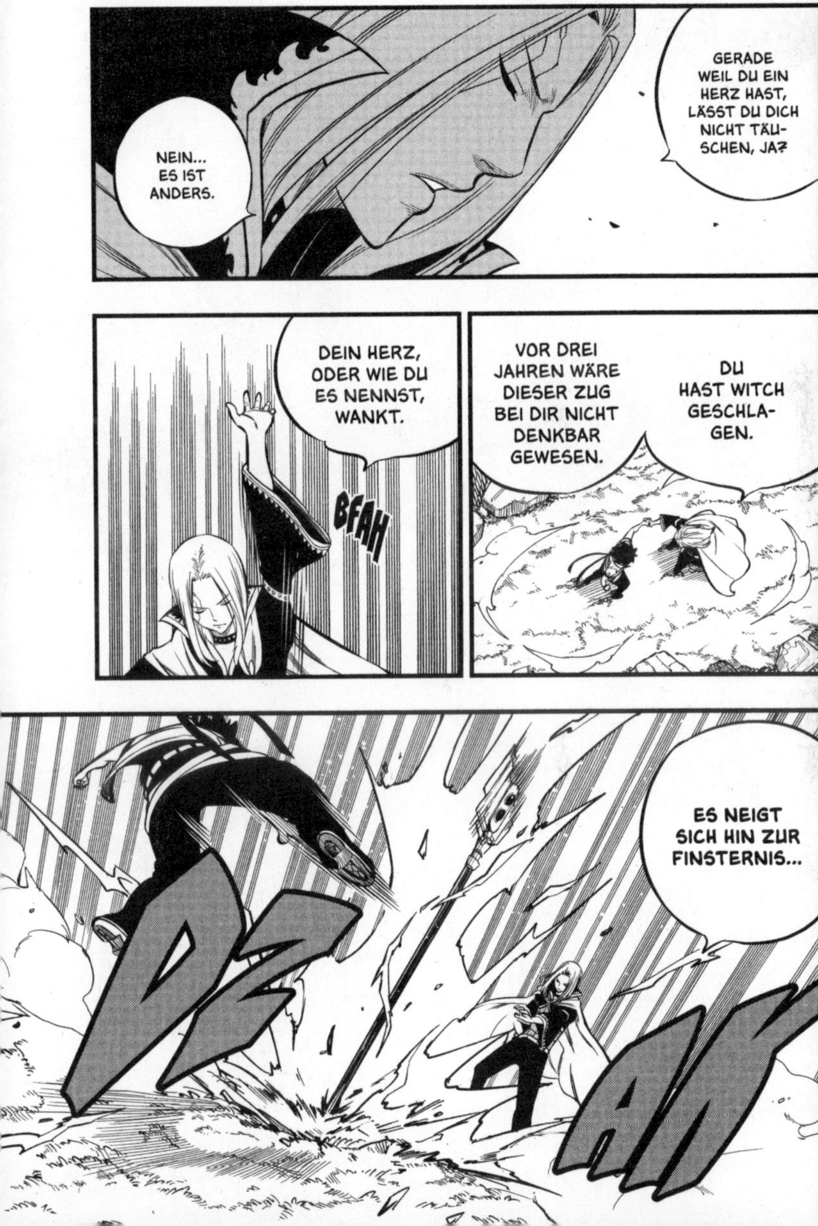
GERADE WEIL DU EIN HERZ HAST, LÄSST DU DICH NICHT TÄU-SCHEN, JA?
NEIN... ES IST ANDERS.
DU HAST WITCH GESCHLA-GEN.
VOR DREI JAHREN WÄRE DIESER ZUG BEI DIR NICHT DENKBAR GEWESEN.
DEIN HERZ, ODER WIE DU ES NENNST, WANKT.
BFAH
ES NEIGT SICH HIN ZUR FINSTERNIS...

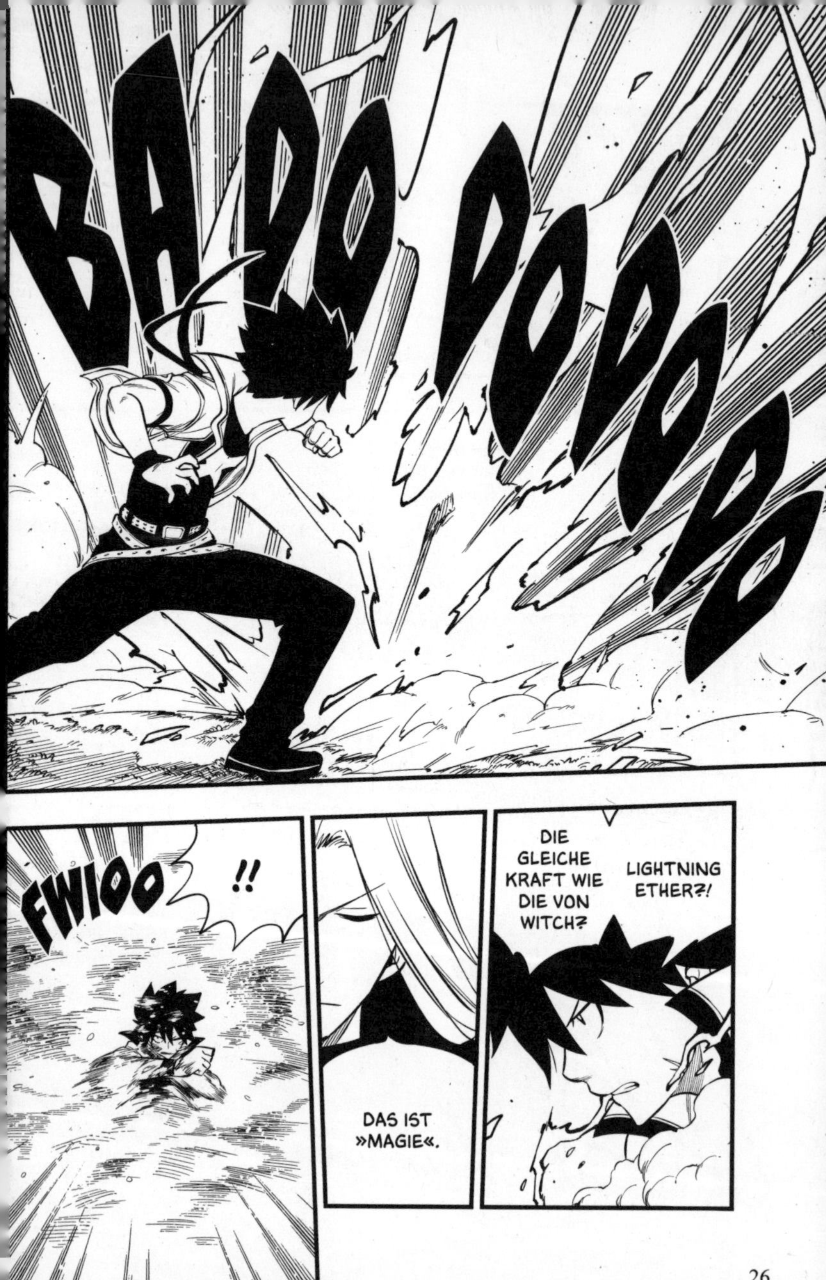
LIGHTNING ETHER?!
DIE GLEICHE KRAFT WIE DIE VON WITCH?
DAS IST »MAGIE«.
FWIOO
!!

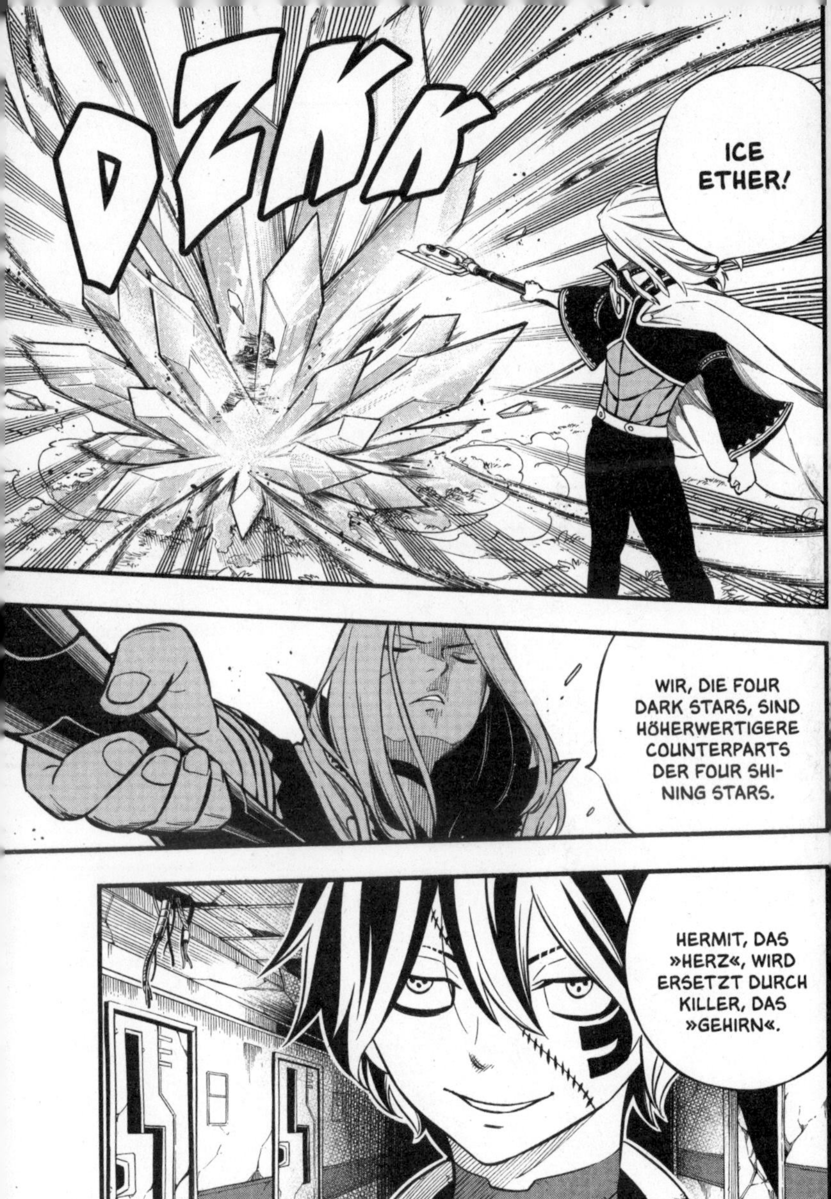
DZKK
ICE ETHER!
WIR, DIE FOUR DARK STARS, SIND HÖHERWERTIGERE COUNTERPARTS DER FOUR SHI- NING STARS.
HERMIT, DAS »HERZ«, WIRD ERSETZT DURCH KILLER, DAS »GEHIRN«.

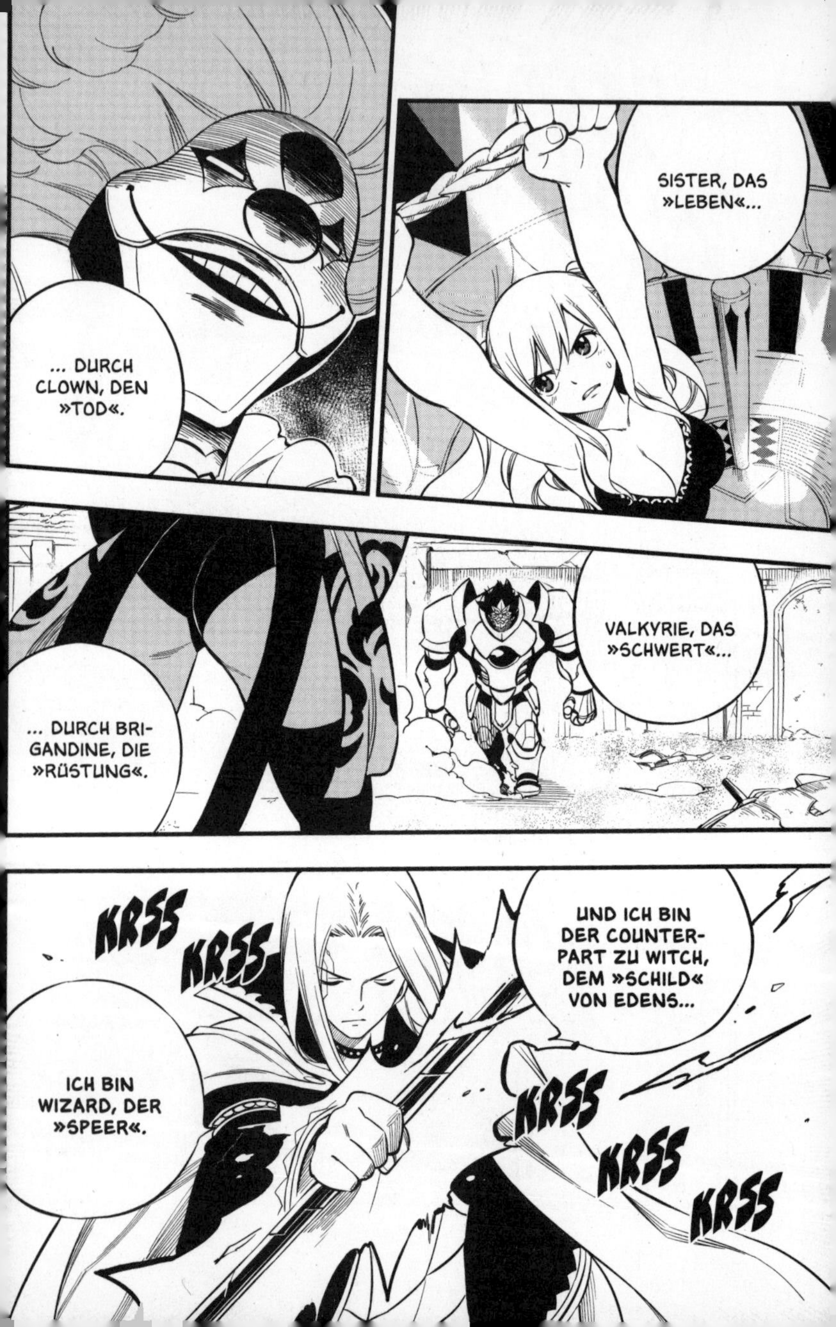
SISTER, DAS »LEBEN«...
... DURCH CLOWN, DEN »TOD«.
VALKYRIE, DAS »SCHWERT«...
... DURCH BRIGANDINE, DIE »RÜSTUNG«.
UND ICH BIN DER COUNTERPART ZU WITCH, DEM »SCHILD« VON EDENS...
KRSS KRSS KRSS
ICH BIN WIZARD, DER »SPEER«.
KRSS KRSS

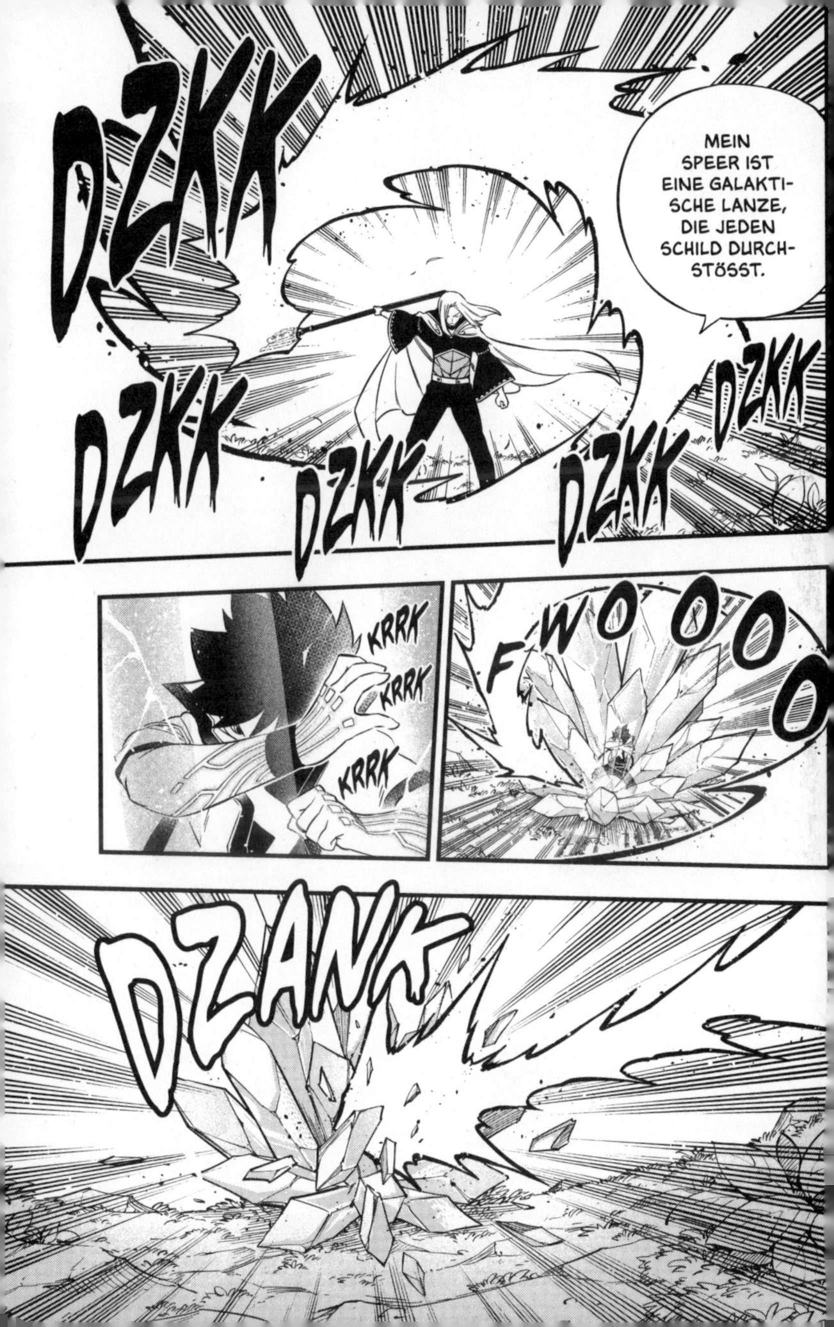
MEIN SPEER IST EINE GALAKTI-SCHE LANZE, DIE JEDEN SCHILD DURCH-STÖSST.
DZKK
DZKK
DZKK
DZKK
DZKK
KRRK
KRRK
KRRK
FWOOOO
DZANK

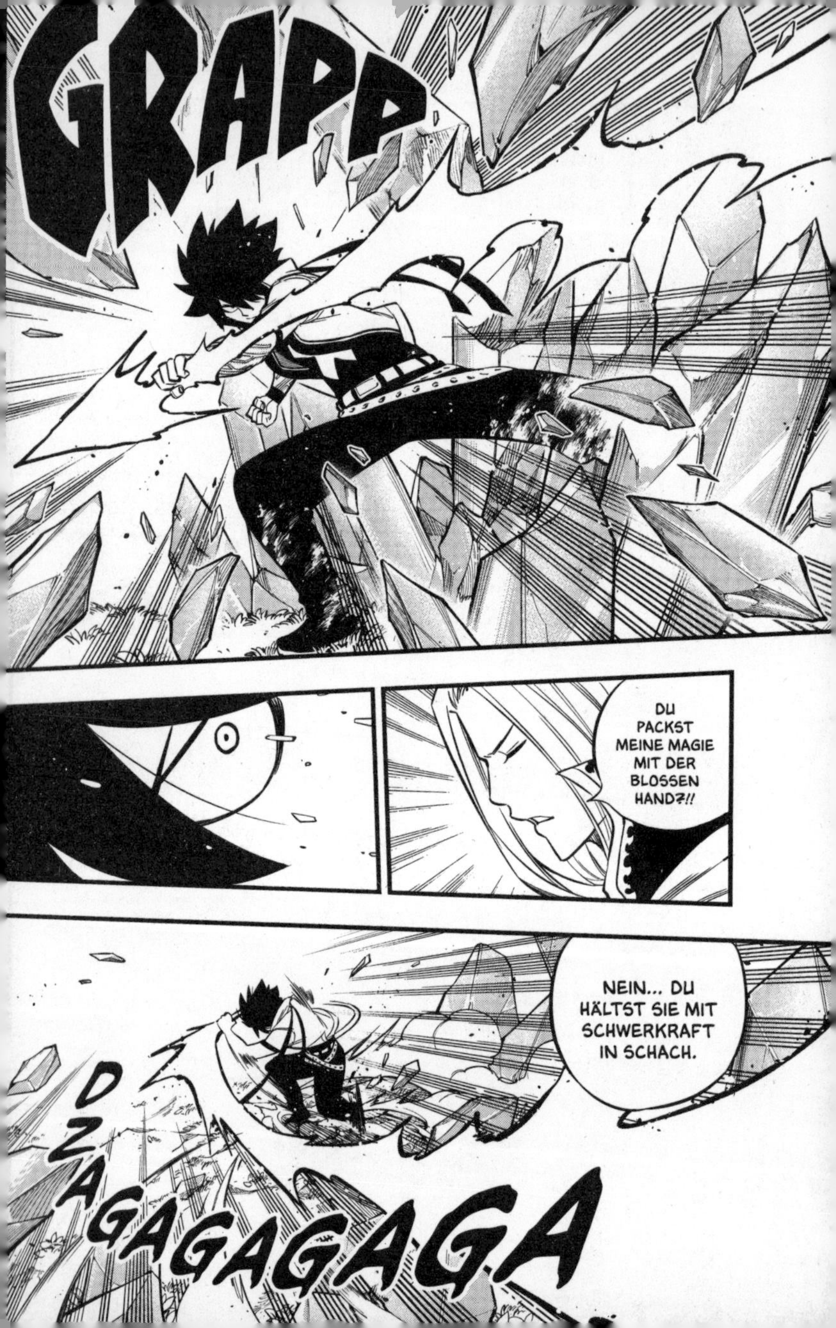
GRAPP
DU PACKST MEINE MAGIE MIT DER BLOSSEN HAND?!!
NEIN... DU HÄLTST SIE MIT SCHWERKRAFT IN SCHACH.
DZAGAGAGAGA

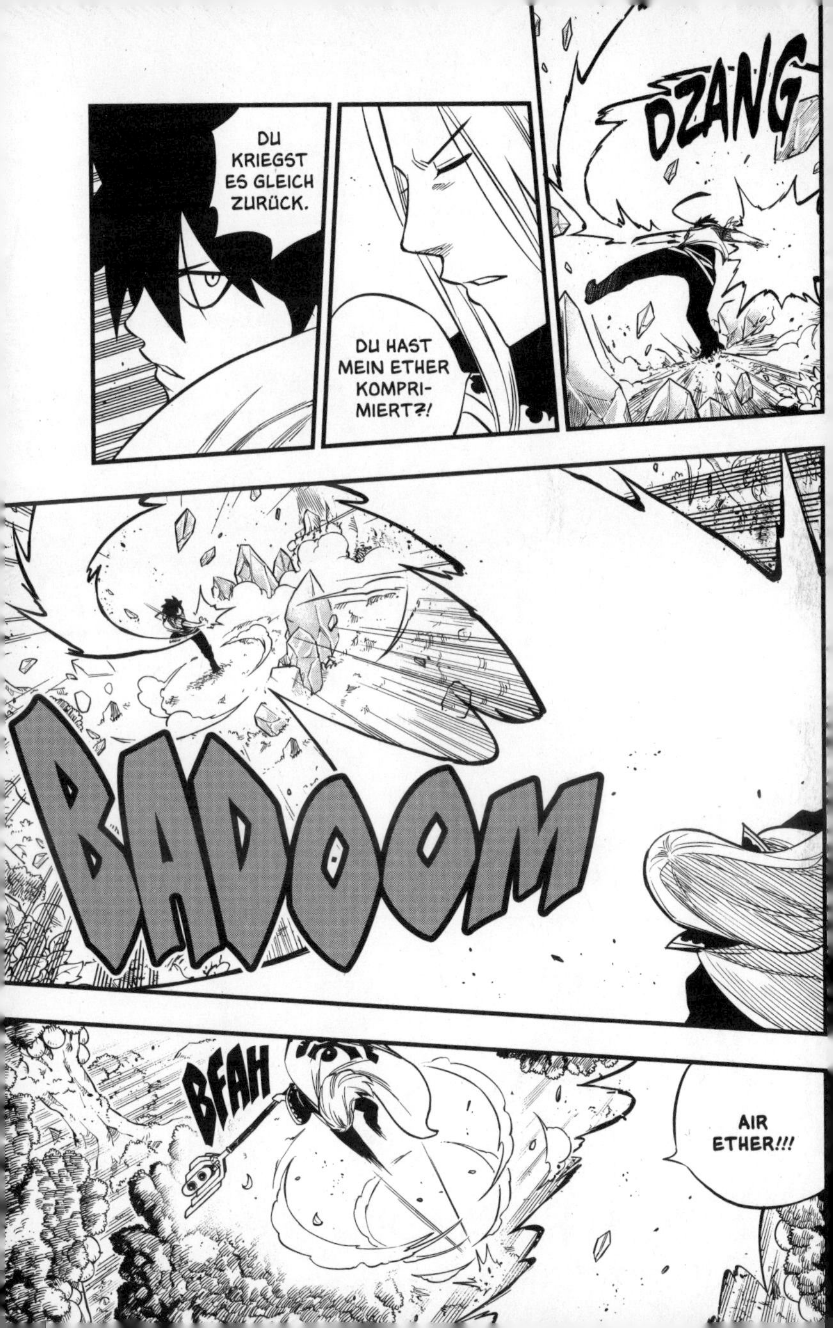
DZANG
DU HAST MEIN ETHER KOMPRIMIERT?!
DU KRIEGST ES GLEICH ZURÜCK.
BADOOM
AIR ETHER!!!
BFAH

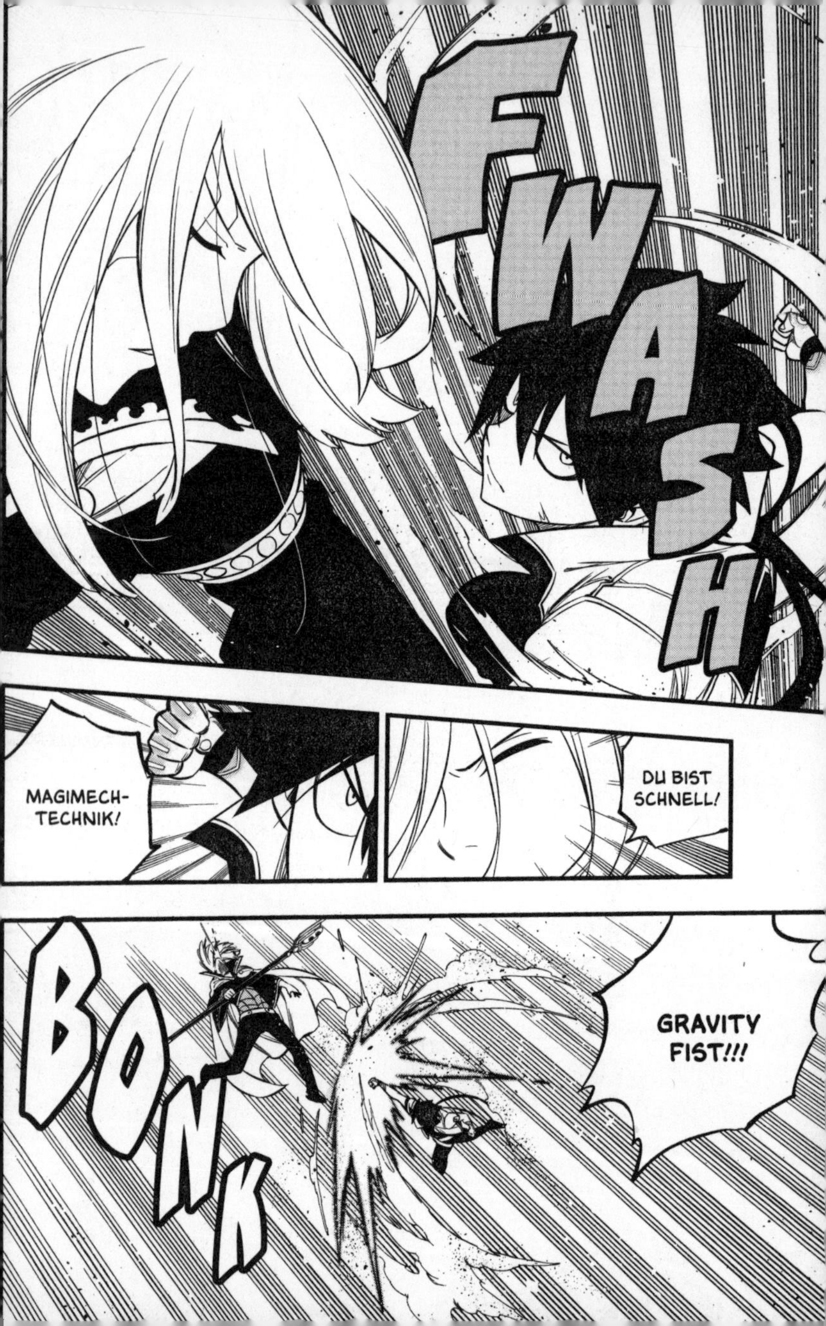
FWASH
DU BIST SCHNELL!
MAGIMECH-TECHNIK!
GRAVITY FIST!!!
BONK

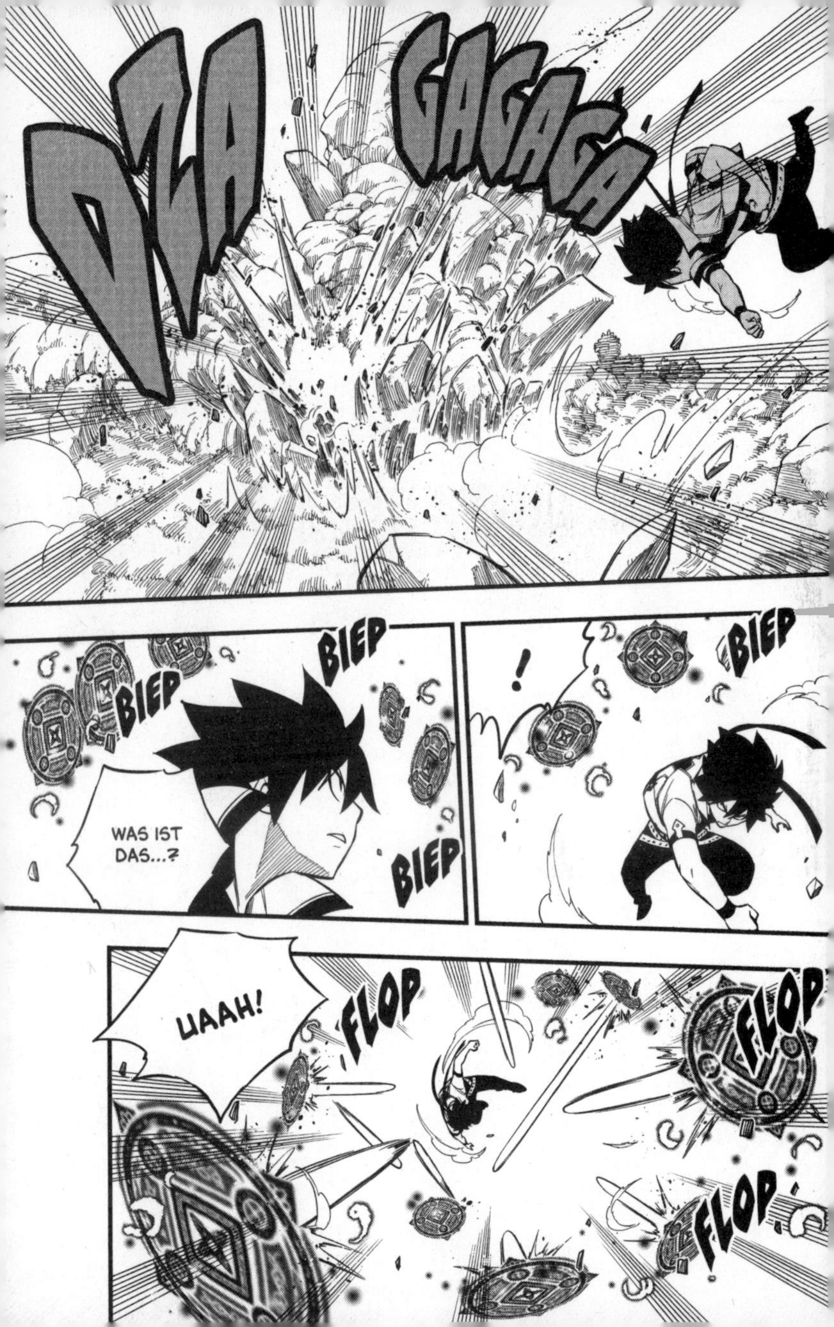
DZA
GAGAGA
BIEP
BIEP
WAS IST DAS...?
BIEP
!
BIEP
UAAH!
FLOP
FLOP
FLOP

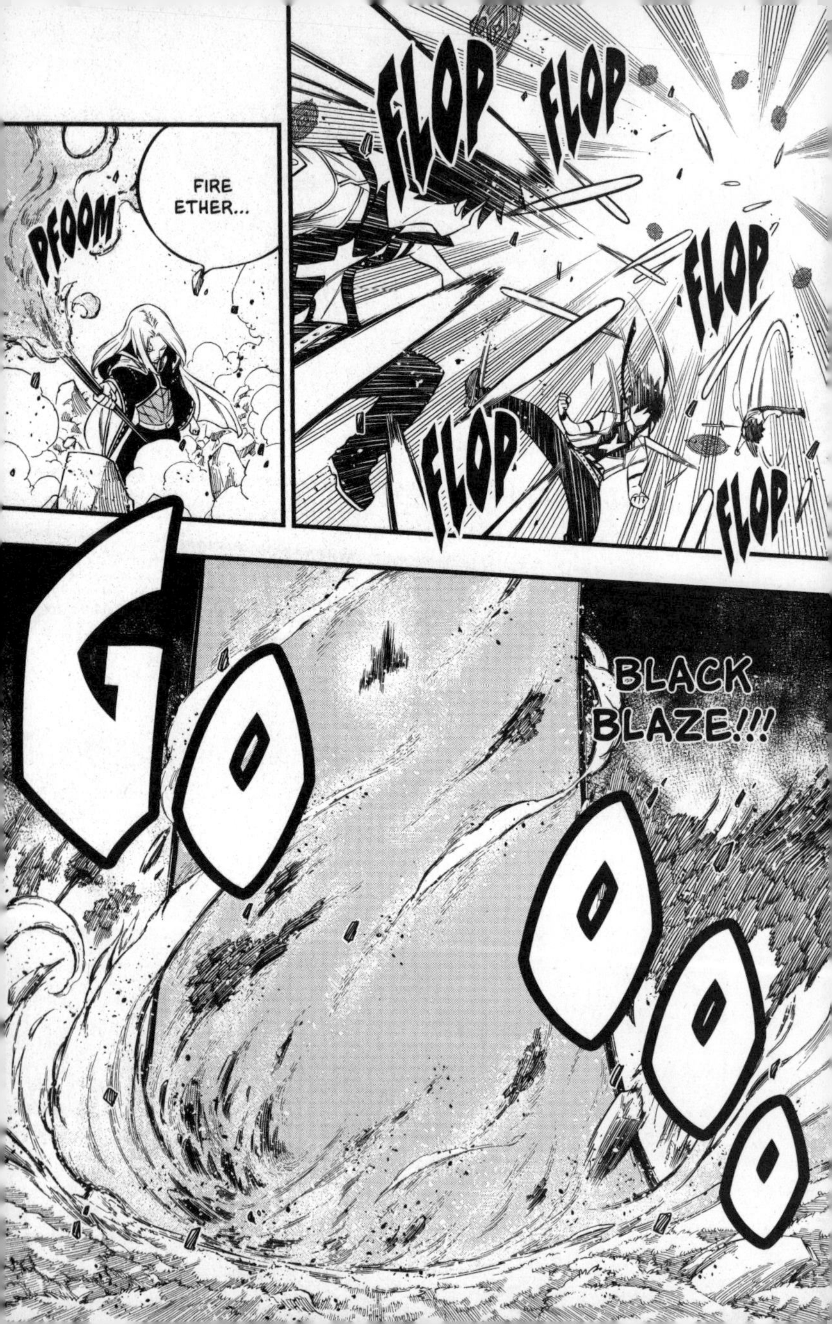
FLOP FLOP
FLOP
FLOP
FLOP
PFOOM
FIRE ETHER...
GOOOOO
BLACK BLAZE!!!

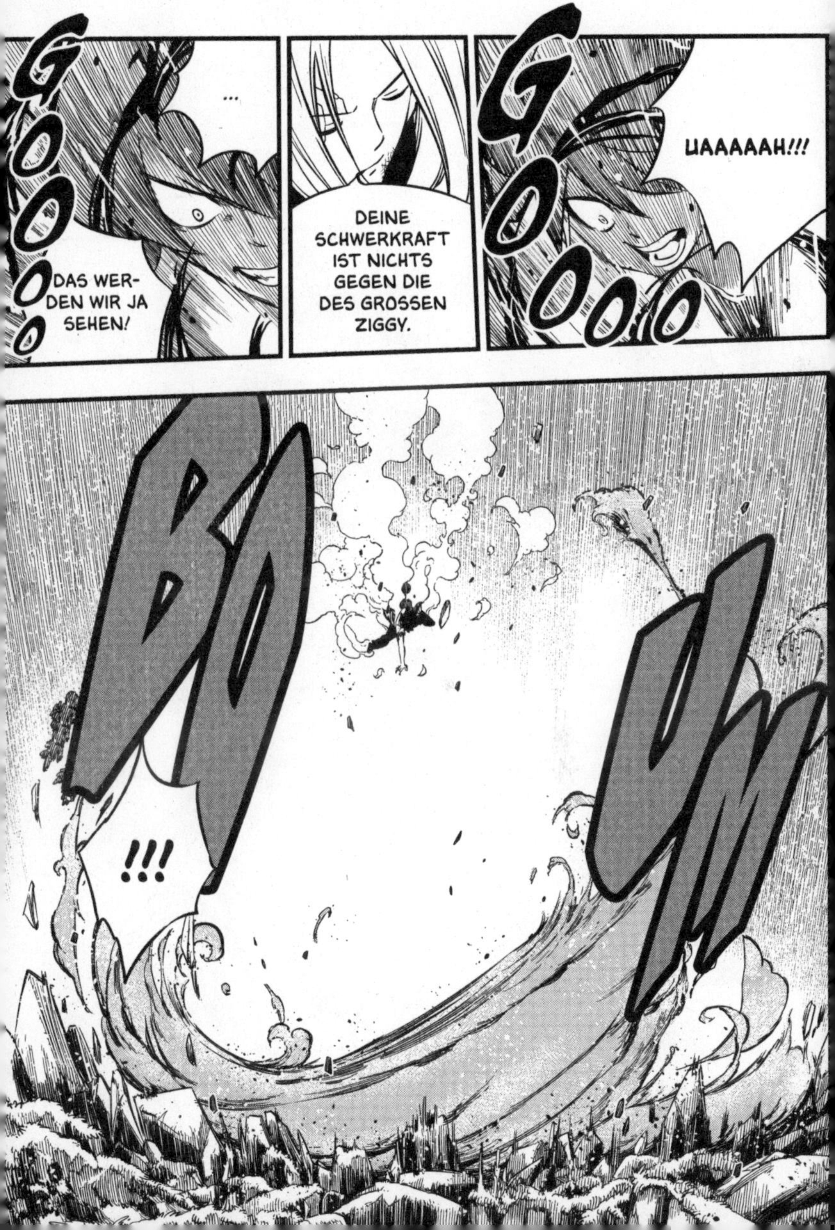
GOOOOO
UAAAAAH!!!
DEINE SCHWERKRAFT IST NICHTS GEGEN DIE DES GROSSEN ZIGGY.
GOOOOOO
...
DAS WERDEN WIR JA SEHEN!
BOOM
!!!

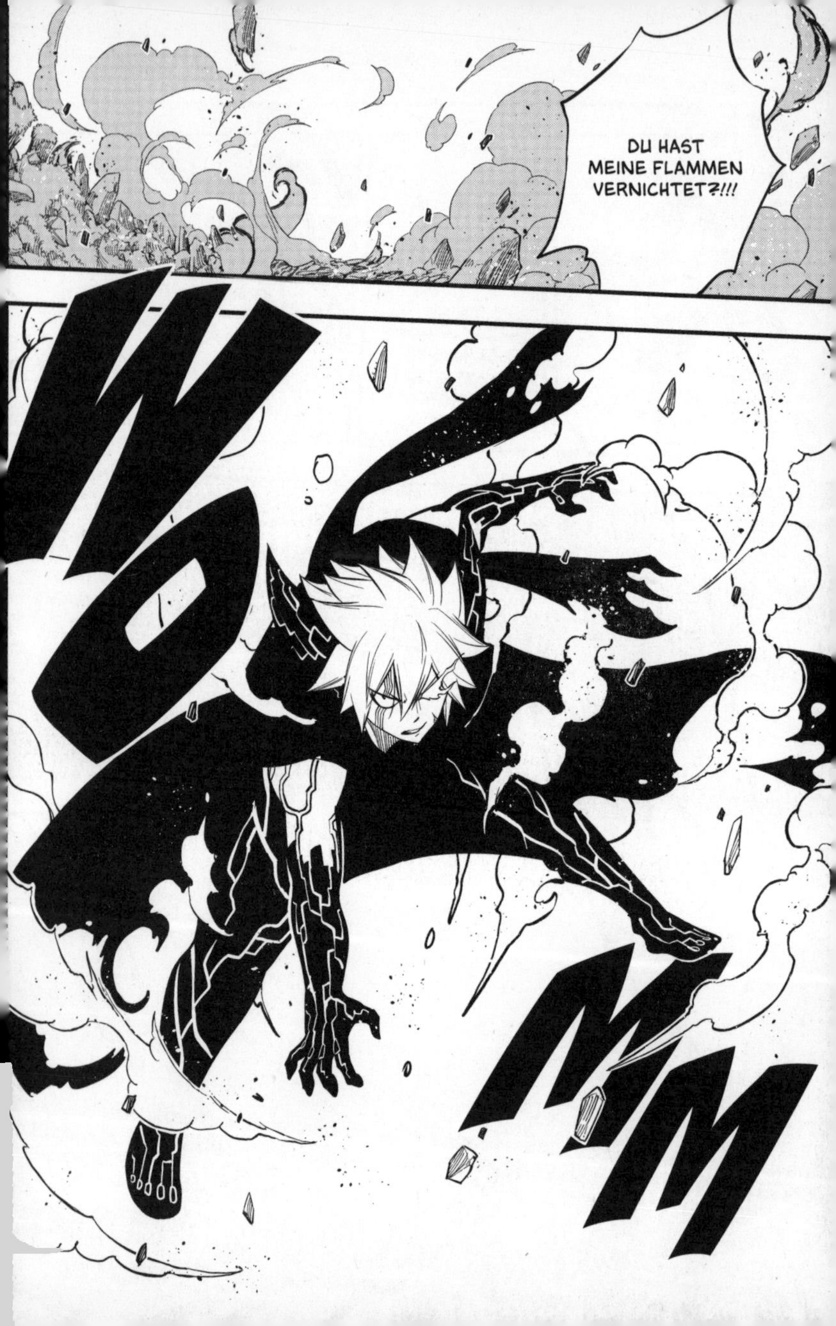
DU HAST
MEINE FLAMMEN
VERNICHTET?!!!
WOMM

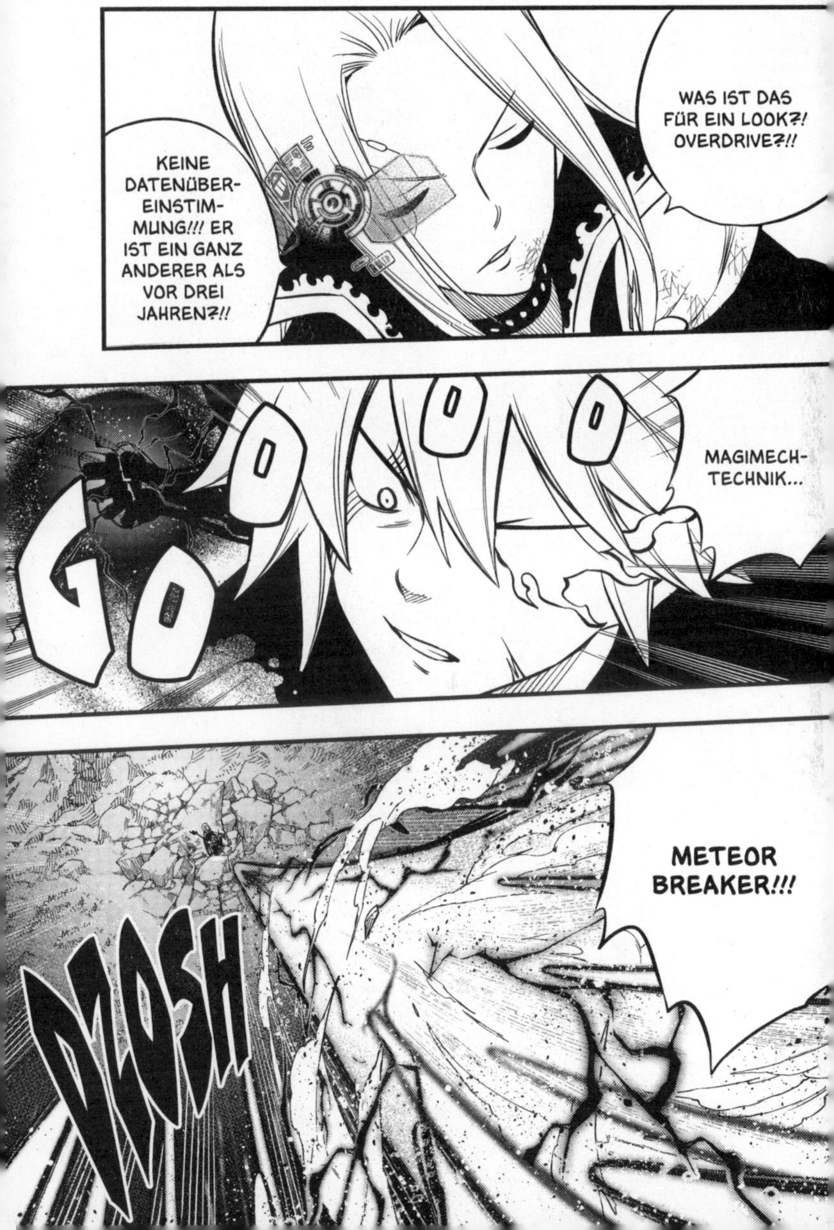
WAS IST DAS FÜR EIN LOOK?! OVERDRIVE?!!
KEINE DATENÜBER-EINSTIM-MUNG!!! ER IST EIN GANZ ANDERER ALS VOR DREI JAHREN?!!
MAGIMECH-TECHNIK...
GOOOO
METEOR BREAKER!!!
DOOSH

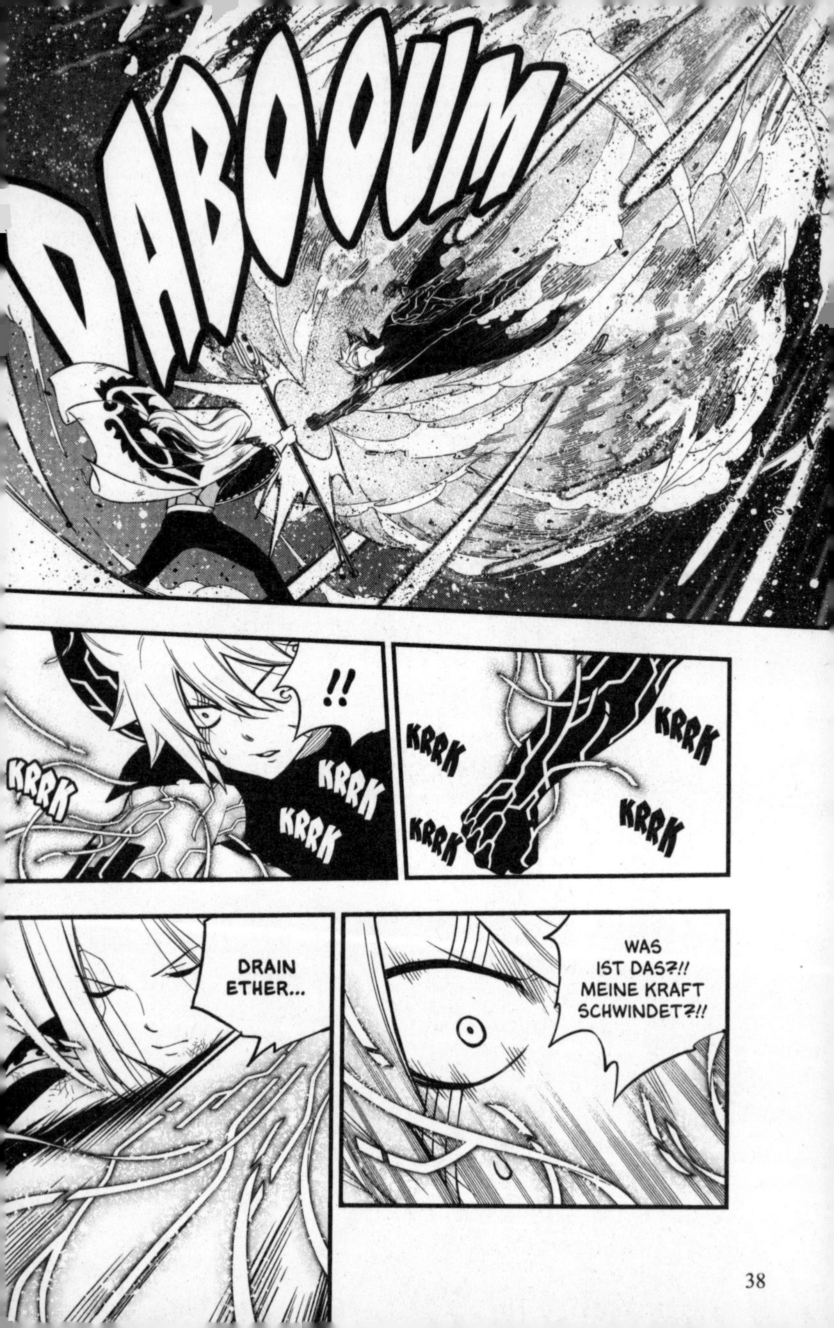
DABOOUM
KRRK
KRRK
KRRK
KRRK
!!
KRRK
KRRK
KRRK
WAS IST DAS?!! MEINE KRAFT SCHWINDET?!!
DRAIN ETHER...

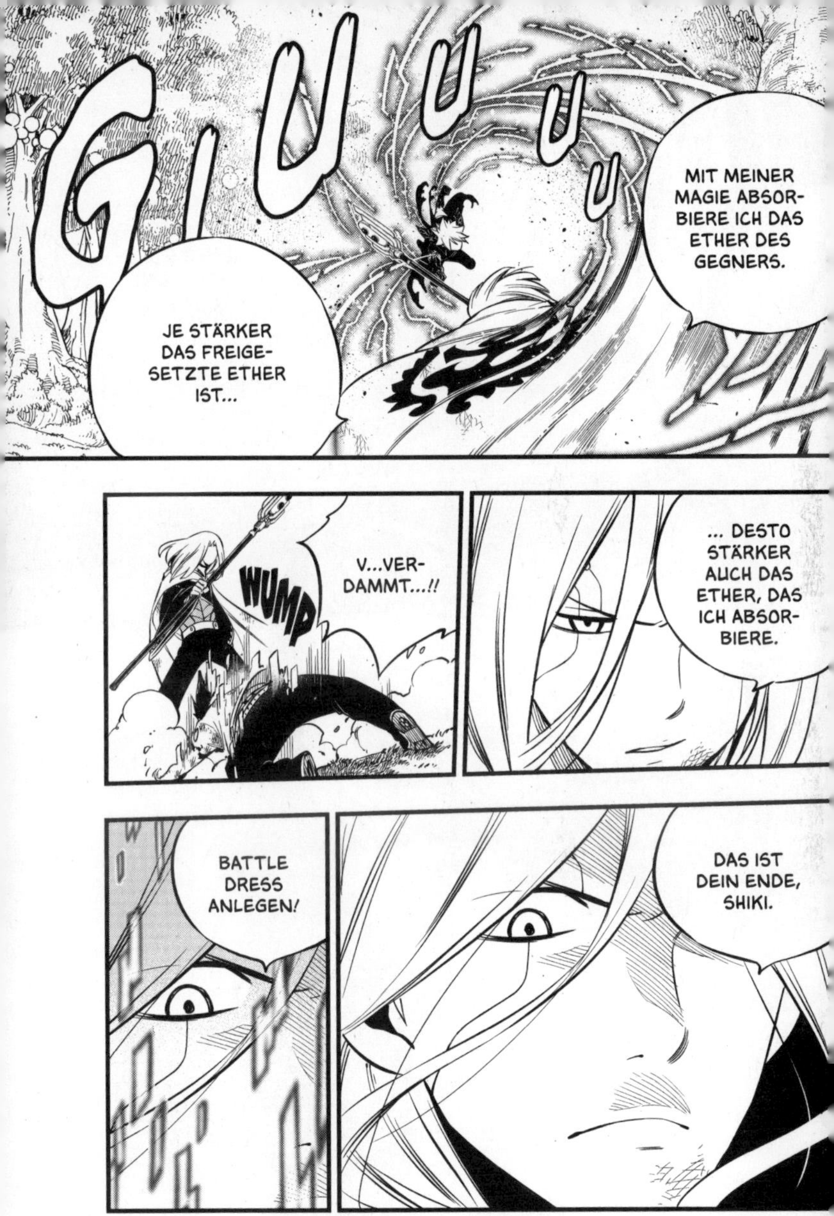
GIUUUUU
MIT MEINER MAGIE ABSORBIERE ICH DAS ETHER DES GEGNERS.
JE STÄRKER DAS FREIGESETZTE ETHER IST...
... DESTO STÄRKER AUCH DAS ETHER, DAS ICH ABSORBIERE.
V...VERDAMMT...!!
WUMP
DAS IST DEIN ENDE, SHIKI.
BATTLE DRESS ANLEGEN!

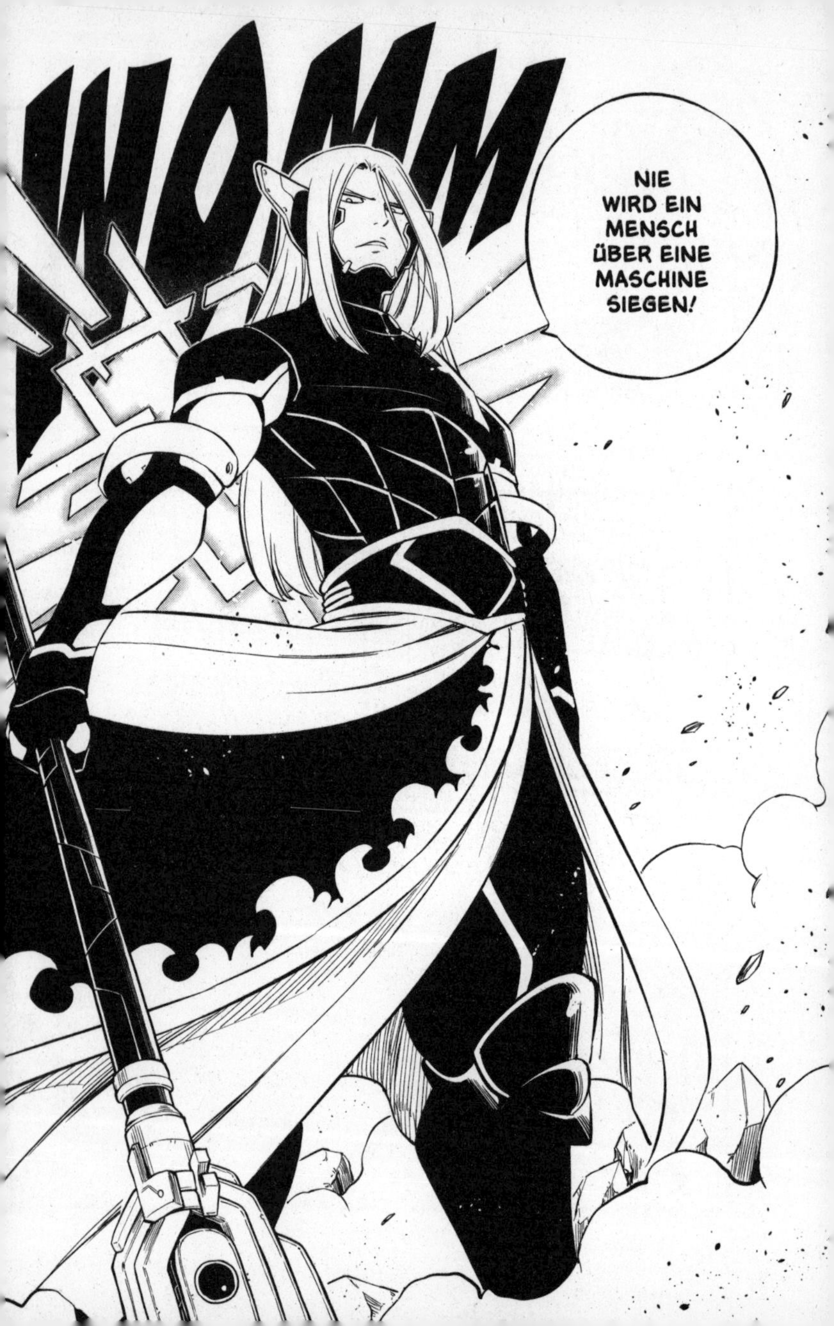
WOMM
NIE WIRD EIN MENSCH ÜBER EINE MASCHINE SIEGEN!

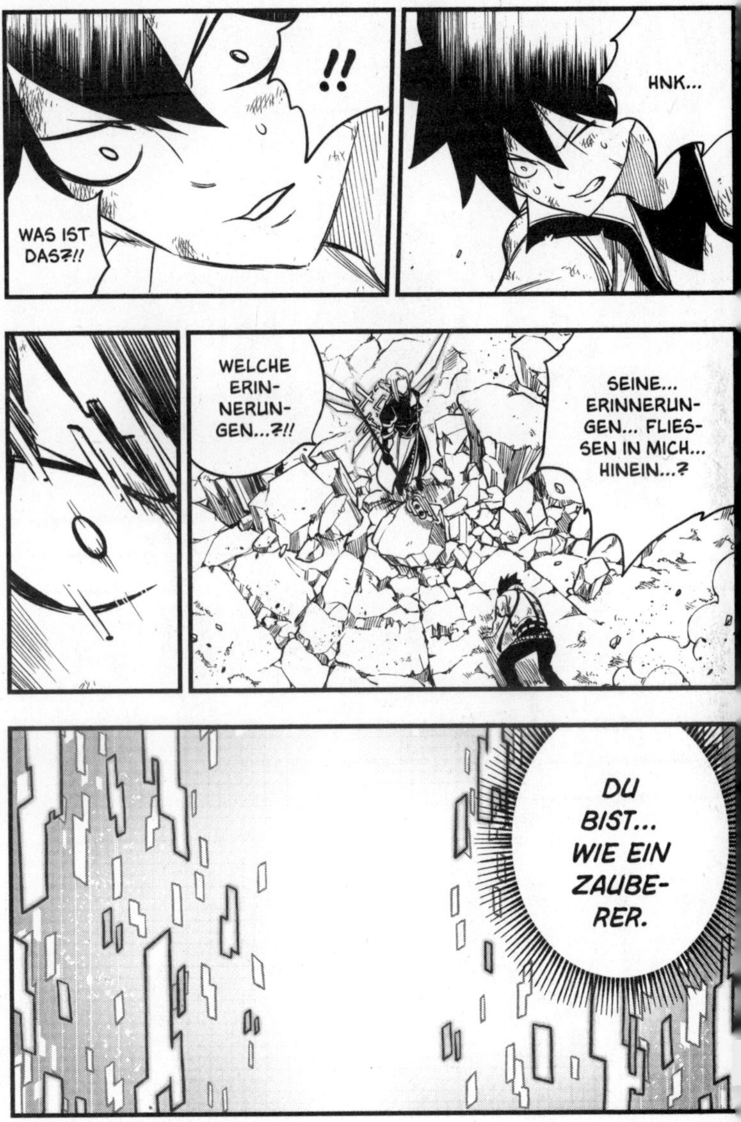
HNK...
!!
WAS IST DAS?!!
SEINE... ERINNERUNGEN... FLIESSEN IN MICH... HINEIN...?
WELCHE ERINNERUNGEN...?!!
DU BIST... WIE EIN ZAUBERER.

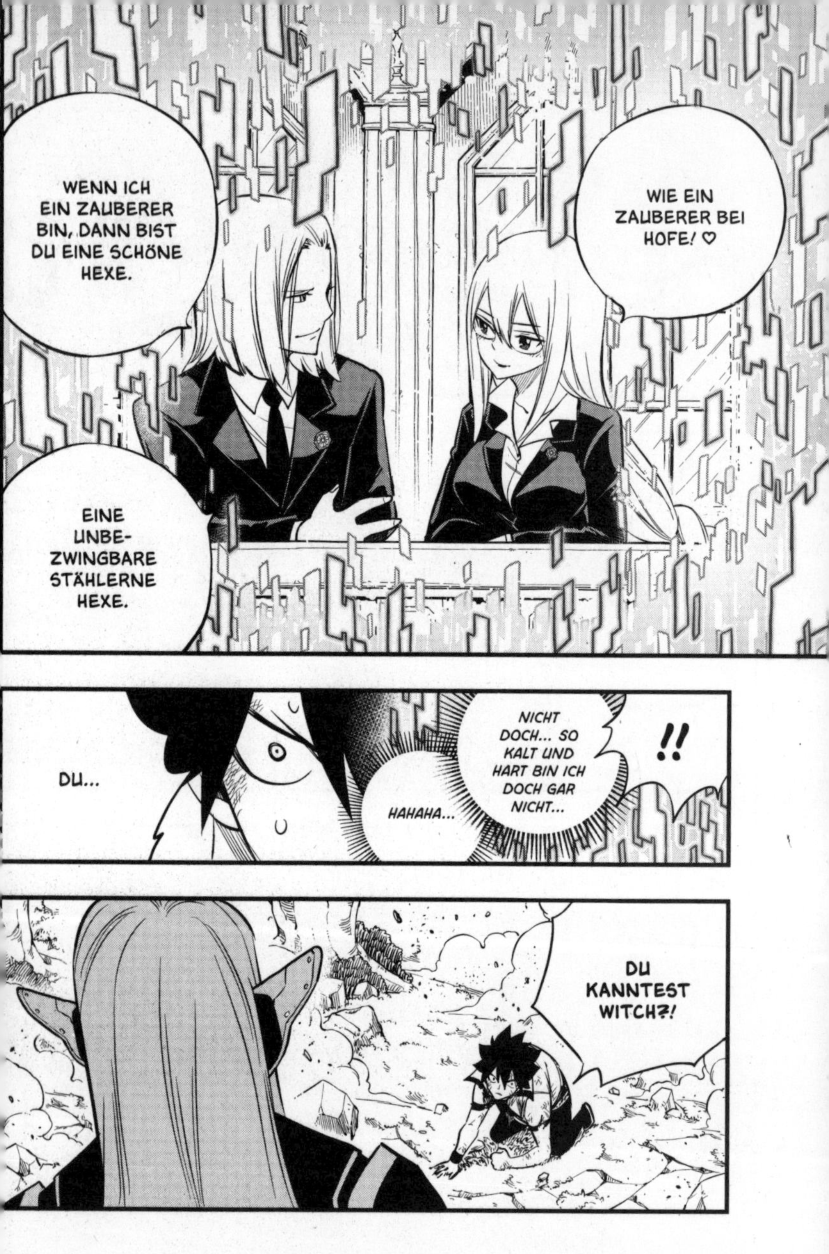
WIE EIN ZAUBERER BEI HOFE! ♡
WENN ICH EIN ZAUBERER BIN, DANN BIST DU EINE SCHÖNE HEXE.
EINE UNBE-ZWINGBARE STÄHLERNE HEXE.
!!
NICHT DOCH... SO KALT UND HART BIN ICH DOCH GAR NICHT...
HAHAHA...
DU...
DU KANNTEST WITCH?!

EDENS ZERO

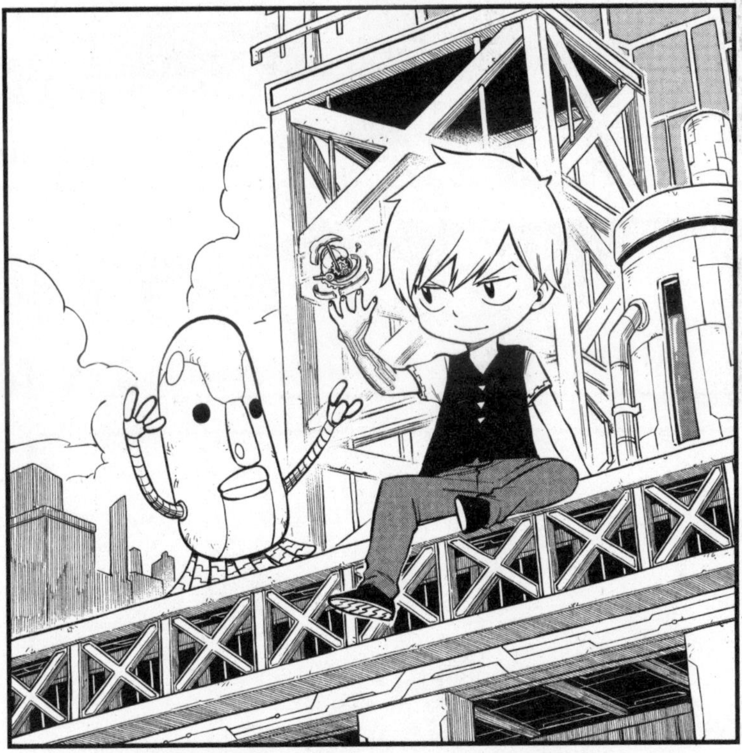

KAPITEL 188: EIN ZEHNTEL

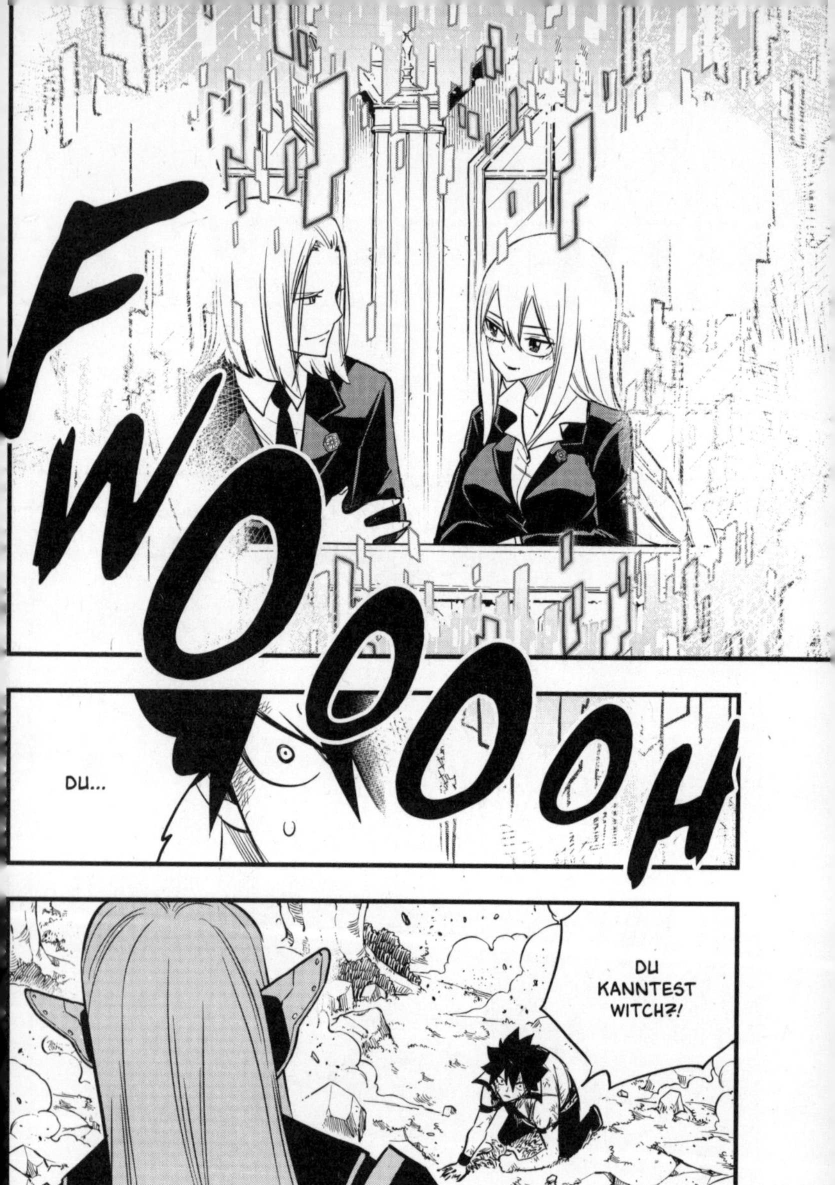
FWOOOOOH
DU...
DU KANNTEST WITCH?!

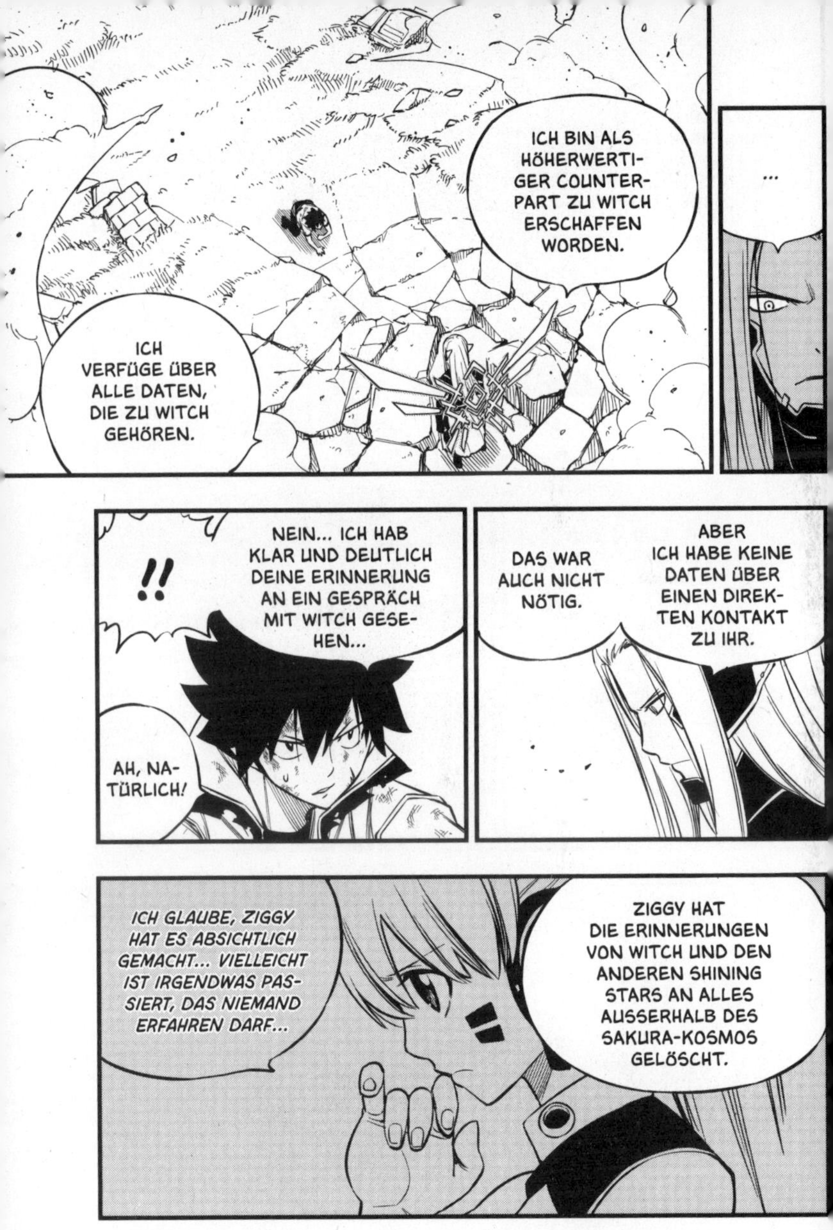
...
ICH BIN ALS HÖHERWERTIGER COUNTERPART ZU WITCH ERSCHAFFEN WORDEN.
ICH VERFÜGE ÜBER ALLE DATEN, DIE ZU WITCH GEHÖREN.
ABER ICH HABE KEINE DATEN ÜBER EINEN DIREKTEN KONTAKT ZU IHR.
DAS WAR AUCH NICHT NÖTIG.
NEIN... ICH HAB KLAR UND DEUTLICH DEINE ERINNERUNG AN EIN GESPRÄCH MIT WITCH GESEHEN...
!!
AH, NATÜRLICH!
ZIGGY HAT DIE ERINNERUNGEN VON WITCH UND DEN ANDEREN SHINING STARS AN ALLES AUSSERHALB DES SAKURA-KOSMOS GELÖSCHT.
ICH GLAUBE, ZIGGY HAT ES ABSICHTLICH GEMACHT... VIELLEICHT IST IRGENDWAS PASSIERT, DAS NIEMAND ERFAHREN DARF...

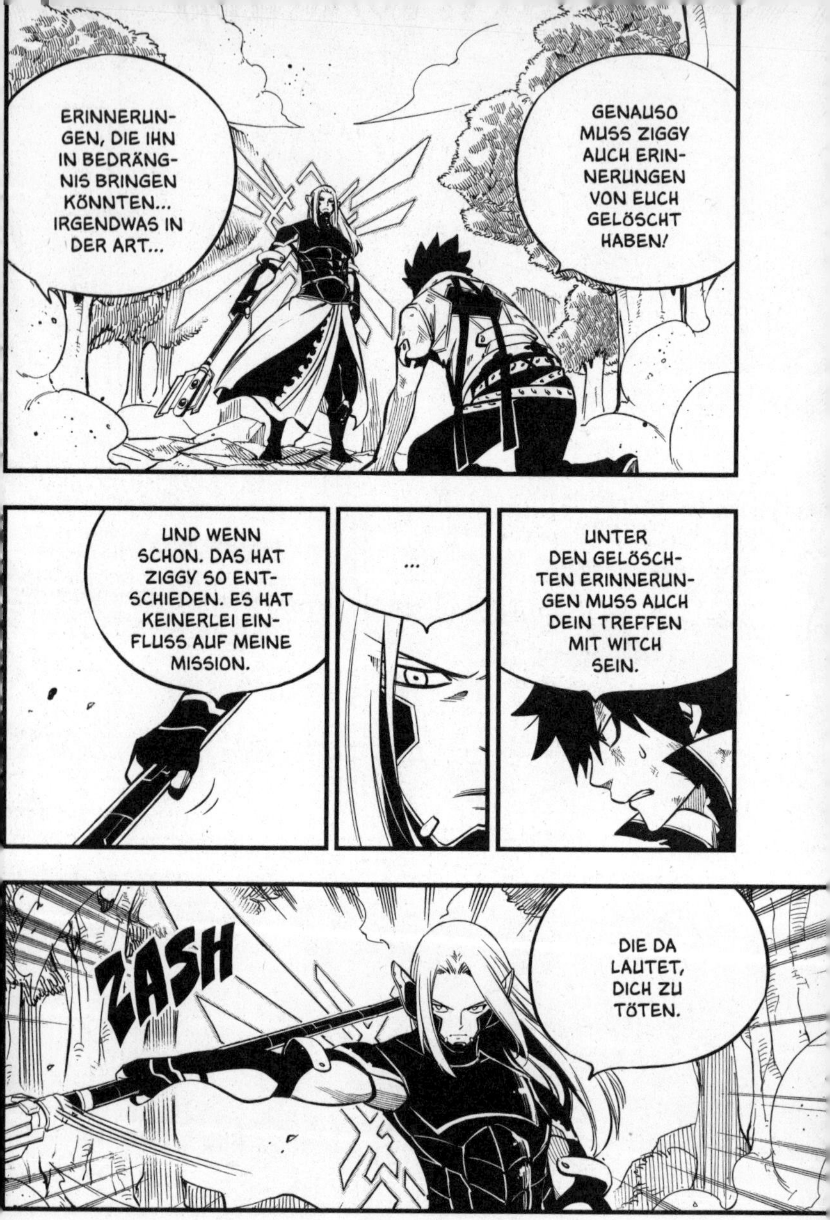
GENAUSO MUSS ZIGGY AUCH ERINNERUNGEN VON EUCH GELÖSCHT HABEN!
ERINNERUNGEN, DIE IHN IN BEDRÄNGNIS BRINGEN KÖNNTEN... IRGENDWAS IN DER ART...
UNTER DEN GELÖSCHTEN ERINNERUNGEN MUSS AUCH DEIN TREFFEN MIT WITCH SEIN.
...
UND WENN SCHON. DAS HAT ZIGGY SO ENTSCHIEDEN. ES HAT KEINERLEI EINFLUSS AUF MEINE MISSION.
DIE DA LAUTET, DICH ZU TÖTEN.
ZASH

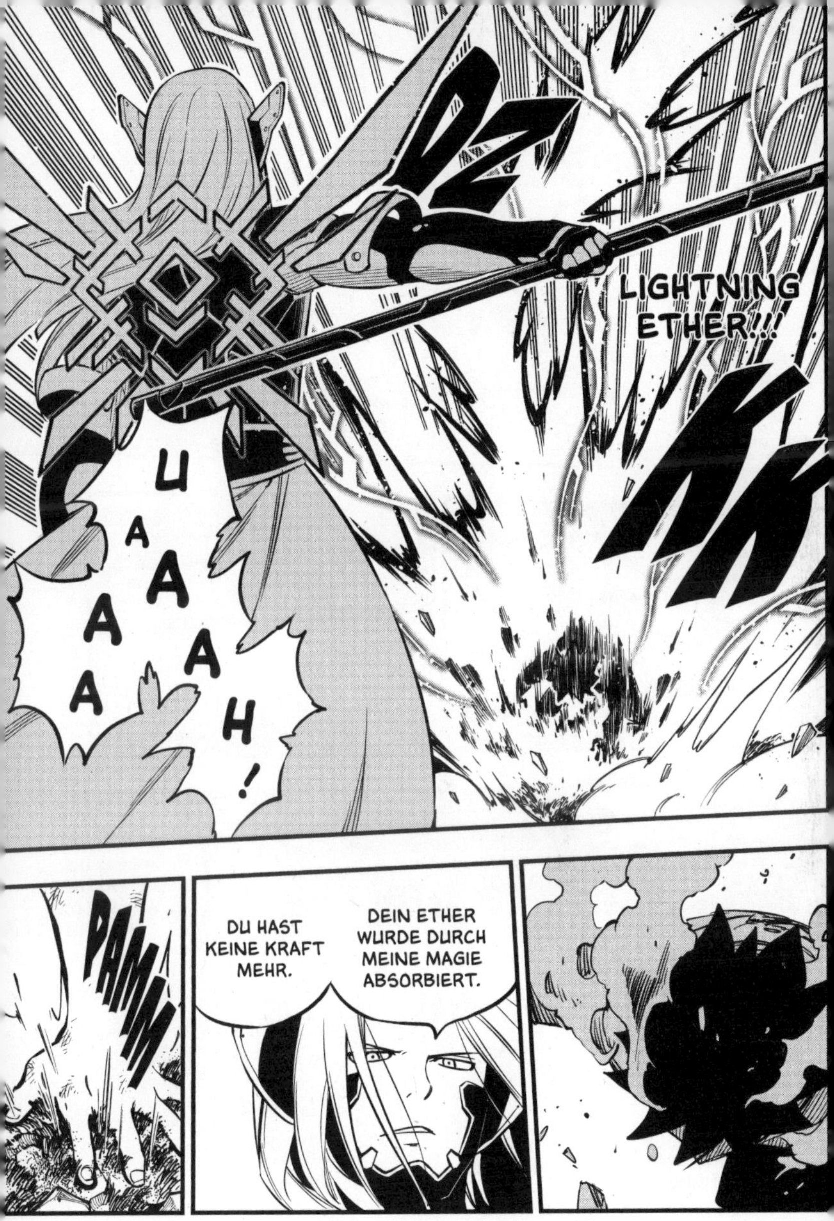

LIGHTNING ETHER!!!
UAAAAAAH!
PAMM
DEIN ETHER WURDE DURCH MEINE MAGIE ABSORBIERT.
DU HAST KEINE KRAFT MEHR.

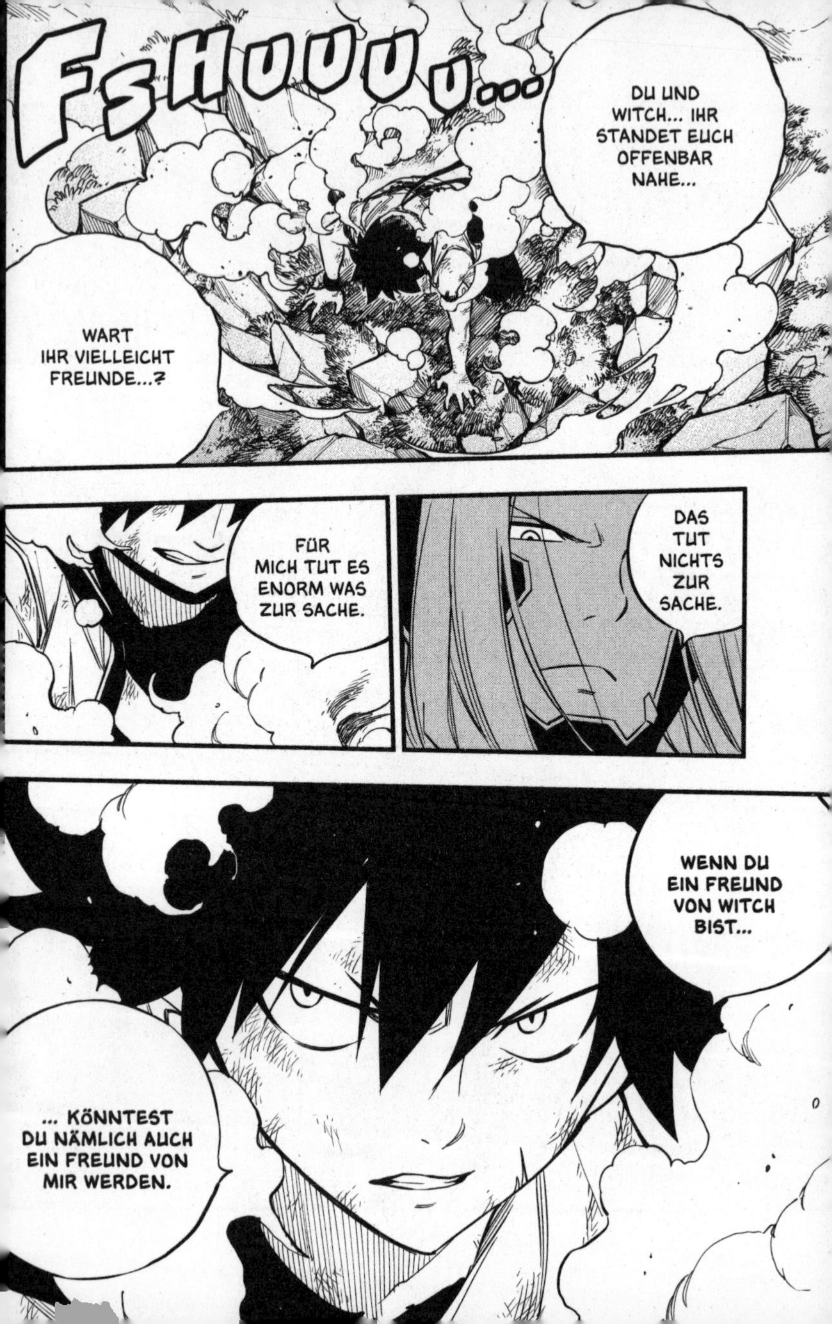
FSHUUUU...
DU UND WITCH... IHR STANDET EUCH OFFENBAR NAHE...
WART IHR VIELLEICHT FREUNDE...?
DAS TUT NICHTS ZUR SACHE.
FÜR MICH TUT ES ENORM WAS ZUR SACHE.
WENN DU EIN FREUND VON WITCH BIST...
... KÖNNTEST DU NÄMLICH AUCH EIN FREUND VON MIR WERDEN.

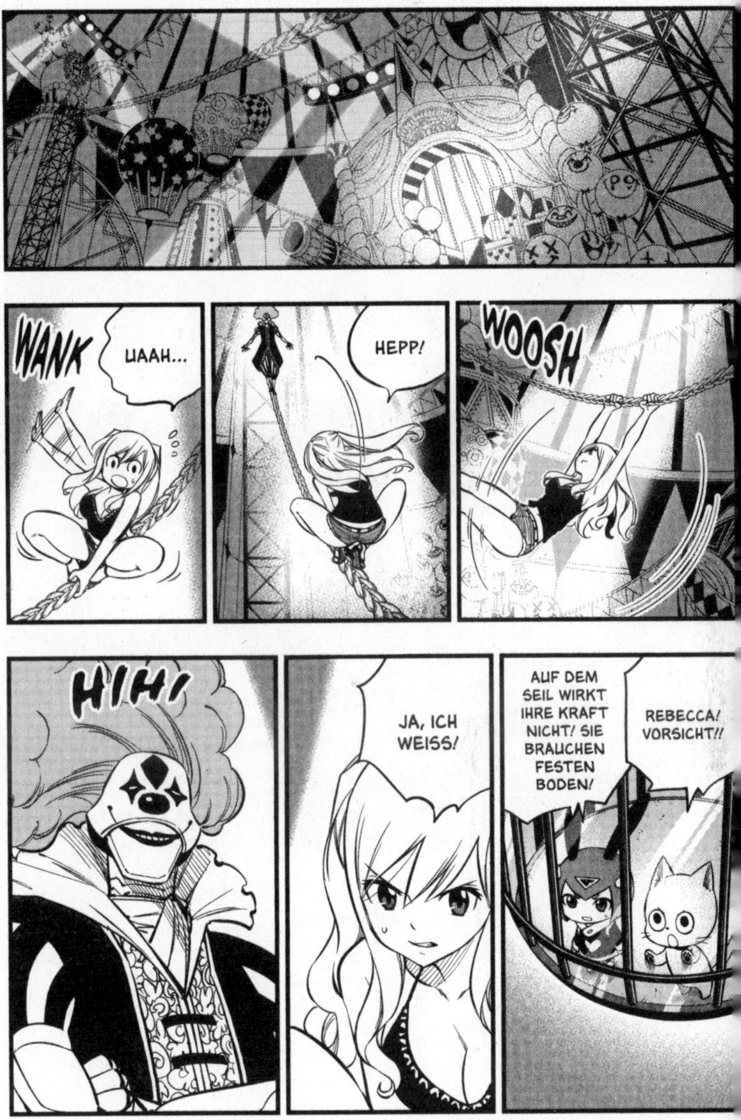
WOOSH
HEPP!
WANK
UAAH...
REBECCA! VORSICHT!!
AUF DEM SEIL WIRKT IHRE KRAFT NICHT! SIE BRAUCHEN FESTEN BODEN!
JA, ICH WEISS!
HIHI

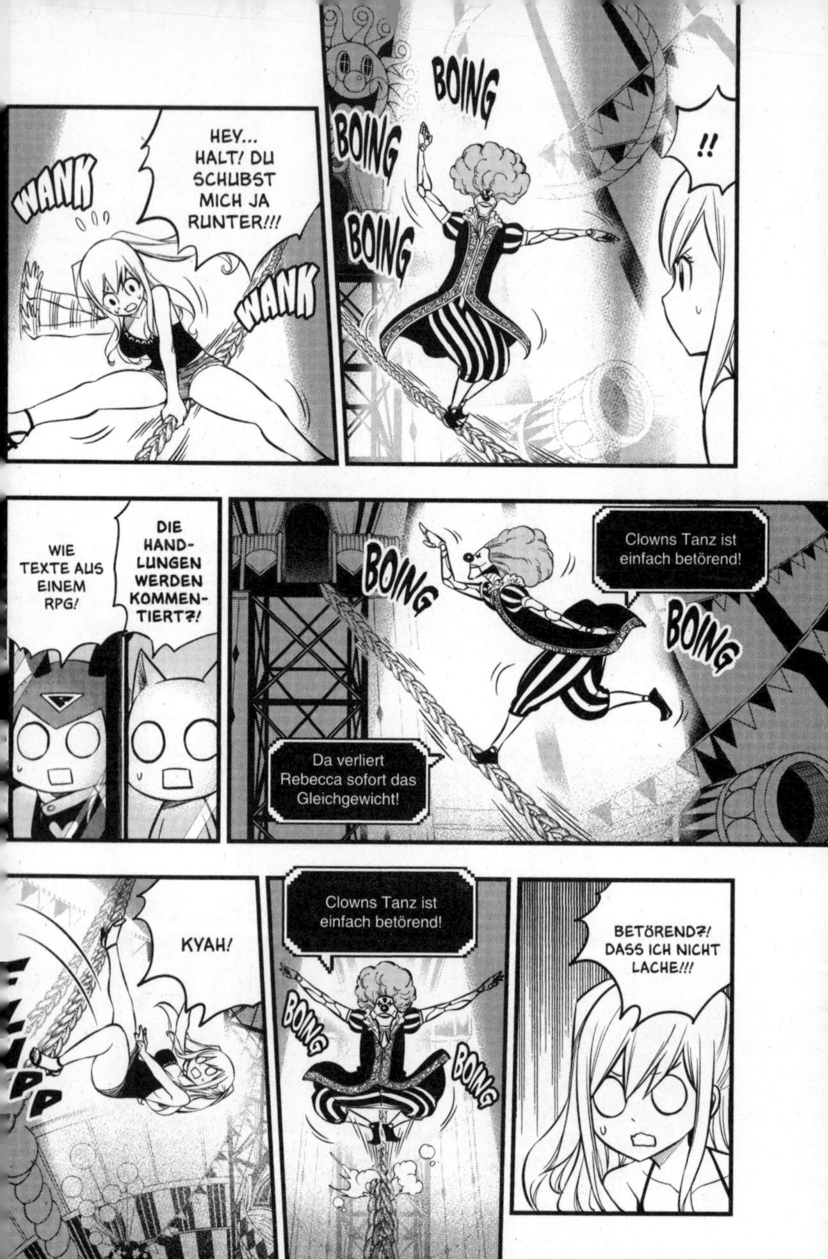
!!
BOING
BOING
BOING
HEY... HALT! DU SCHUBST MICH JA RUNTER!!!
WANK
WANK
Clowns Tanz ist einfach betörend!
BOING
BOING
Da verliert Rebecca sofort das Gleichgewicht!
DIE HANDLUNGEN WERDEN KOMMENTIERT?!
WIE TEXTE AUS EINEM RPG!
BETÖREND?! DASS ICH NICHT LACHE!!!
Clowns Tanz ist einfach betörend!
BOING
BOING
KYAH!

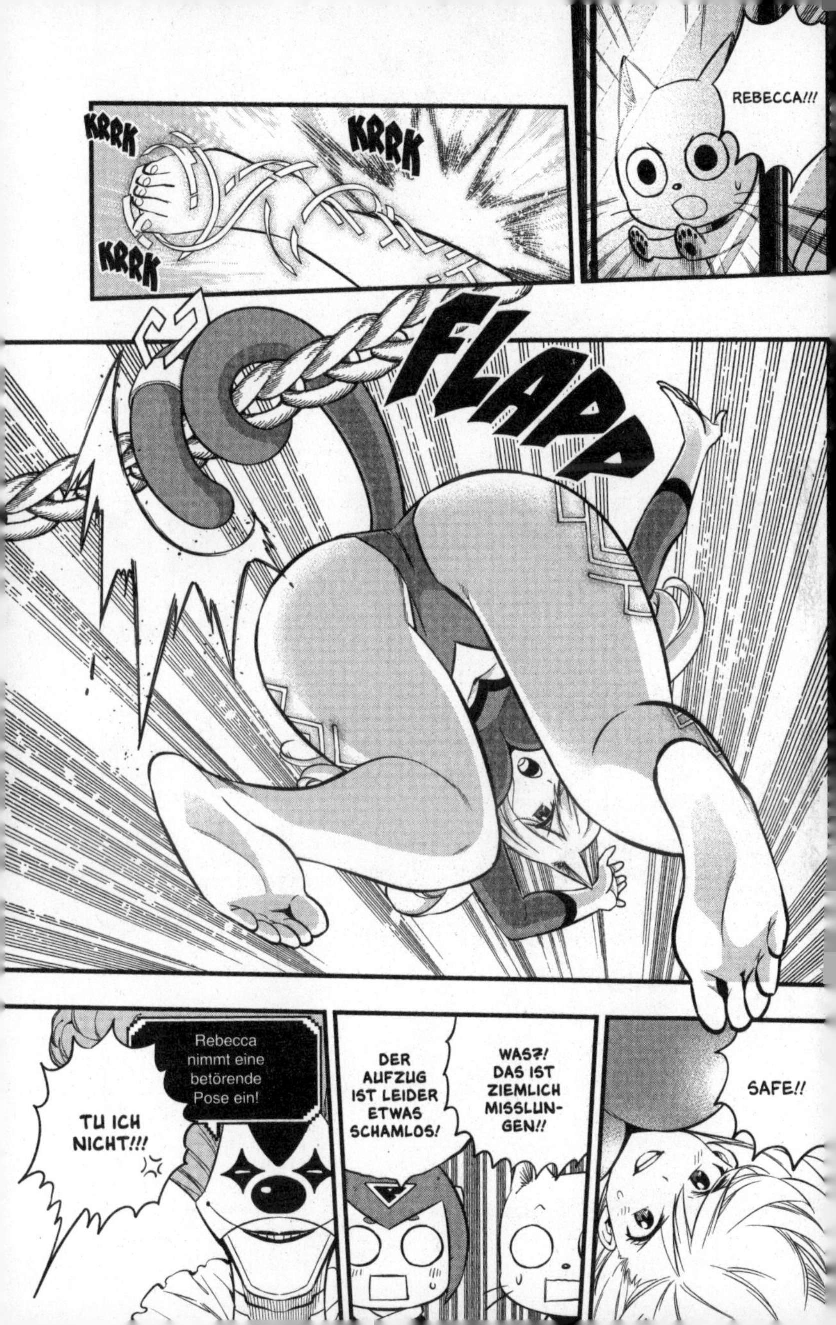

REBECCA!!!
KRRK
KRRK
KRRK
FLAPP
SAFE!!
WAS?!
DAS IST
ZIEMLICH
MISSLUN-
GEN!!
DER
AUFZUG
IST LEIDER
ETWAS
SCHAMLOS!
Rebecca
nimmt eine
betörende
Pose ein!
TU ICH
NICHT!!!

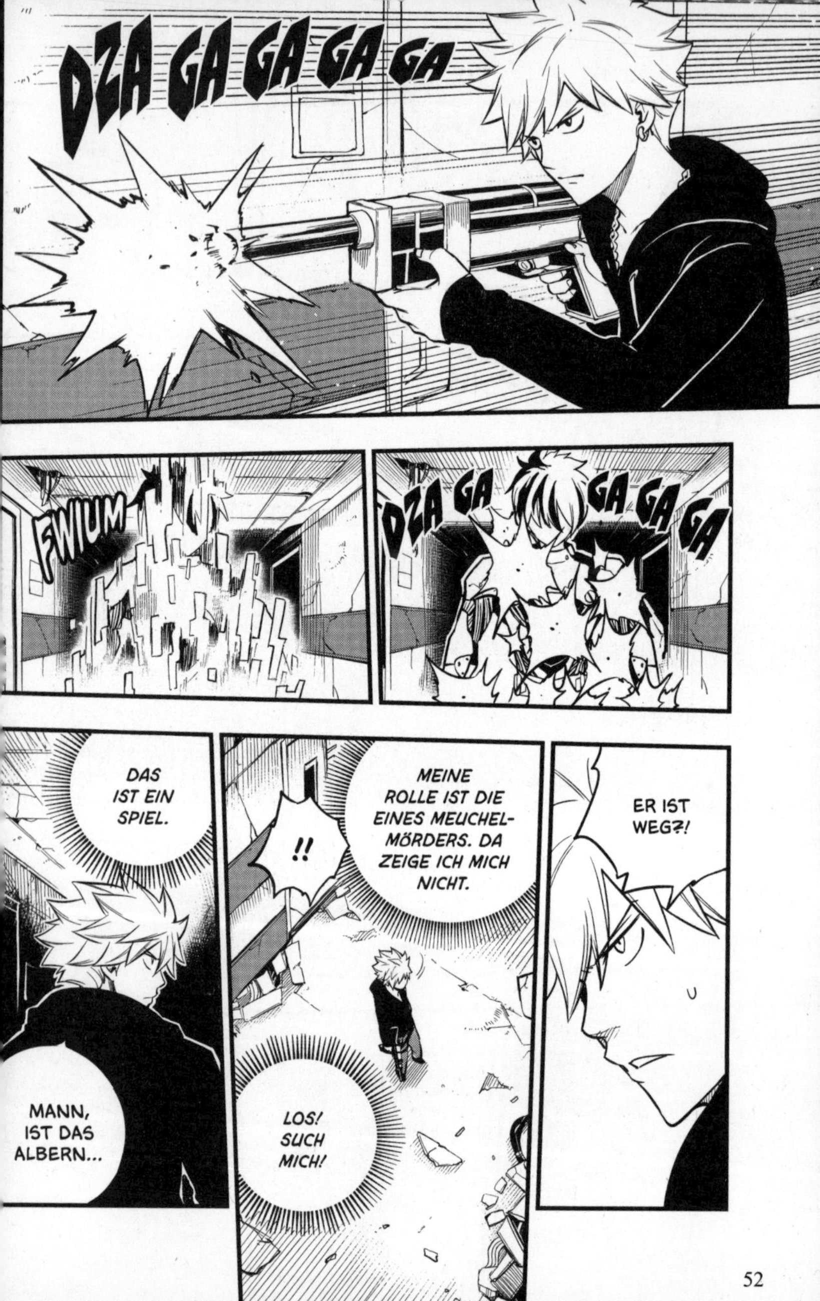

DZA GA GA GA GA
DZA GA GA GA GA
FWIUM
ER IST WEG?!
MEINE ROLLE IST DIE EINES MEUCHEL-MÖRDERS. DA ZEIGE ICH MICH NICHT.
!!
LOS! SUCH MICH!
DAS IST EIN SPIEL.
MANN, IST DAS ALBERN...

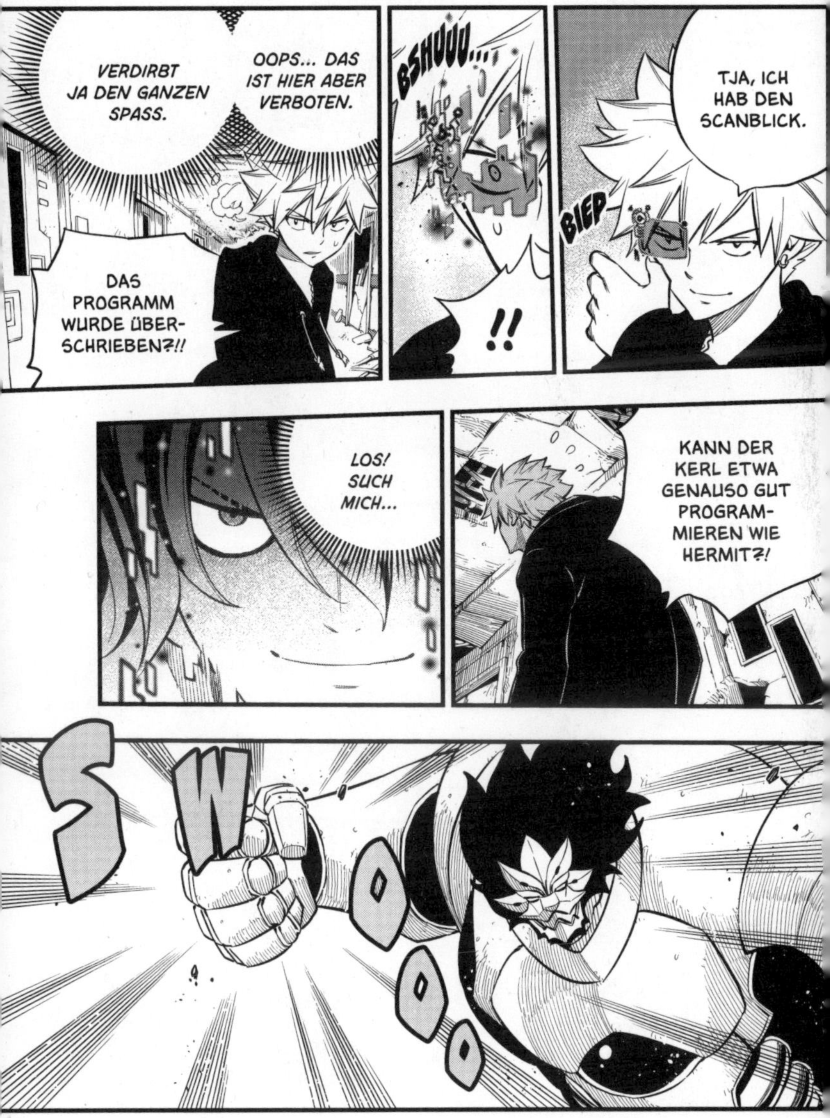
TJA, ICH HAB DEN SCANBLICK.
BIEP
!!
BSHUUU...
OOPS... DAS IST HIER ABER VERBOTEN.
VERDIRBT JA DEN GANZEN SPASS.
DAS PROGRAMM WURDE ÜBER-SCHRIEBEN?!!
KANN DER KERL ETWA GENAUSO GUT PROGRAM-MIEREN WIE HERMIT?!
LOS! SUCH MICH...
SWOOOO

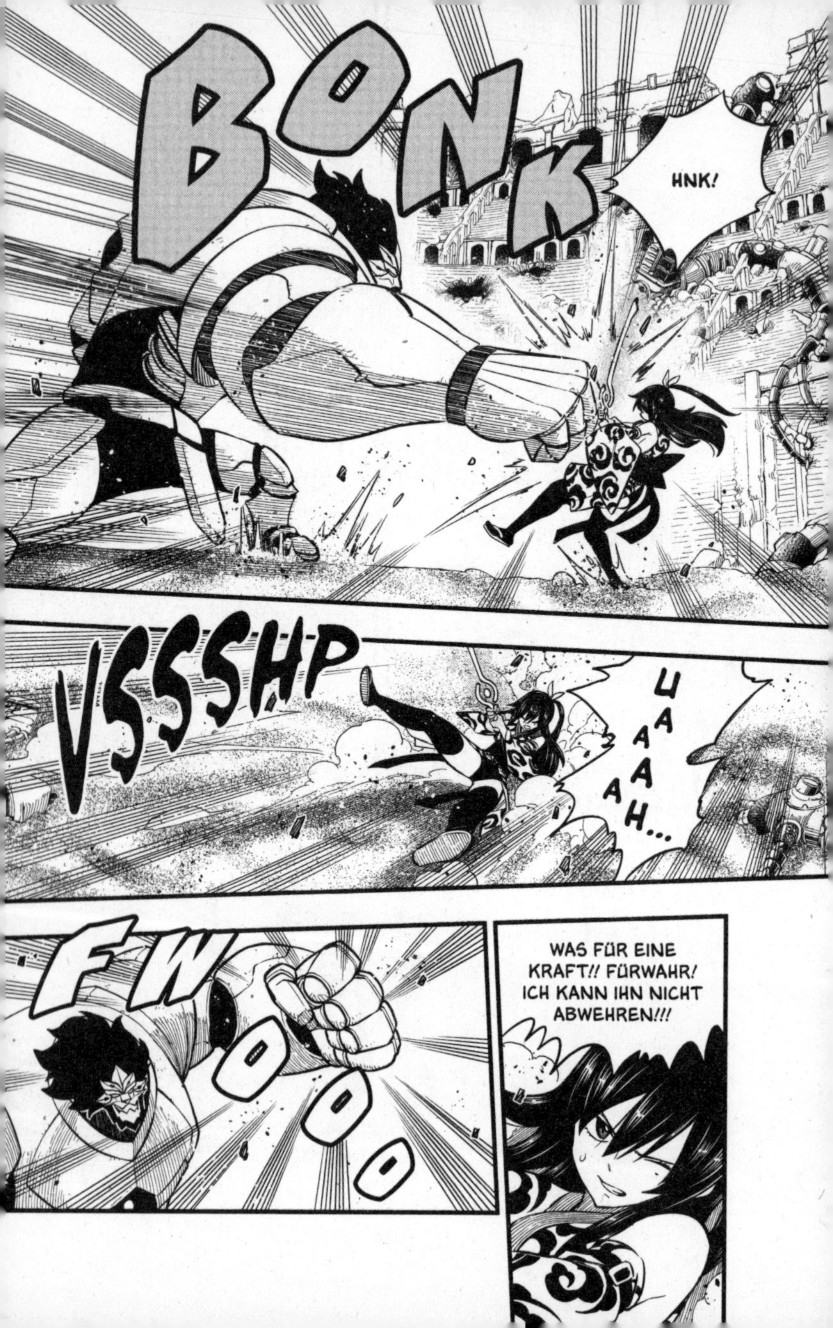
BONK
HNK!
VSSSHP
UAAAAAH...
FWOOOO
WAS FÜR EINE KRAFT!! FÜRWAHR! ICH KANN IHN NICHT ABWEHREN!!!

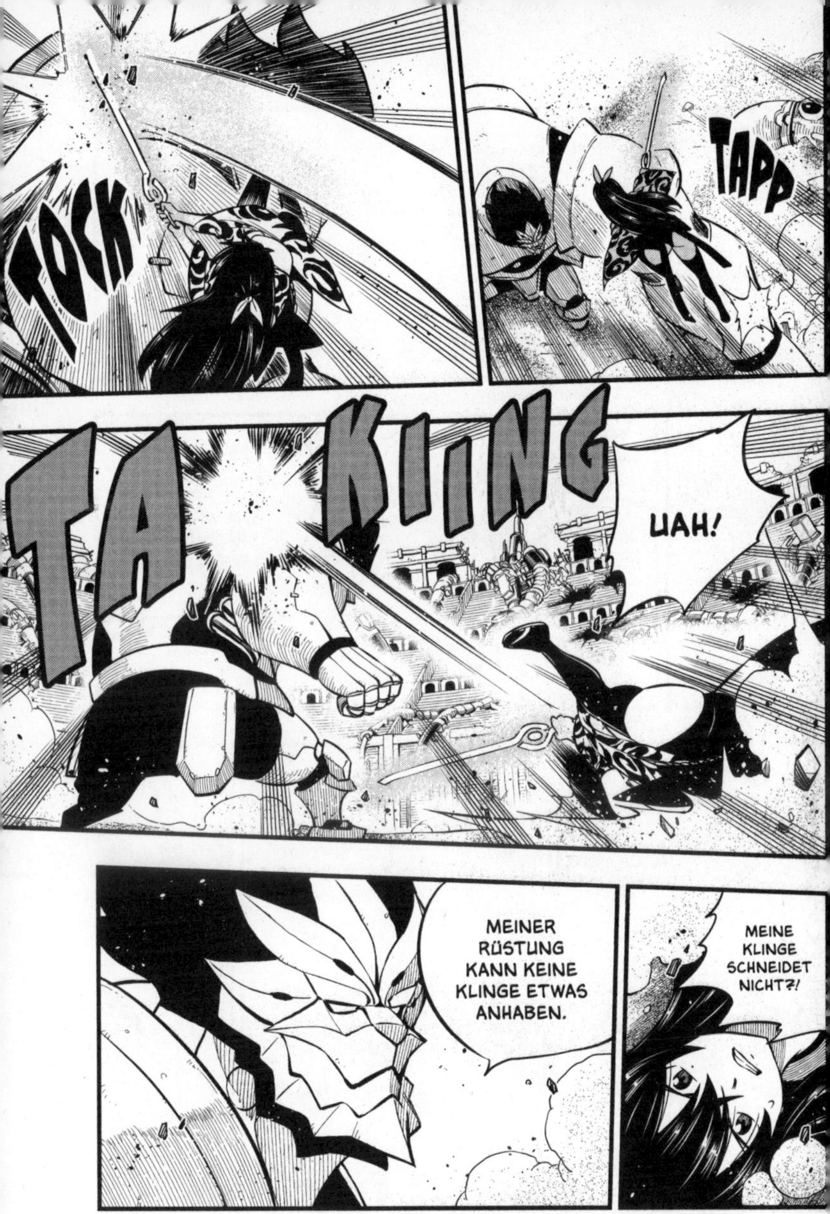
TAPP
TOCK
TA
KIIING
UAH!
MEINE KLINGE SCHNEIDET NICHT?!
MEINER RÜSTUNG KANN KEINE KLINGE ETWAS ANHABEN.

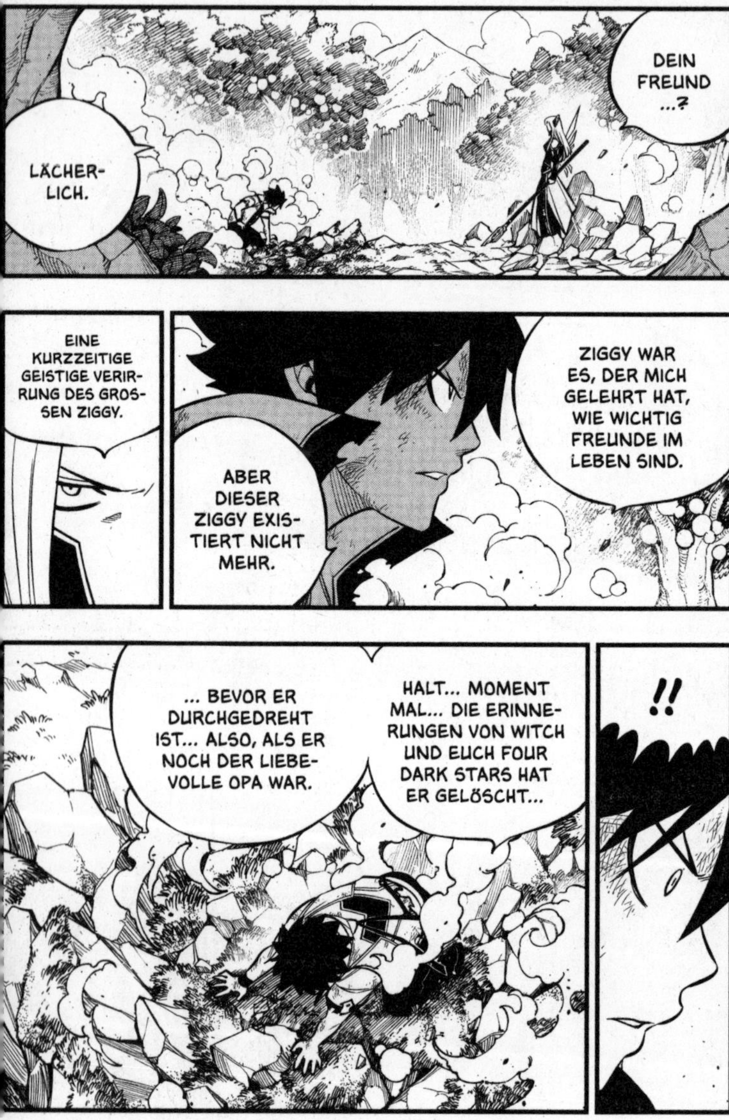
DEIN FREUND ...?
LÄCHERLICH.
ZIGGY WAR ES, DER MICH GELEHRT HAT, WIE WICHTIG FREUNDE IM LEBEN SIND.
ABER DIESER ZIGGY EXISTIERT NICHT MEHR.
EINE KURZZEITIGE GEISTIGE VERIRRUNG DES GROSSEN ZIGGY.
... BEVOR ER DURCHGEDREHT IST... ALSO, ALS ER NOCH DER LIEBEVOLLE OPA WAR.
HALT... MOMENT MAL... DIE ERINNERUNGEN VON WITCH UND EUCH FOUR DARK STARS HAT ER GELÖSCHT...
!!

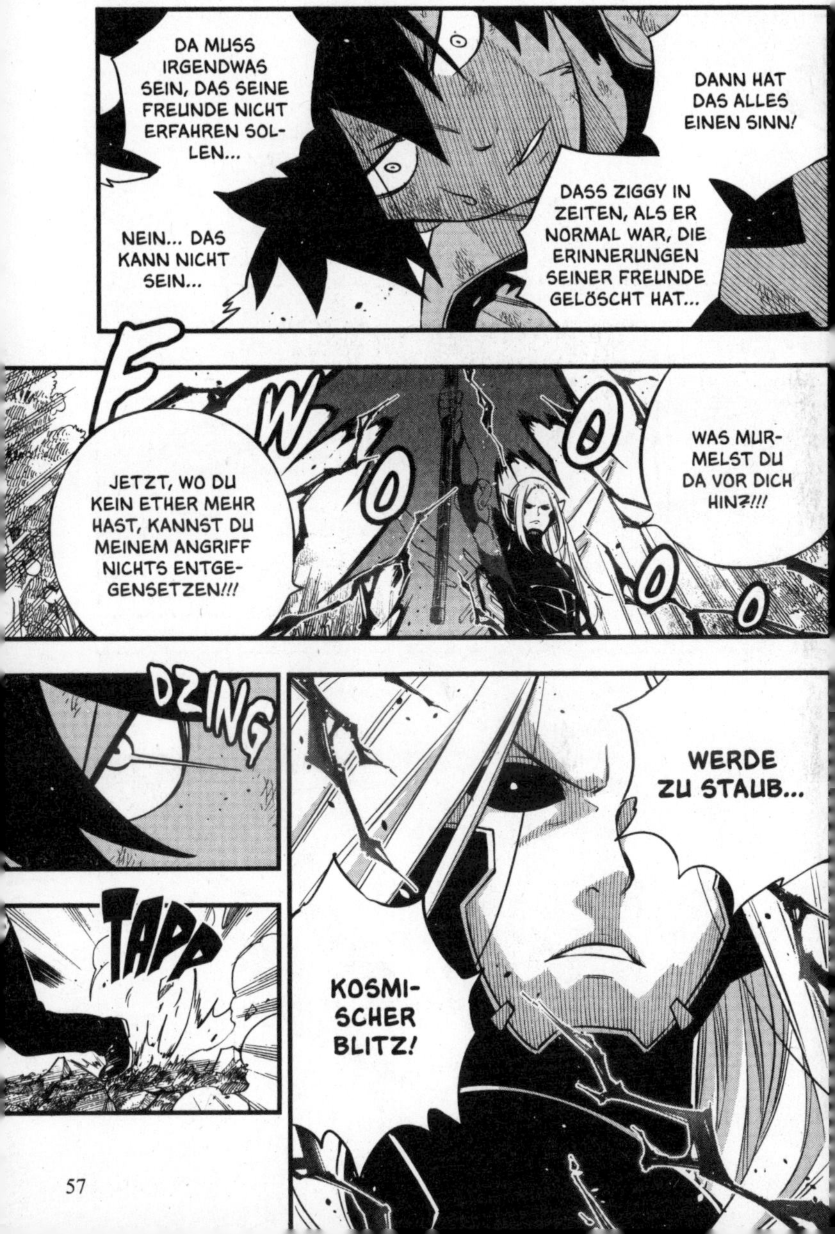
DANN HAT DAS ALLES EINEN SINN!
DASS ZIGGY IN ZEITEN, ALS ER NORMAL WAR, DIE ERINNERUNGEN SEINER FREUNDE GELÖSCHT HAT...
DA MUSS IRGENDWAS SEIN, DAS SEINE FREUNDE NICHT ERFAHREN SOL-LEN...
NEIN... DAS KANN NICHT SEIN...
FWOOOOO
WAS MUR-MELST DU DA VOR DICH HIN?!!!
JETZT, WO DU KEIN ETHER MEHR HAST, KANNST DU MEINEM ANGRIFF NICHTS ENTGE-GENSETZEN!!!
WERDE ZU STAUB...
KOSMI-SCHER BLITZ!
DZING
TAPP

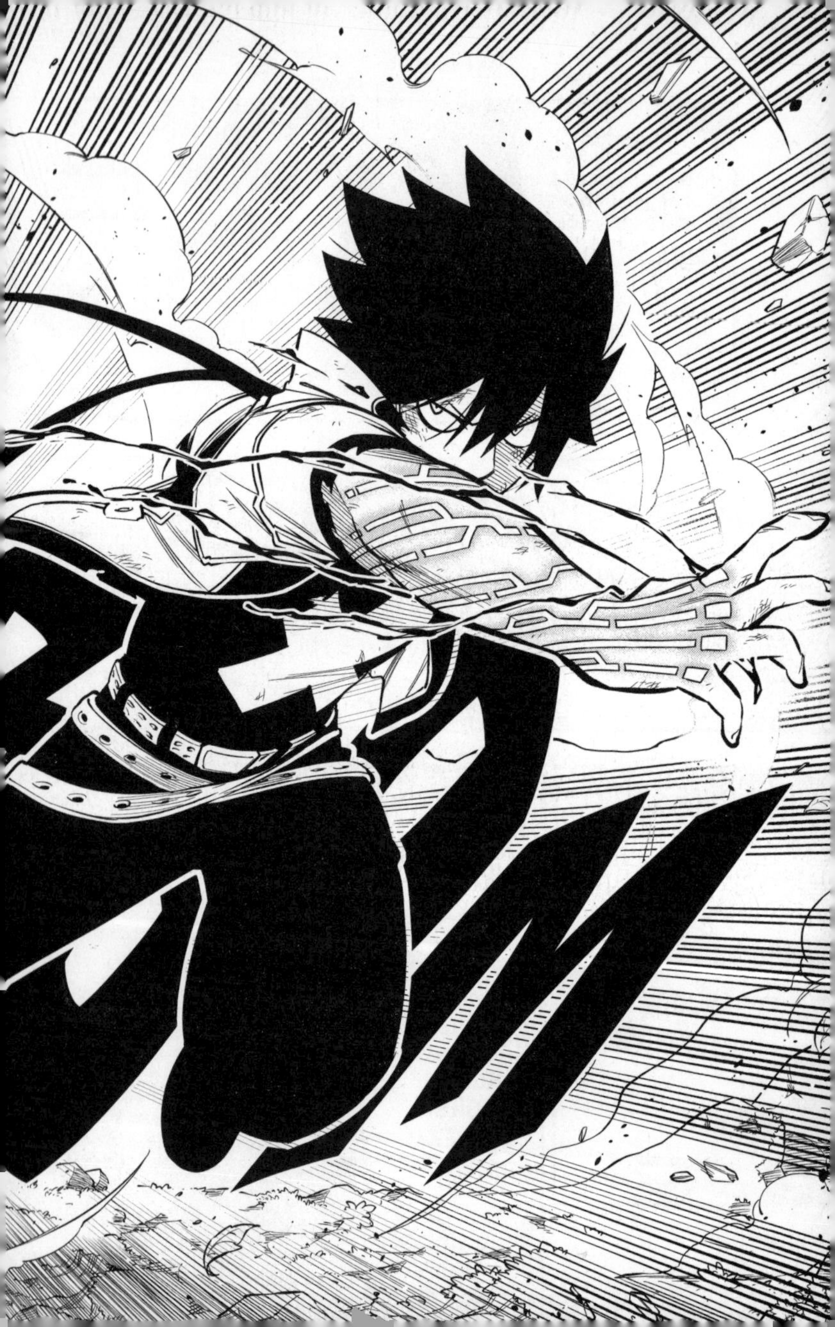

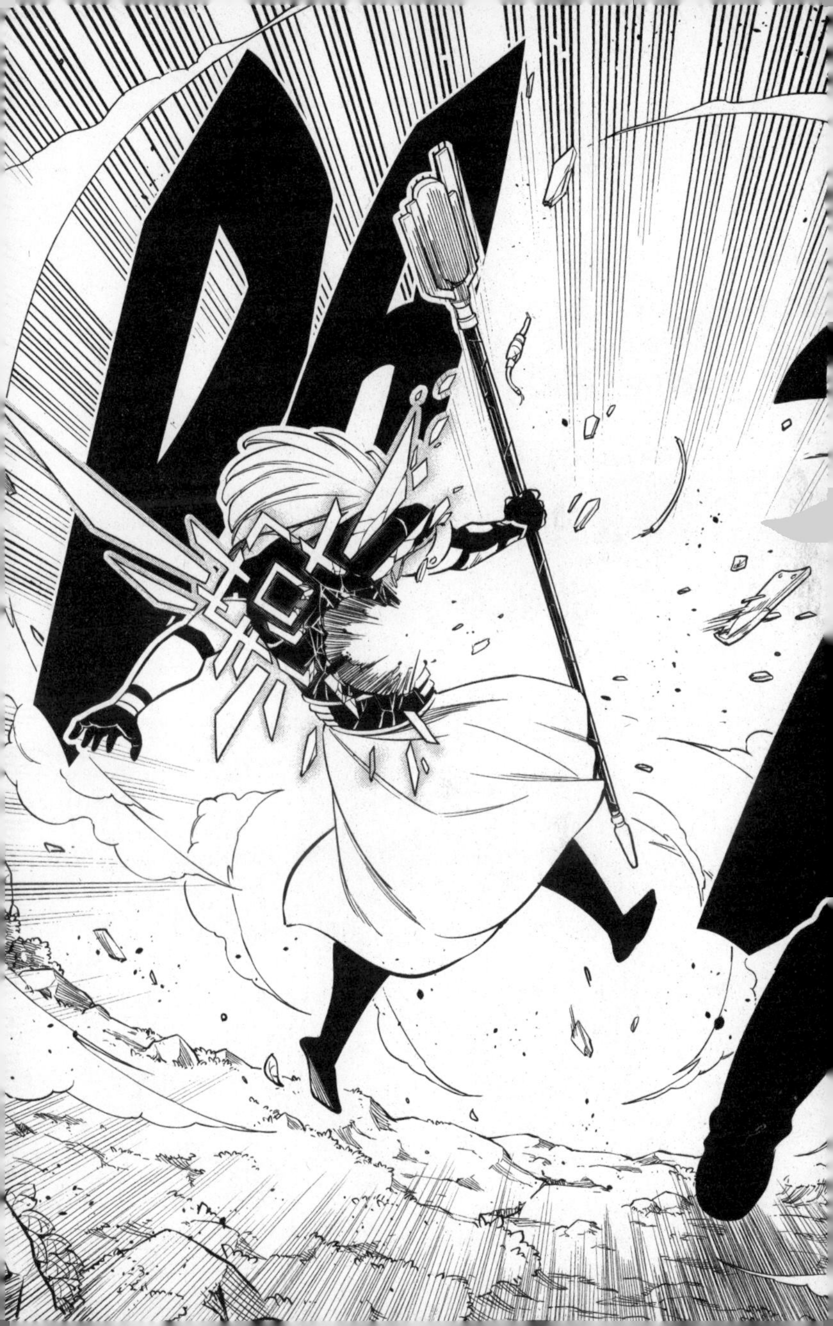

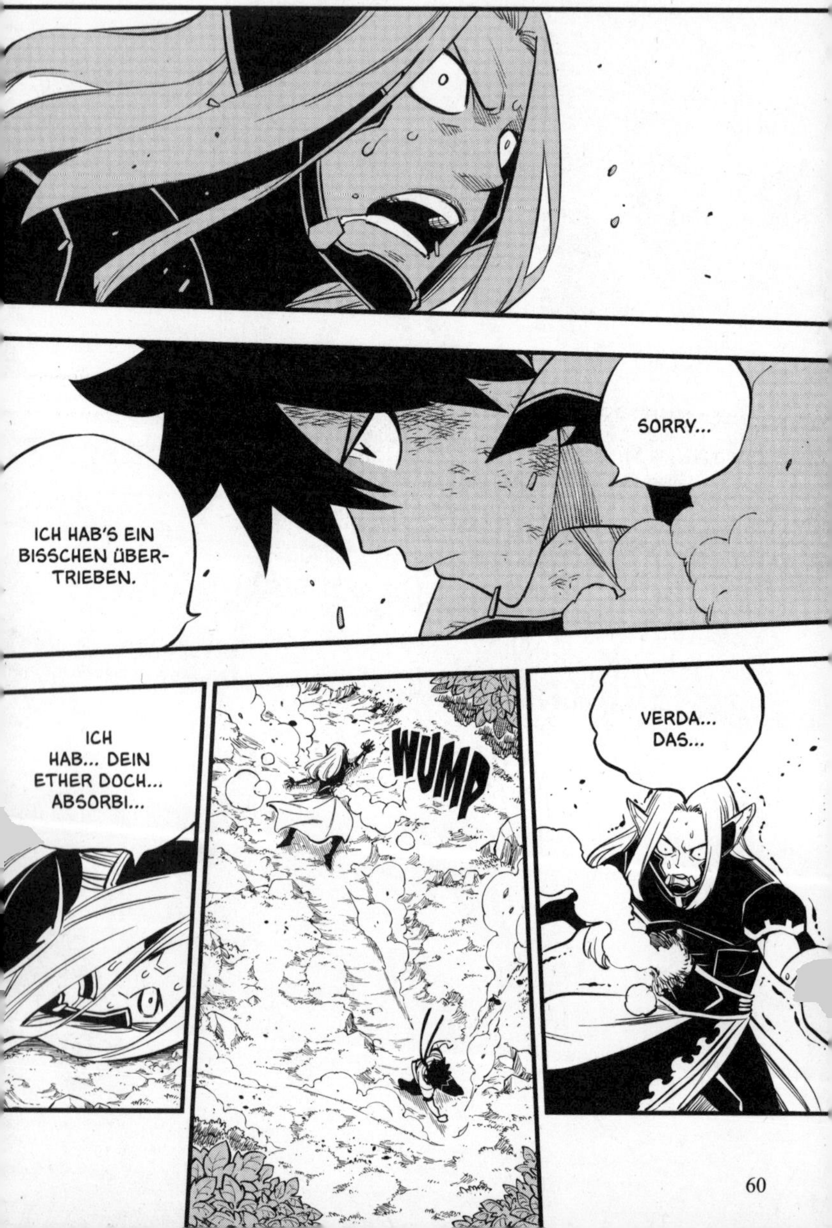
SORRY...
ICH HAB'S EIN BISSCHEN ÜBER-TRIEBEN.
VERDA... DAS...
WUMP
ICH HAB... DEIN ETHER DOCH... ABSORBI...

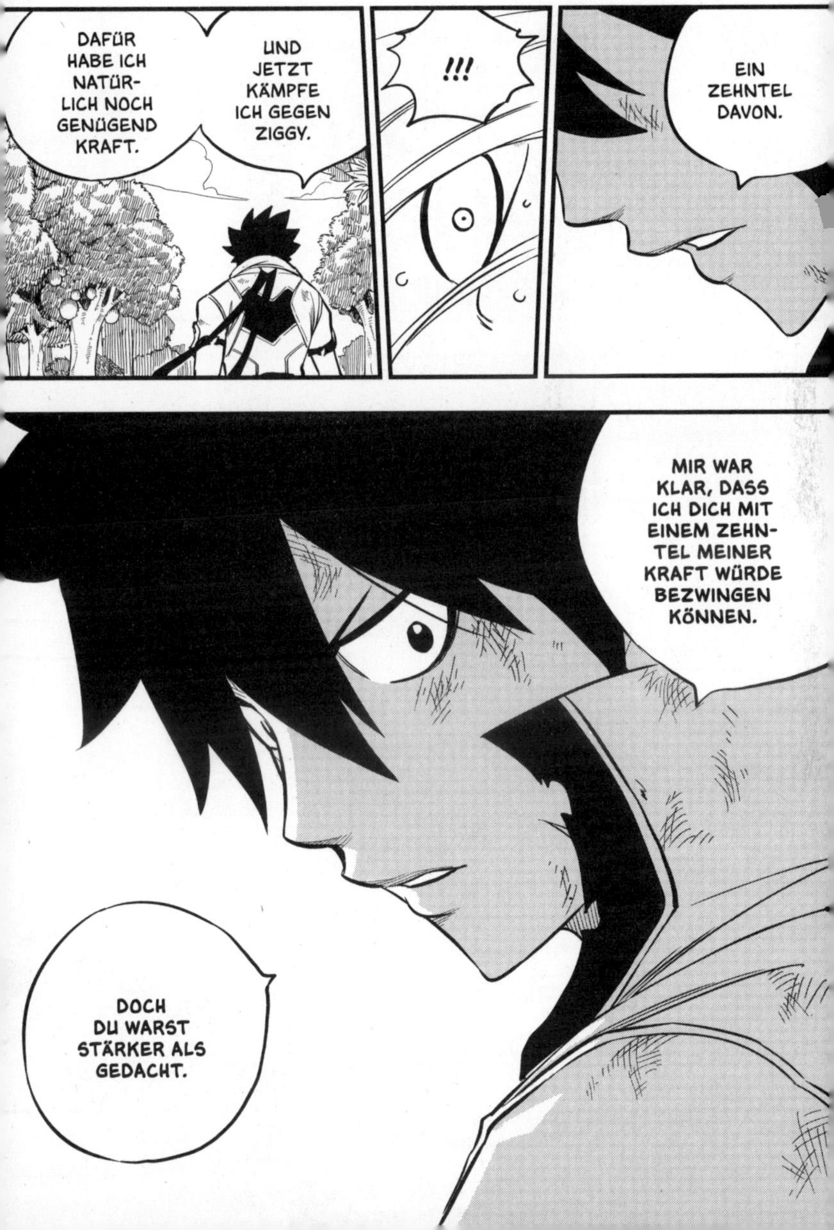
DAFÜR HABE ICH NATÜR-LICH NOCH GENÜGEND KRAFT.
UND JETZT KÄMPFE ICH GEGEN ZIGGY.
!!!
EIN ZEHNTEL DAVON.
MIR WAR KLAR, DASS ICH DICH MIT EINEM ZEHN-TEL MEINER KRAFT WÜRDE BEZWINGEN KÖNNEN.
DOCH DU WARST STÄRKER ALS GEDACHT.

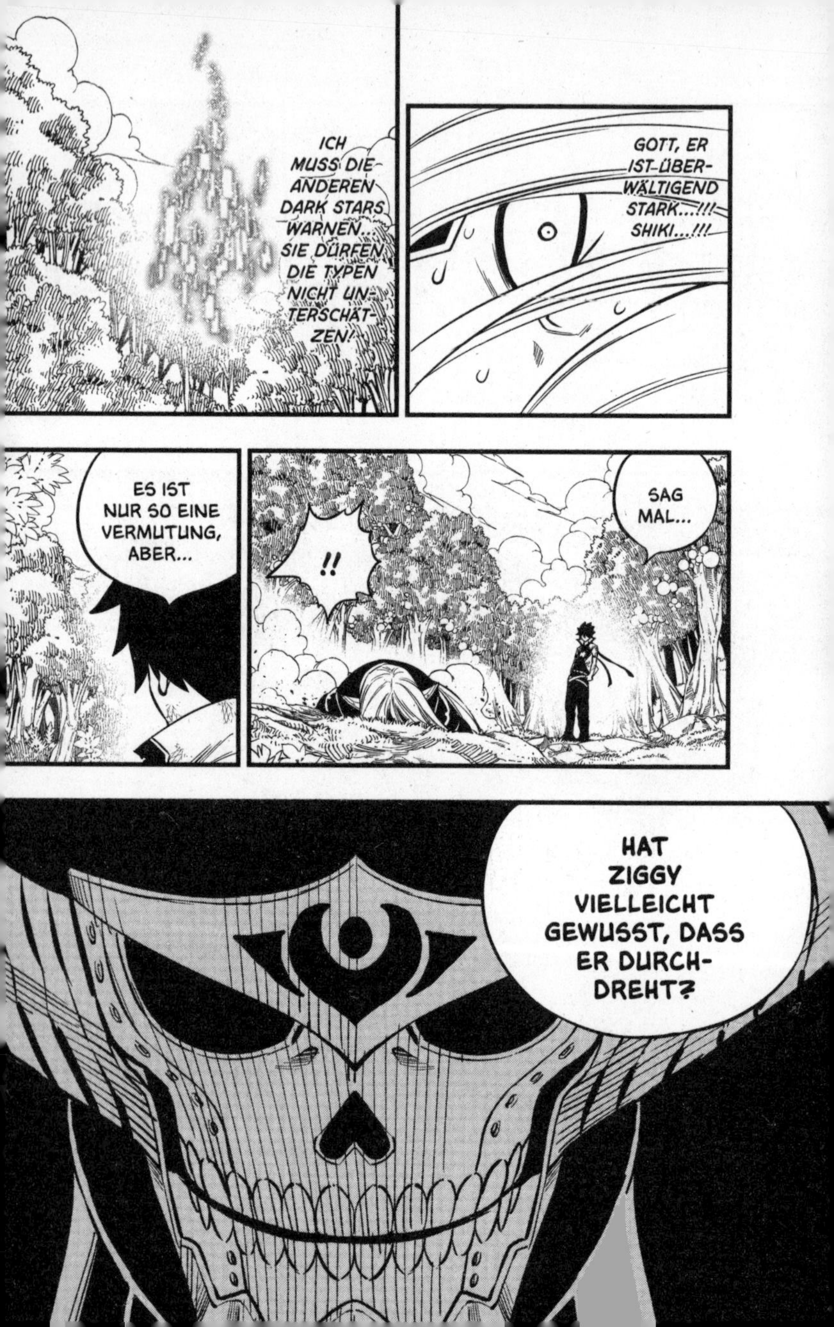
GOTT, ER IST ÜBERWÄLTIGEND STARK...!!! SHIKI...!!!
ICH MUSS DIE ANDEREN DARK STARS WARNEN... SIE DÜRFEN DIE TYPEN NICHT UNTERSCHÄTZEN!
SAG MAL...
!!
ES IST NUR SO EINE VERMUTUNG, ABER...
HAT ZIGGY VIELLEICHT GEWUSST, DASS ER DURCHDREHT?

EDENS ZERO

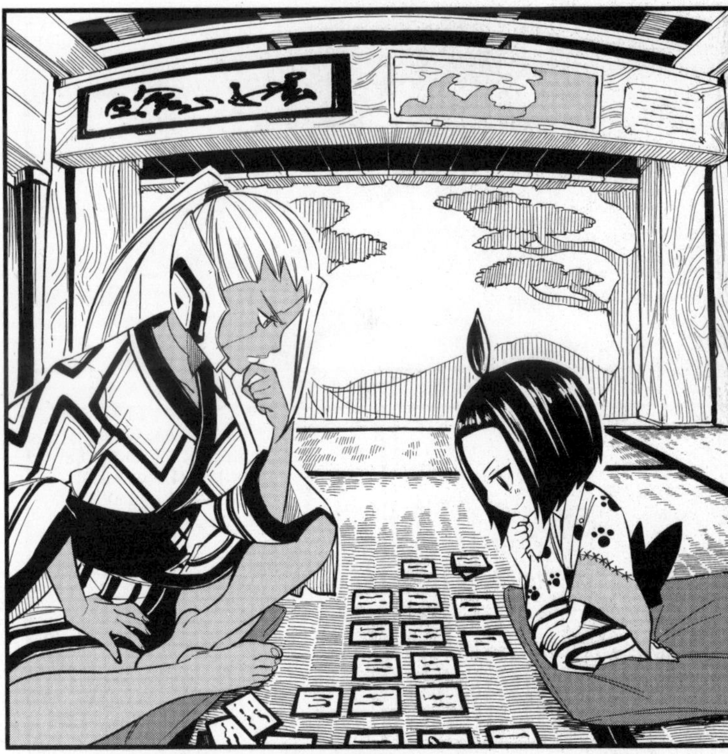

KAPITEL 189: REBECCA VS. CLOWN

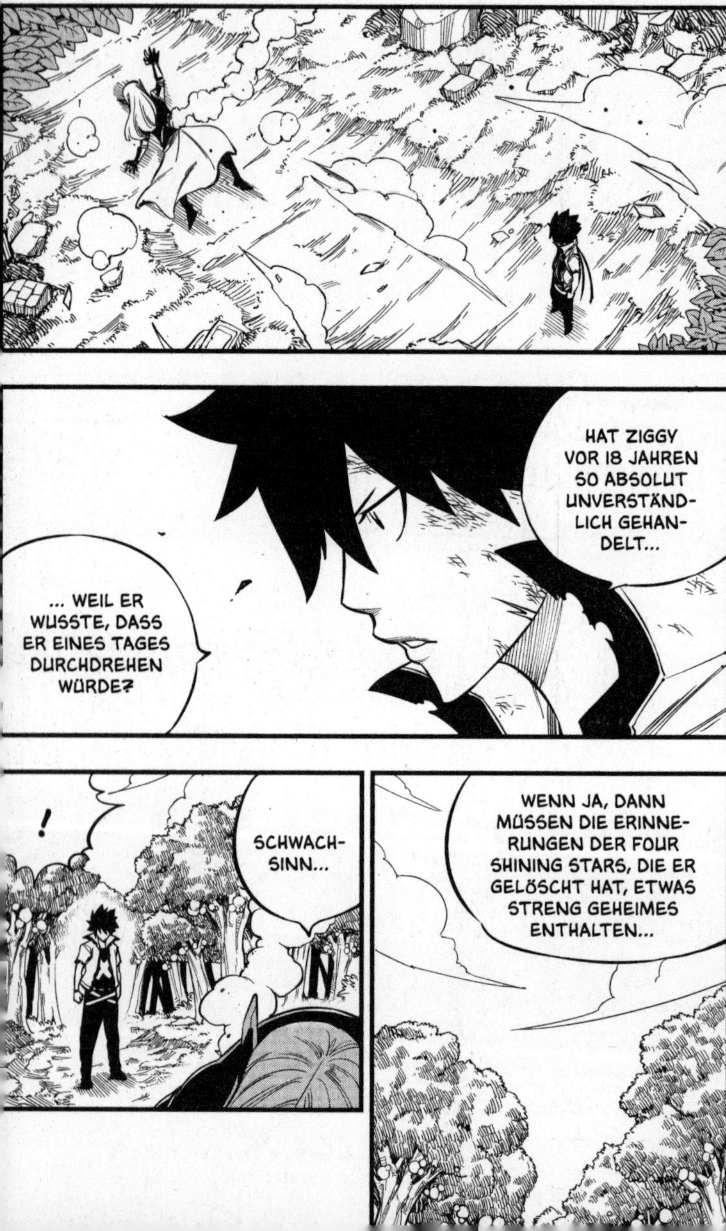
HAT ZIGGY VOR 18 JAHREN SO ABSOLUT UNVERSTÄND-LICH GEHAN-DELT...
... WEIL ER WUSSTE, DASS ER EINES TAGES DURCHDREHEN WÜRDE?
WENN JA, DANN MÜSSEN DIE ERINNE-RUNGEN DER FOUR SHINING STARS, DIE ER GELÖSCHT HAT, ETWAS STRENG GEHEIMES ENTHALTEN...
SCHWACH-SINN...
!

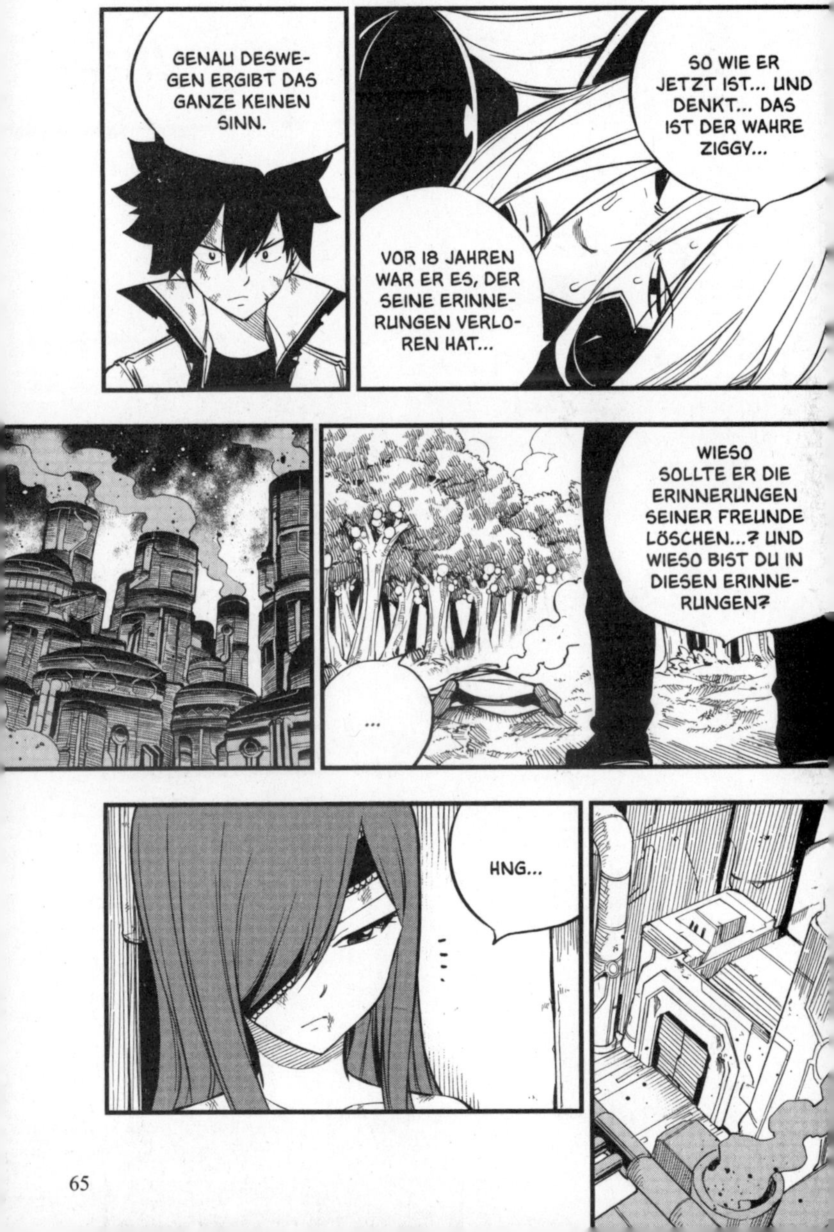
SO WIE ER JETZT IST... UND DENKT... DAS IST DER WAHRE ZIGGY...
VOR 18 JAHREN WAR ER ES, DER SEINE ERINNERUNGEN VERLOREN HAT...
GENAU DESWEGEN ERGIBT DAS GANZE KEINEN SINN.
WIESO SOLLTE ER DIE ERINNERUNGEN SEINER FREUNDE LÖSCHEN...? UND WIESO BIST DU IN DIESEN ERINNERUNGEN?
...
HNG...
...

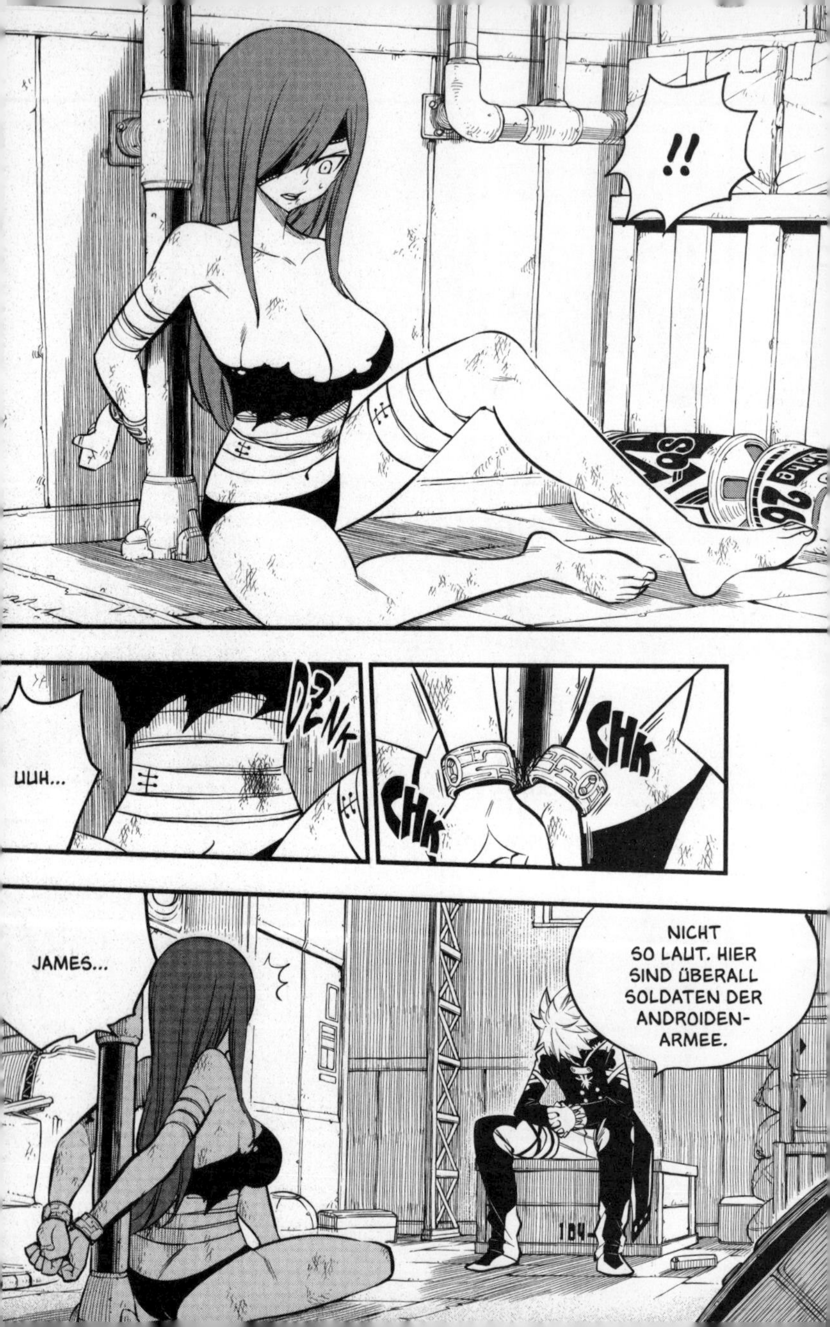
!!
DENK
UUH...
CHK
CHK
JAMES...
NICHT SO LAUT. HIER SIND ÜBERALL SOLDATEN DER ANDROIDEN-ARMEE.

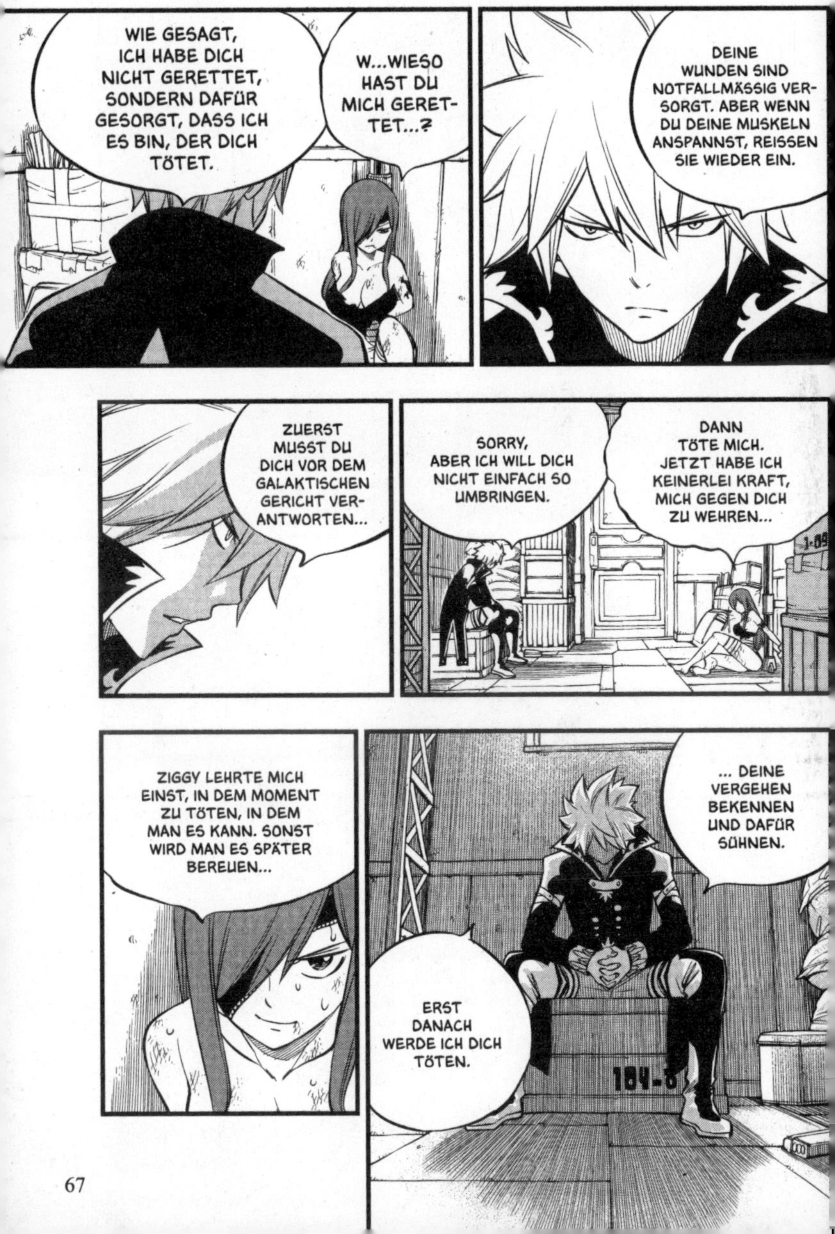
WIE GESAGT, ICH HABE DICH NICHT GERETTET, SONDERN DAFÜR GESORGT, DASS ICH ES BIN, DER DICH TÖTET.
W...WIESO HAST DU MICH GERETTET...?
DEINE WUNDEN SIND NOTFALLMÄSSIG VERSORGT. ABER WENN DU DEINE MUSKELN ANSPANNST, REISSEN SIE WIEDER EIN.
ZUERST MUSST DU DICH VOR DEM GALAKTISCHEN GERICHT VERANTWORTEN...
SORRY, ABER ICH WILL DICH NICHT EINFACH SO UMBRINGEN.
DANN TÖTE MICH. JETZT HABE ICH KEINERLEI KRAFT, MICH GEGEN DICH ZU WEHREN...
ZIGGY LEHRTE MICH EINST, IN DEM MOMENT ZU TÖTEN, IN DEM MAN ES KANN. SONST WIRD MAN ES SPÄTER BEREUEN...
... DEINE VERGEHEN BEKENNEN UND DAFÜR SÜHNEN.
ERST DANACH WERDE ICH DICH TÖTEN.
104-3

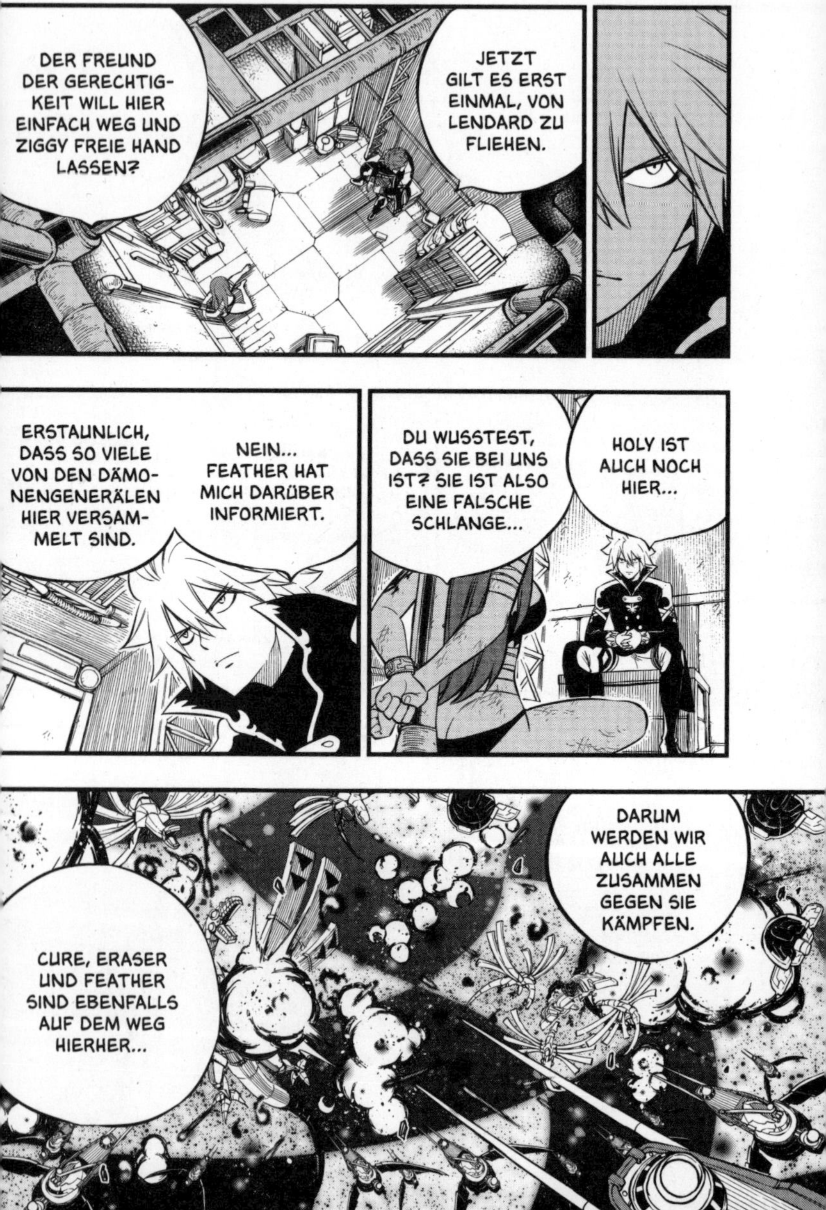
DER FREUND DER GERECHTIG-KEIT WILL HIER EINFACH WEG UND ZIGGY FREIE HAND LASSEN?
JETZT GILT ES ERST EINMAL, VON LENDARD ZU FLIEHEN.
ERSTAUNLICH, DASS SO VIELE VON DEN DÄMO-NENGENERÄLEN HIER VERSAM-MELT SIND.
NEIN... FEATHER HAT MICH DARÜBER INFORMIERT.
DU WUSSTEST, DASS SIE BEI UNS IST? SIE IST ALSO EINE FALSCHE SCHLANGE...
HOLY IST AUCH NOCH HIER...
CURE, ERASER UND FEATHER SIND EBENFALLS AUF DEM WEG HIERHER...
DARUM WERDEN WIR AUCH ALLE ZUSAMMEN GEGEN SIE KÄMPFEN.

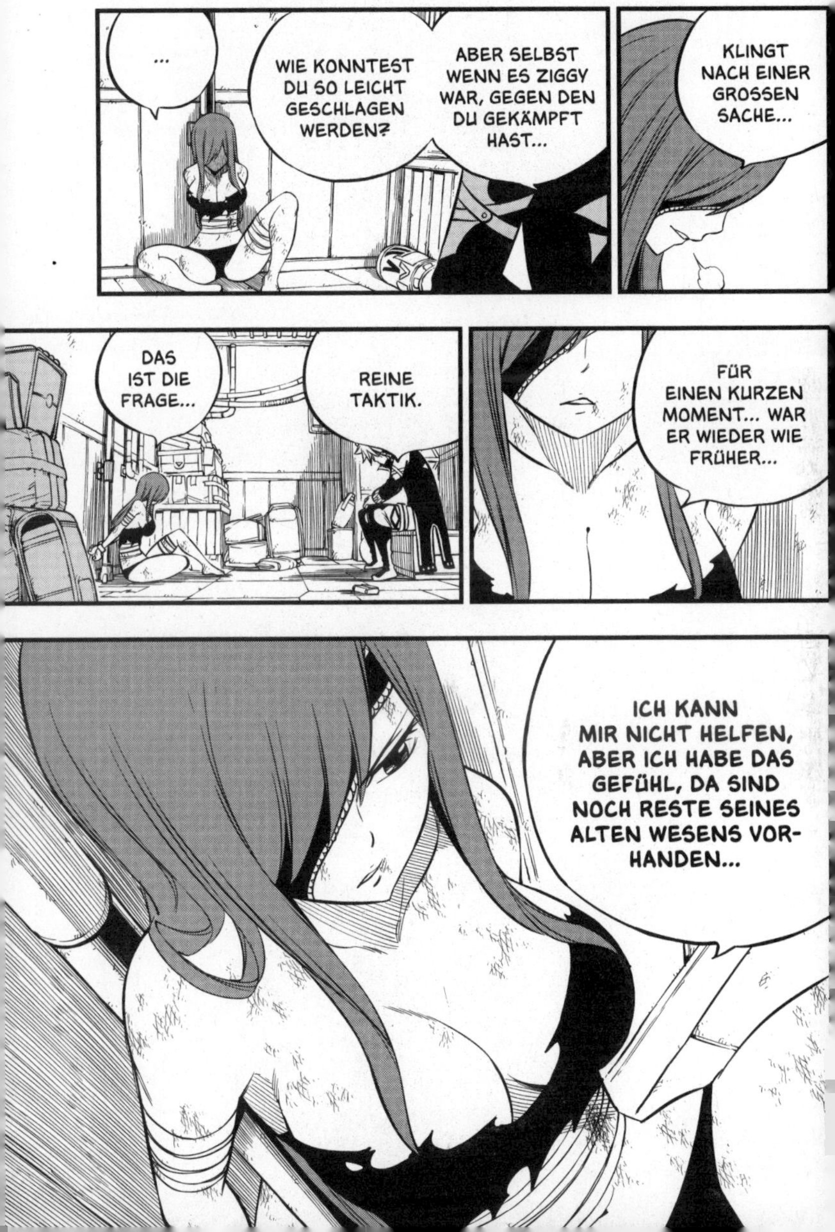
...
WIE KONNTEST DU SO LEICHT GESCHLAGEN WERDEN?
ABER SELBST WENN ES ZIGGY WAR, GEGEN DEN DU GEKÄMPFT HAST...
KLINGT NACH EINER GROSSEN SACHE...
DAS IST DIE FRAGE...
REINE TAKTIK.
FÜR EINEN KURZEN MOMENT... WAR ER WIEDER WIE FRÜHER...
ICH KANN MIR NICHT HELFEN, ABER ICH HABE DAS GEFÜHL, DA SIND NOCH RESTE SEINES ALTEN WESENS VORHANDEN...

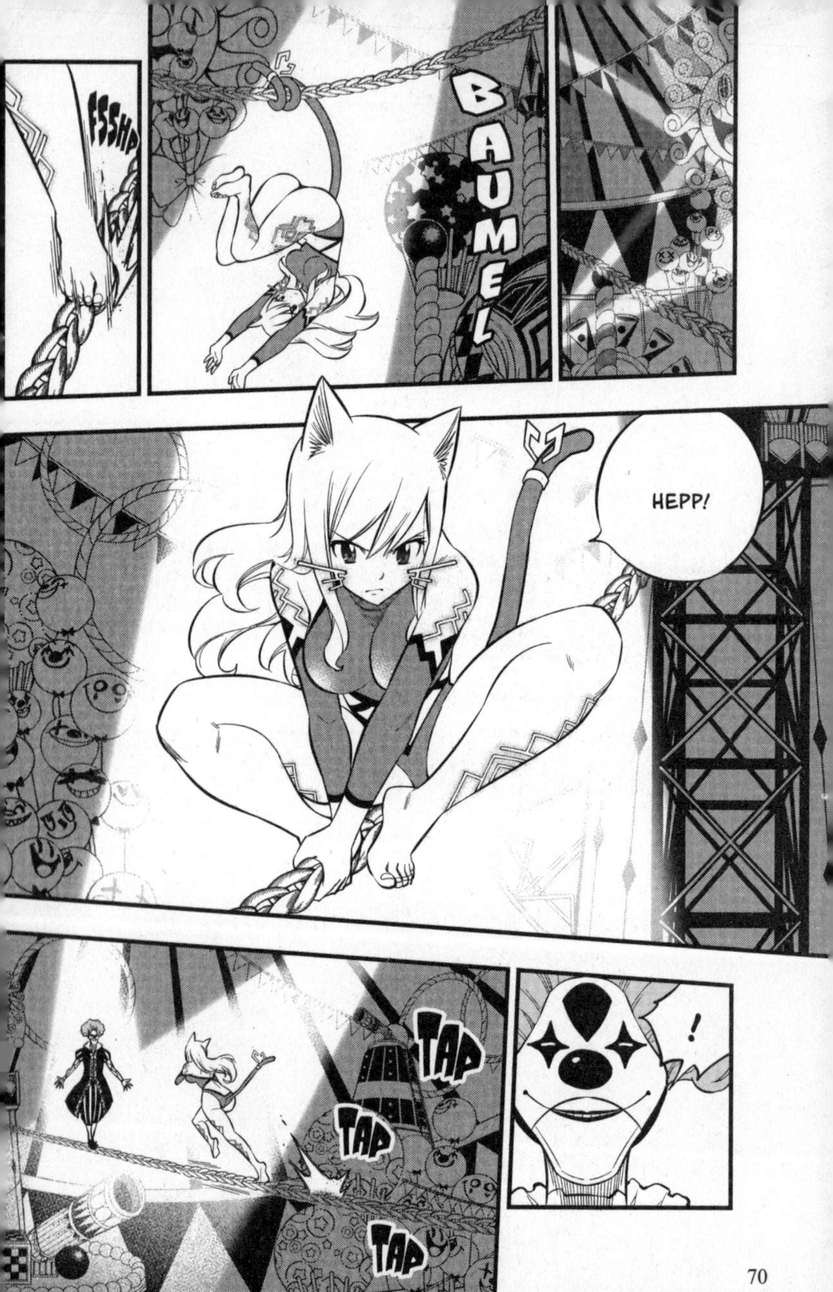
BAUMEL
FSSHP
HEPP!
!
TAP
TAP
TAP

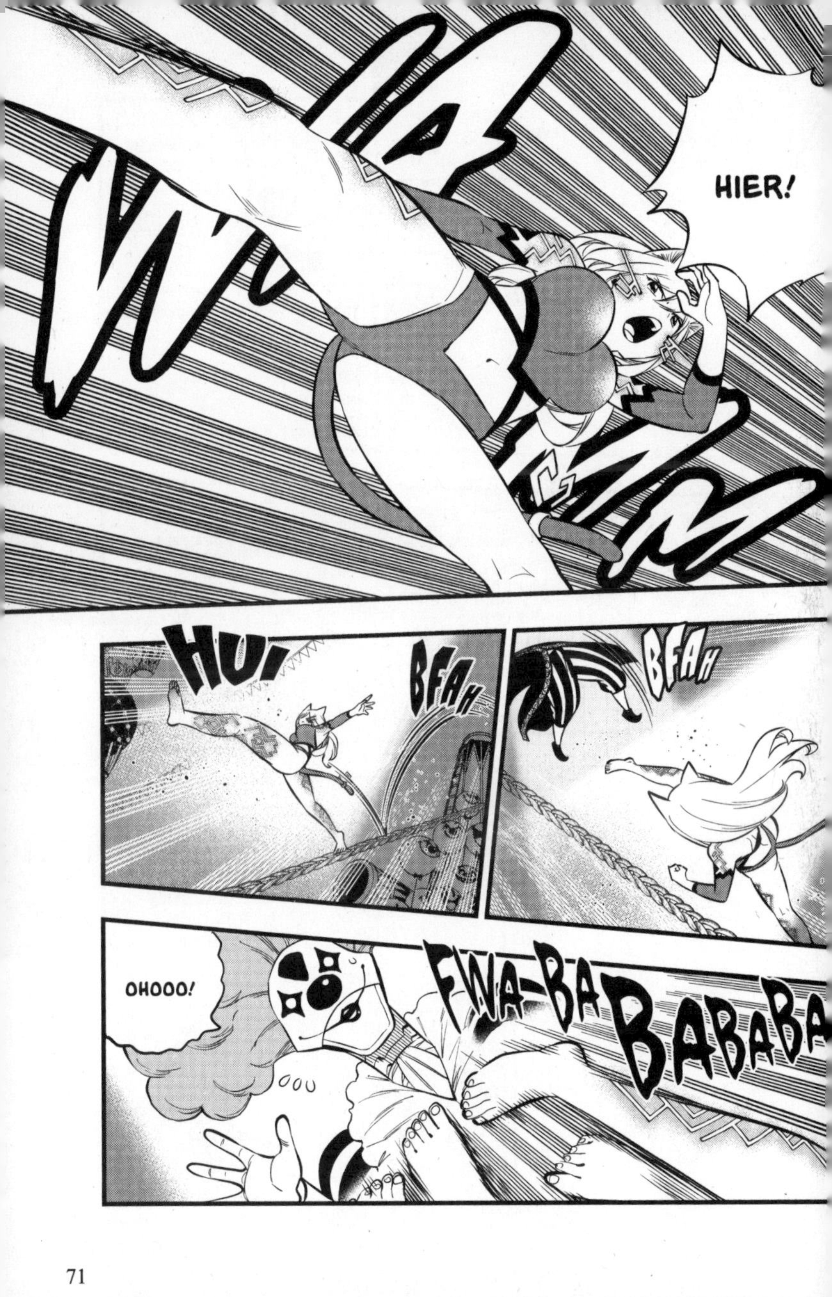
HIER!
BFAH
BFAH
HUI
OHOOO!
FWA-BA BABABA

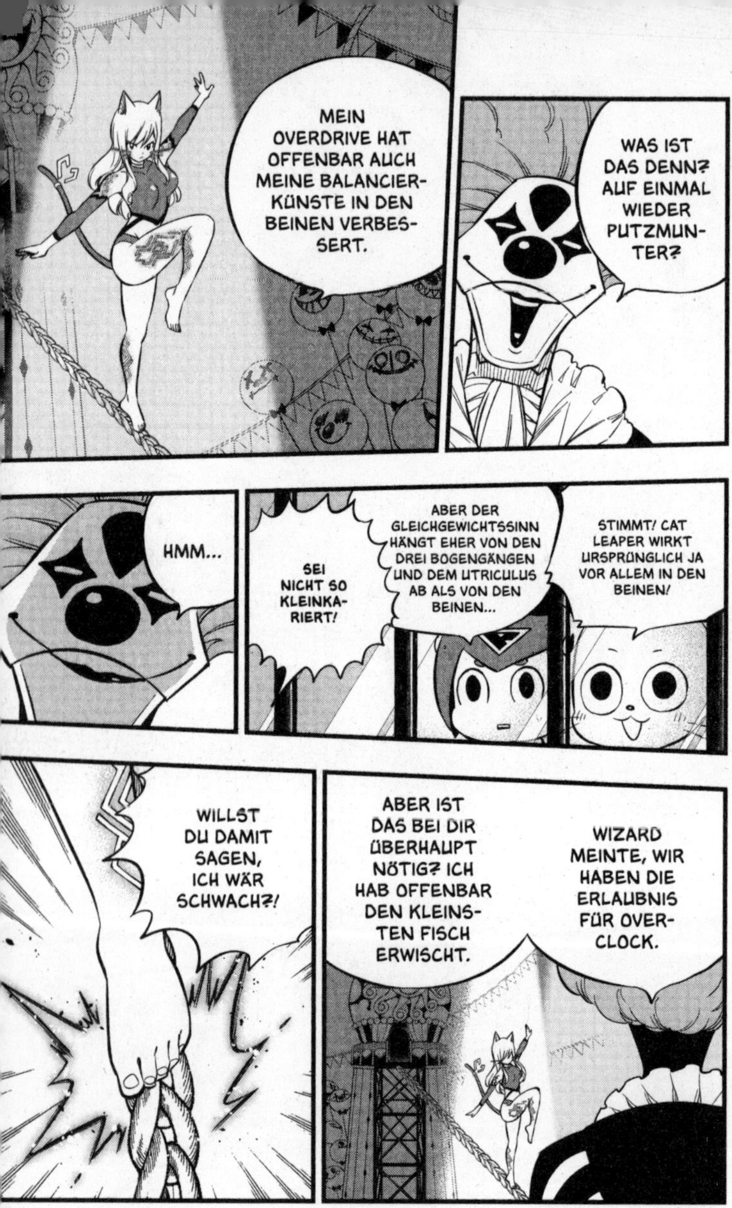
MEIN OVERDRIVE HAT OFFENBAR AUCH MEINE BALANCIER-KÜNSTE IN DEN BEINEN VERBES-SERT.
WAS IST DAS DENN? AUF EINMAL WIEDER PUTZMUN-TER?
HMM...
STIMMT! CAT LEAPER WIRKT URSPRÜNGLICH JA VOR ALLEM IN DEN BEINEN!
ABER DER GLEICHGEWICHTSSINN HÄNGT EHER VON DEN DREI BOGENGÄNGEN UND DEM UTRICULUS AB ALS VON DEN BEINEN...
SEI NICHT SO KLEINKA-RIERT!
WILLST DU DAMIT SAGEN, ICH WÄR SCHWACH?!
WIZARD MEINTE, WIR HABEN DIE ERLAUBNIS FÜR OVER-CLOCK.
ABER IST DAS BEI DIR ÜBERHAUPT NÖTIG? ICH HAB OFFENBAR DEN KLEINS-TEN FISCH ERWISCHT.

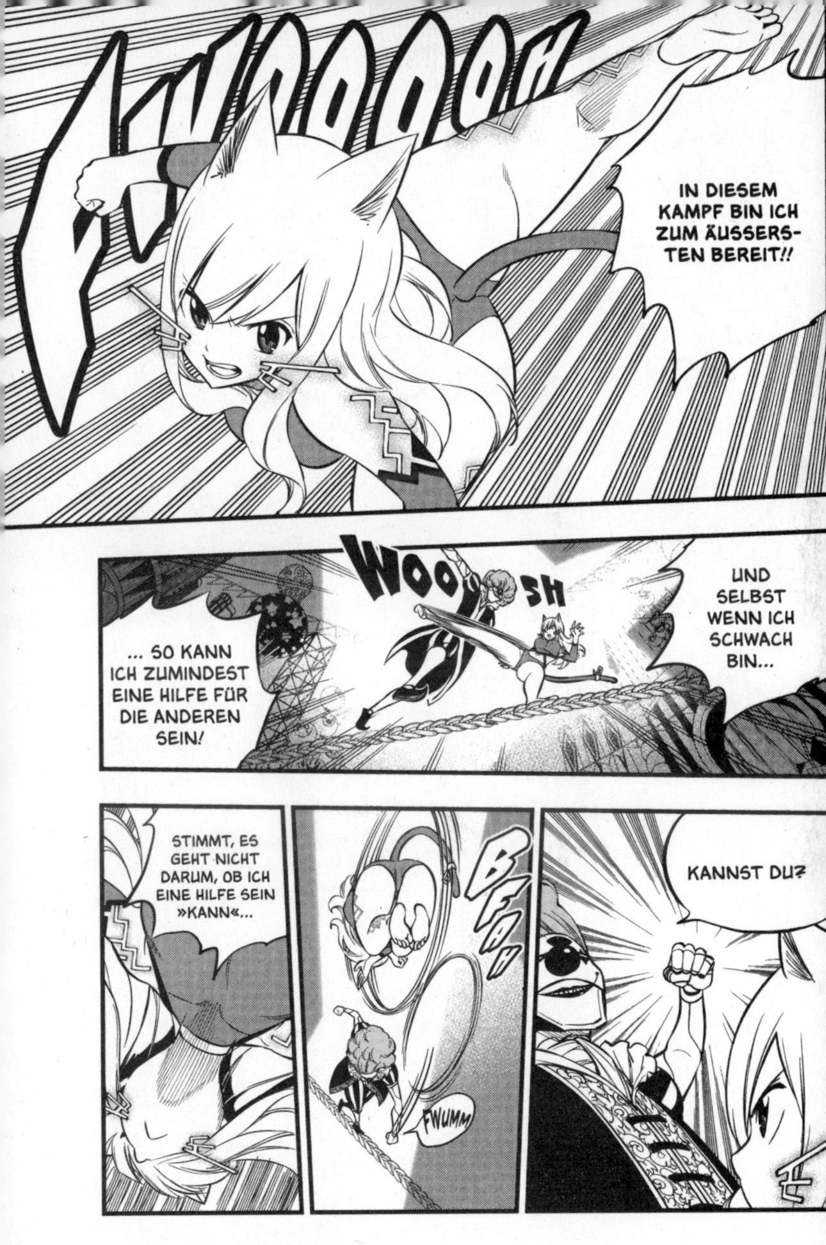
IN DIESEM KAMPF BIN ICH ZUM ÄUSSERS-TEN BEREIT!!
UND SELBST WENN ICH SCHWACH BIN...
... SO KANN ICH ZUMINDEST EINE HILFE FÜR DIE ANDEREN SEIN!
KANNST DU?
FWUMM
STIMMT, ES GEHT NICHT DARUM, OB ICH EINE HILFE SEIN »KANN«...

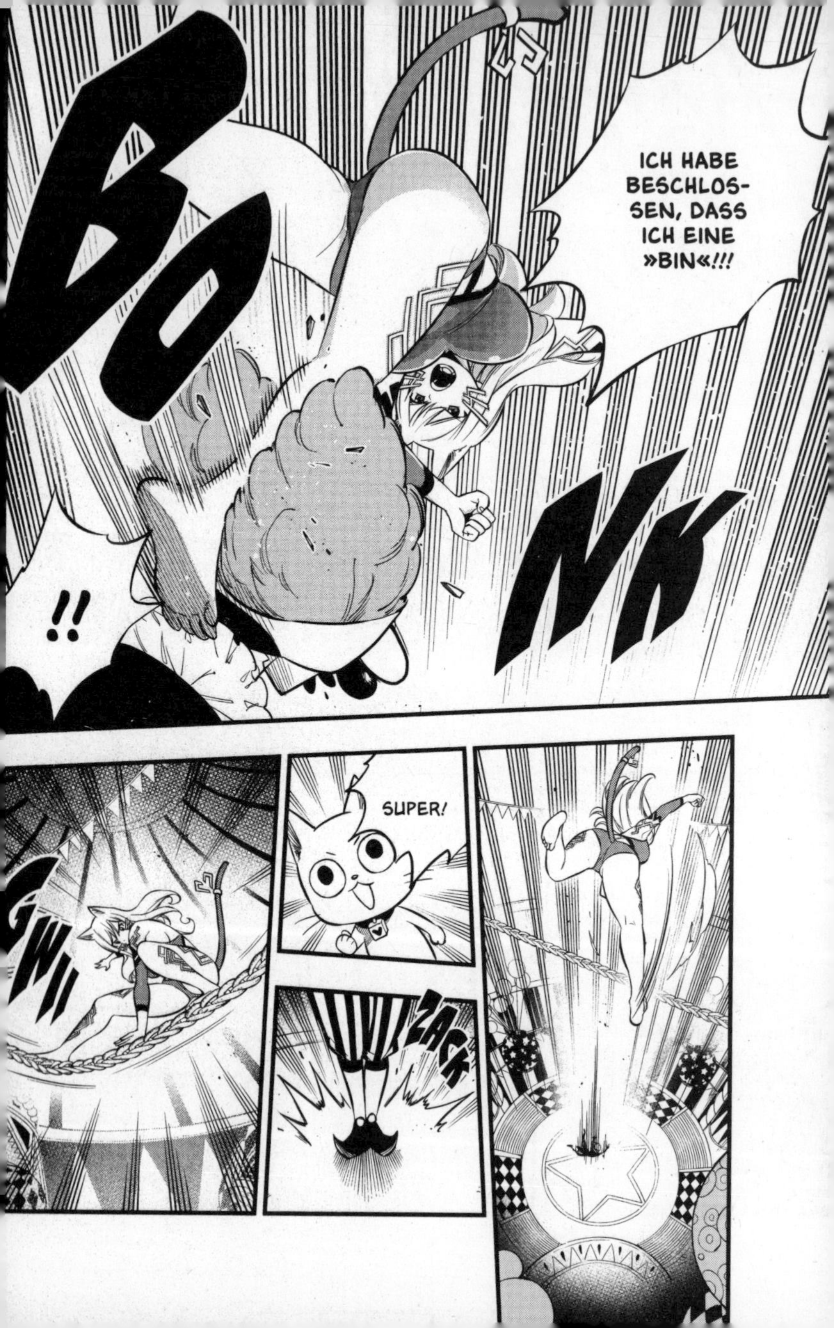
ICH HABE BESCHLOSSEN, DASS ICH EINE »BIN«!!!
BO
NK
!!
SUPER!
ZACK

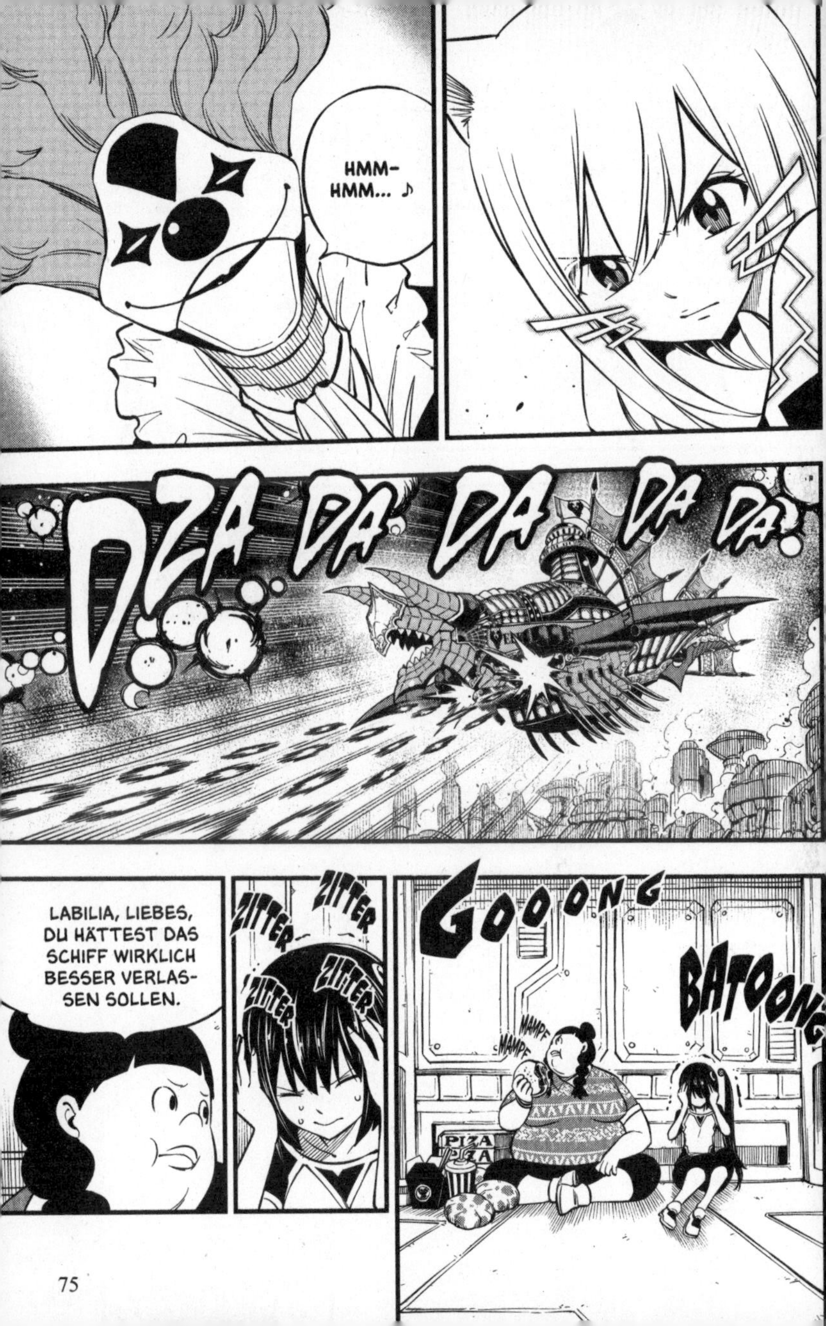
HMM-
HMM... ♪
DZA DA DA DA DA
LABILIA, LIEBES, DU HÄTTEST DAS SCHIFF WIRKLICH BESSER VERLAS-SEN SOLLEN.
ZITTER ZITTER ZITTER ZITTER
GOOONG
BATOONG
MAMPF MAMPF
PIZA PIZA

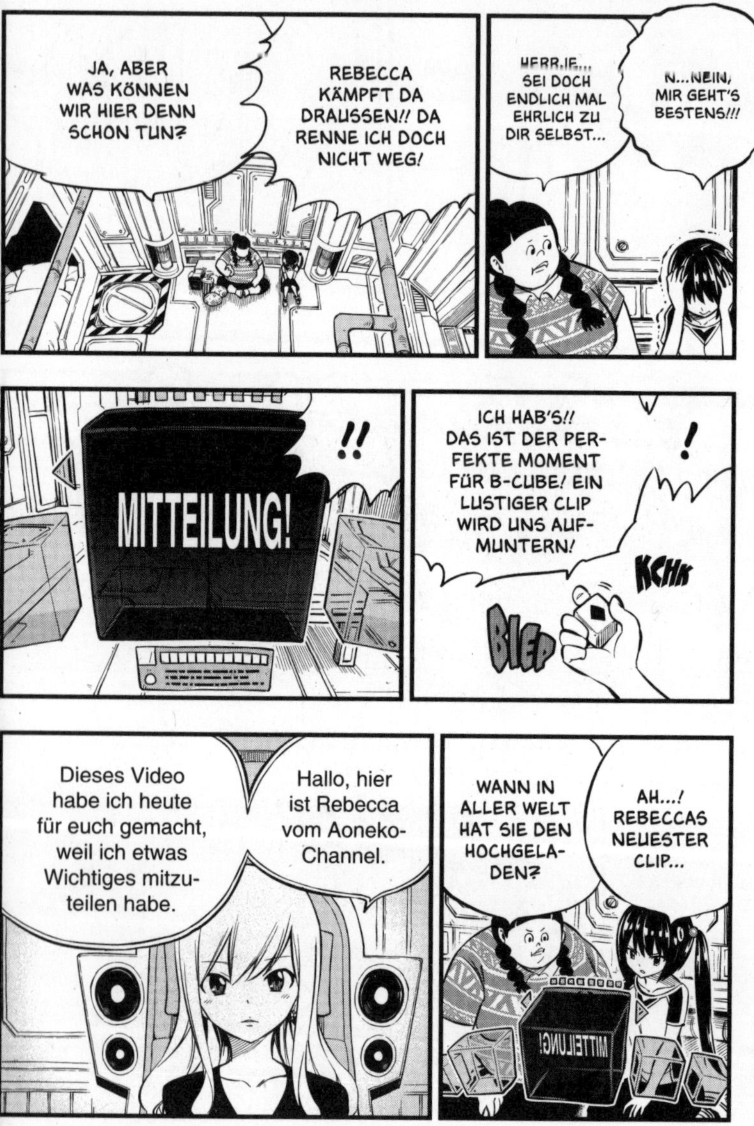
HERRJE... SEI DOCH ENDLICH MAL EHRLICH ZU DIR SELBST...
N...NEIN, MIR GEHT'S BESTENS!!!
REBECCA KÄMPFT DA DRAUSSEN!! DA RENNE ICH DOCH NICHT WEG!
JA, ABER WAS KÖNNEN WIR HIER DENN SCHON TUN?
ICH HAB'S!! DAS IST DER PERFEKTE MOMENT FÜR B-CUBE! EIN LUSTIGER CLIP WIRD UNS AUFMUNTERN!
!
KCHK
BIEP
!!
MITTEILUNG!
AH...! REBECCAS NEUESTER CLIP...
WANN IN ALLER WELT HAT SIE DEN HOCHGELADEN?
Hallo, hier ist Rebecca vom Aoneko-Channel.
Dieses Video habe ich heute für euch gemacht, weil ich etwas Wichtiges mitzuteilen habe.

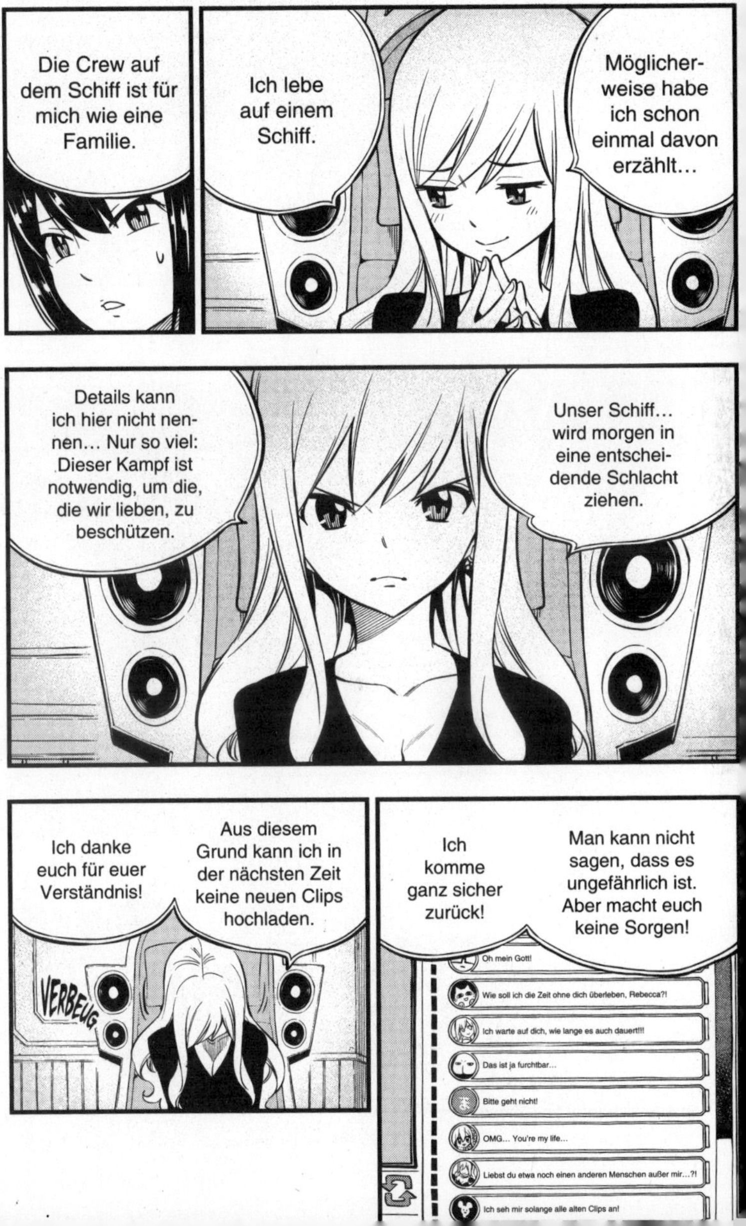

Möglicherweise habe ich schon einmal davon erzählt…
Ich lebe auf einem Schiff.
Die Crew auf dem Schiff ist für mich wie eine Familie.
Unser Schiff… wird morgen in eine entscheidende Schlacht ziehen.
Details kann ich hier nicht nennen… Nur so viel: Dieser Kampf ist notwendig, um die, die wir lieben, zu beschützen.
Man kann nicht sagen, dass es ungefährlich ist. Aber macht euch keine Sorgen!
Ich komme ganz sicher zurück!
Oh mein Gott!
Wie soll ich die Zeit ohne dich überleben, Rebecca?!
Ich warte auf dich, wie lange es auch dauert!!!
Das ist ja furchtbar…
Bitte geht nicht!
OMG… You're my life…
Liebst du etwa noch einen anderen Menschen außer mir…?!
Ich seh mir solange alle alten Clips an!
Aus diesem Grund kann ich in der nächsten Zeit keine neuen Clips hochladen.
Ich danke euch für euer Verständnis!
VERBEUG

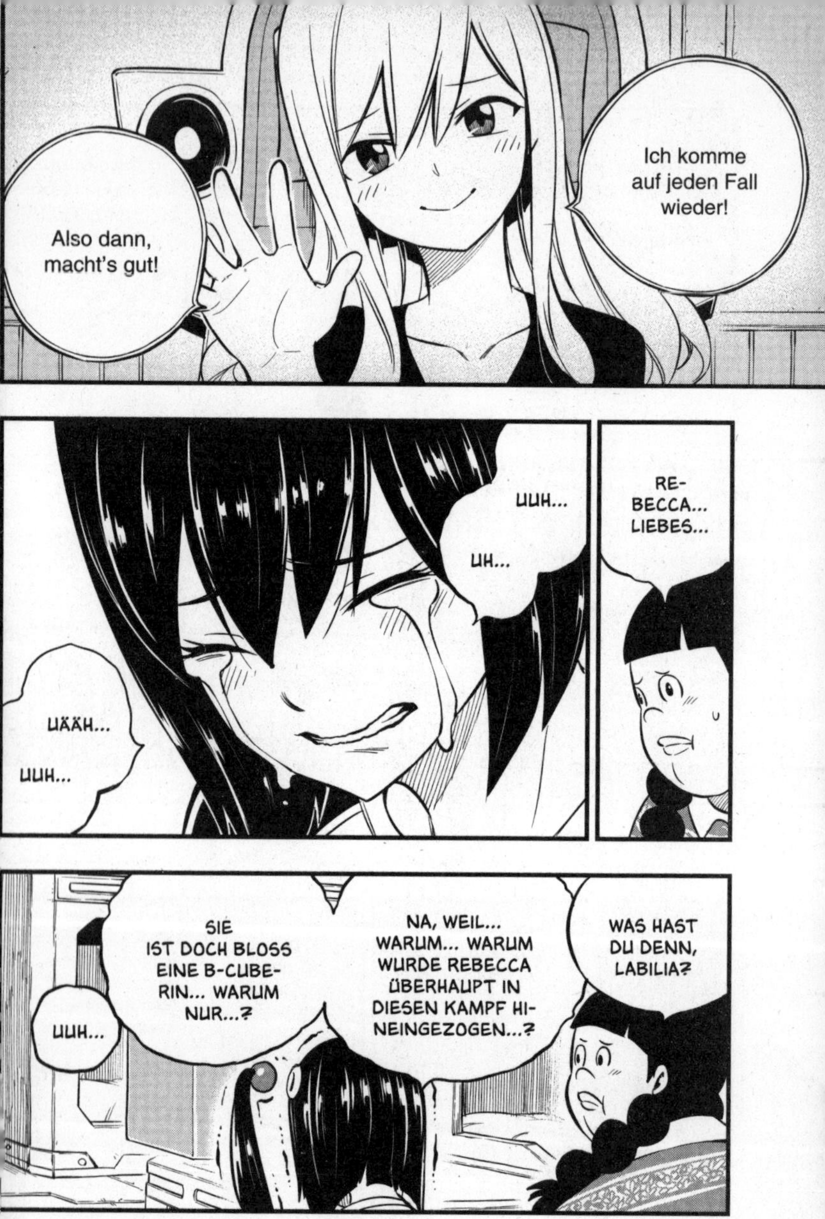
Ich komme auf jeden Fall wieder!
Also dann, macht's gut!
RE-BECCA... LIEBES...
UUH... UH...
UÄÄH... UUH...
WAS HAST DU DENN, LABILIA?
NA, WEIL... WARUM... WARUM WURDE REBECCA ÜBERHAUPT IN DIESEN KAMPF HINEINGEZOGEN...?
SIE IST DOCH BLOSS EINE B-CUBERIN... WARUM NUR...?
UUH...

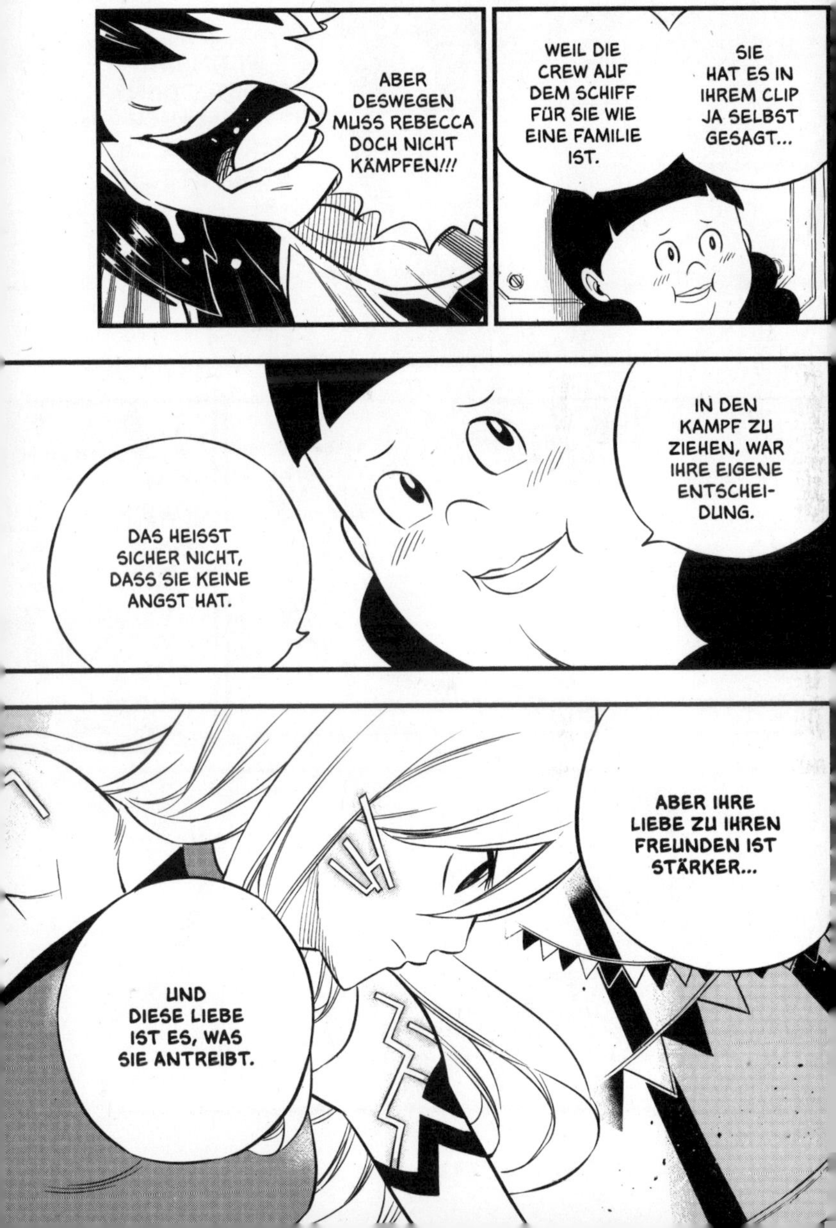
SIE HAT ES IN IHREM CLIP JA SELBST GESAGT...
WEIL DIE CREW AUF DEM SCHIFF FÜR SIE WIE EINE FAMILIE IST.
ABER DESWEGEN MUSS REBECCA DOCH NICHT KÄMPFEN!!!
IN DEN KAMPF ZU ZIEHEN, WAR IHRE EIGENE ENTSCHEI-DUNG.
DAS HEISST SICHER NICHT, DASS SIE KEINE ANGST HAT.
ABER IHRE LIEBE ZU IHREN FREUNDEN IST STÄRKER...
UND DIESE LIEBE IST ES, WAS SIE ANTREIBT.

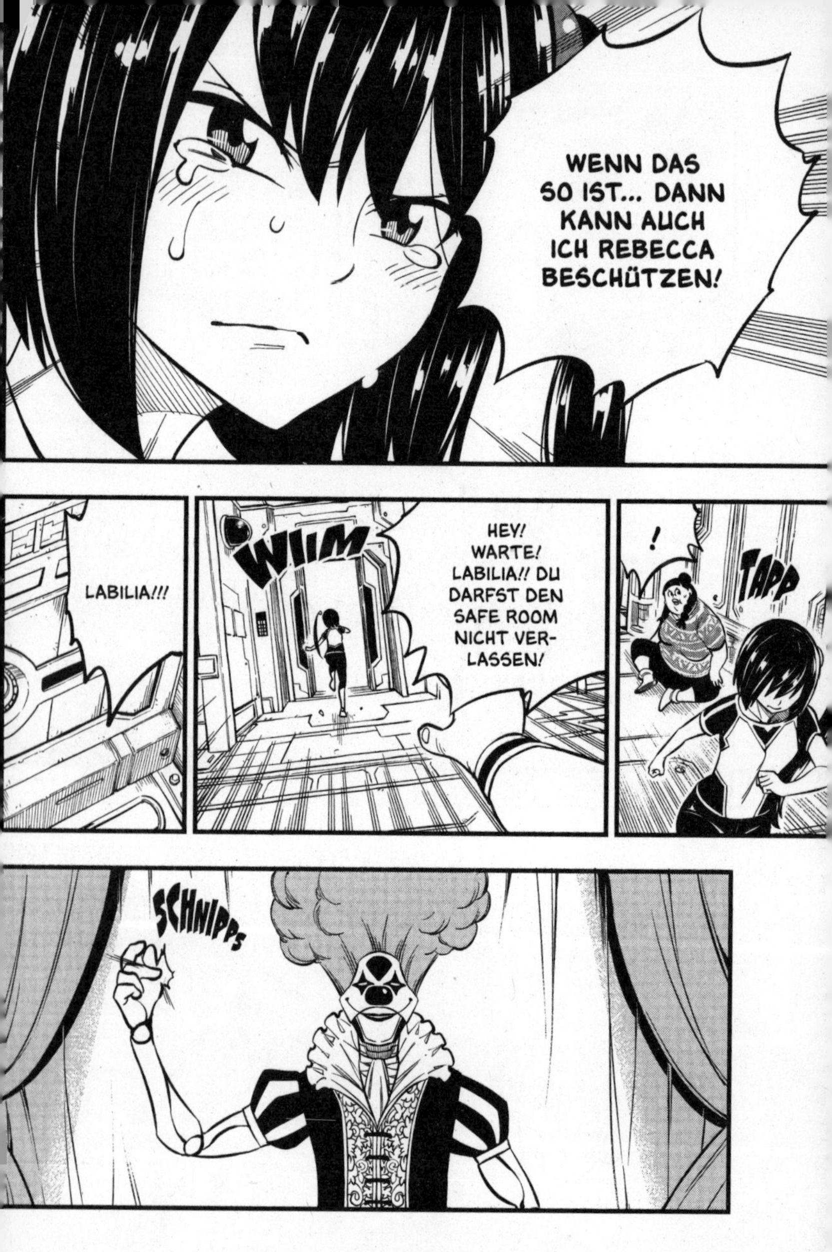
WENN DAS SO IST... DANN KANN AUCH ICH REBECCA BESCHÜTZEN!
LABILIA!!!
WIIM
HEY! WARTE! LABILIA!! DU DARFST DEN SAFE ROOM NICHT VER-LASSEN!
!
TAPP
SCHNIPPS

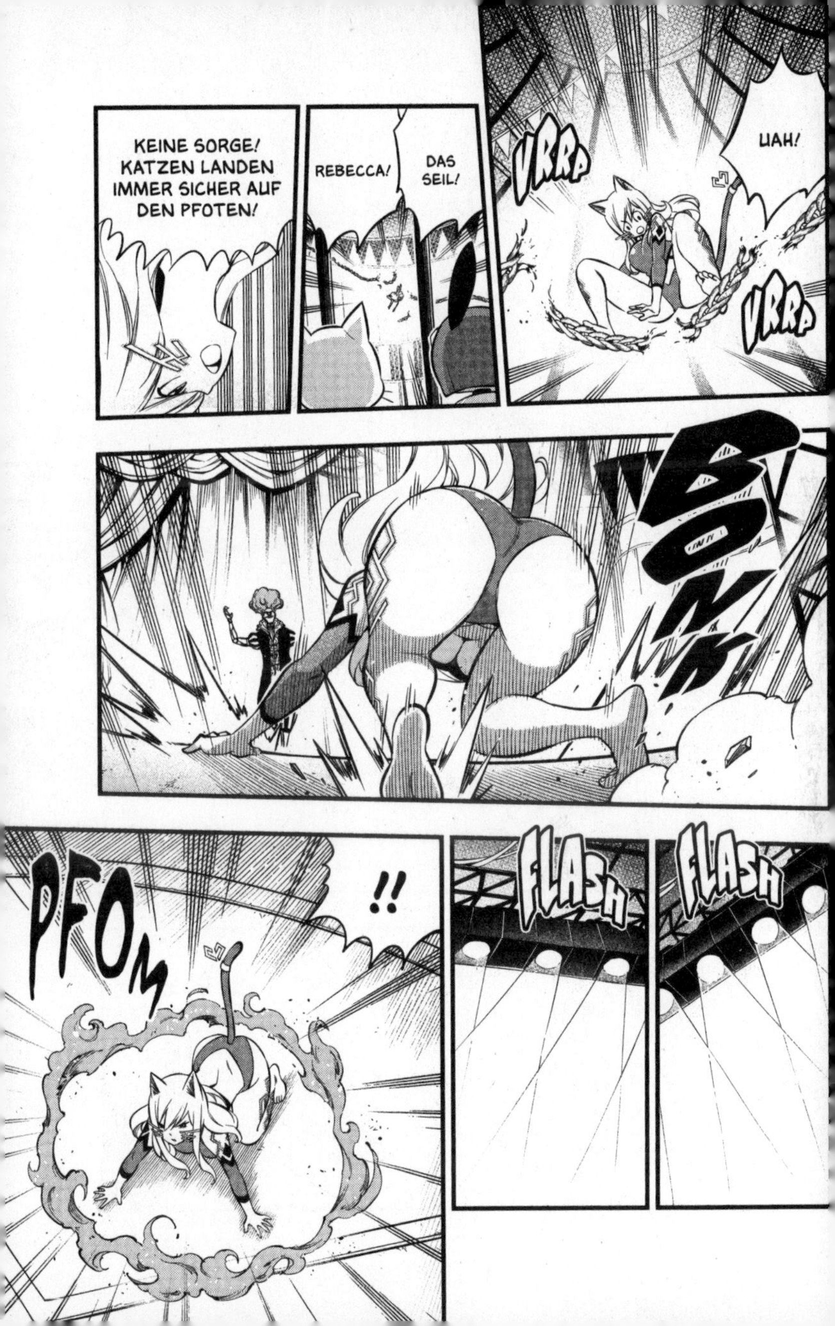

UAH!
VRRP
VRRP
DAS SEIL!
REBECCA!
KEINE SORGE! KATZEN LANDEN IMMER SICHER AUF DEN PFOTEN!
BOMK
!!
PFOM
FLASH
FLASH

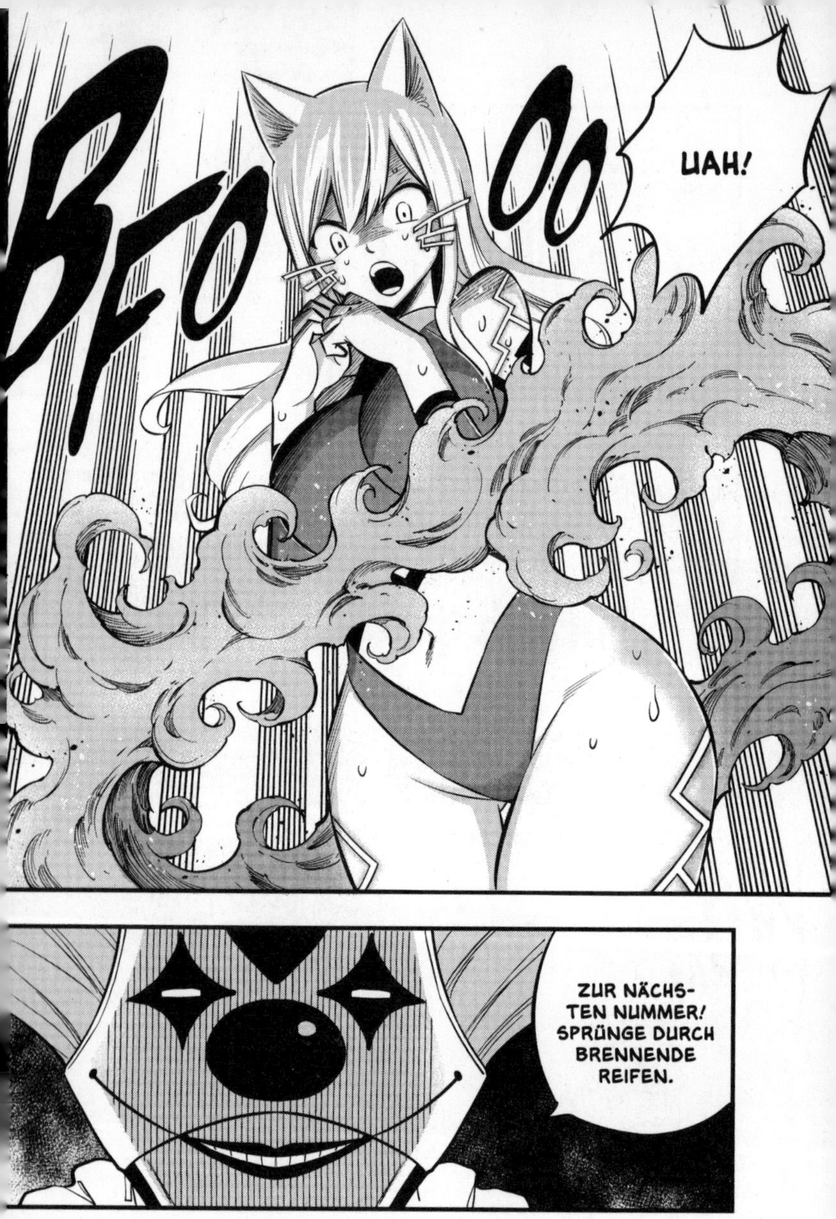
BFOOO
UAH!
ZUR NÄCHSTEN NUMMER! SPRÜNGE DURCH BRENNENDE REIFEN.

EDENS ZERO

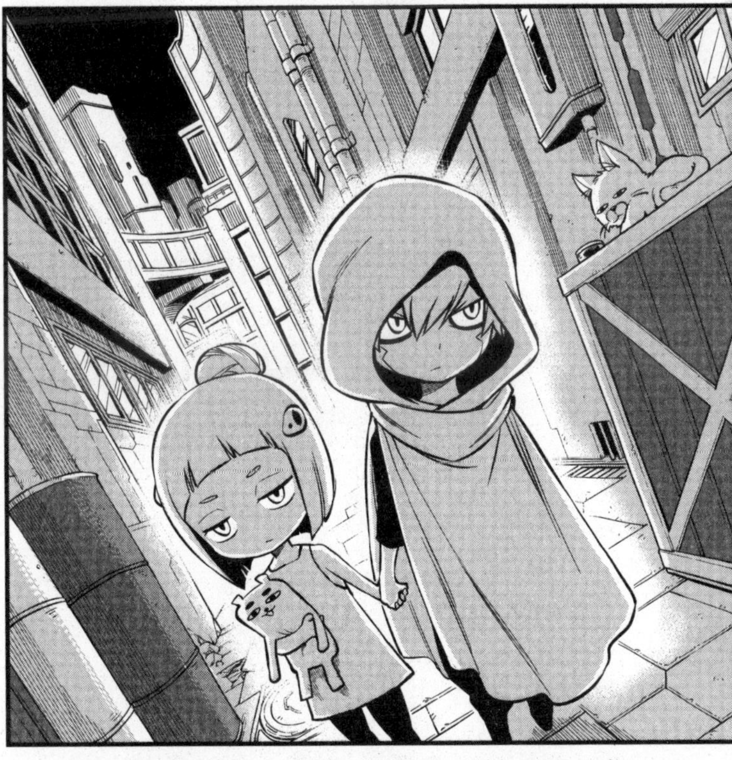

KAPITEL 190: DER ZIRKUS DER HÖLLE

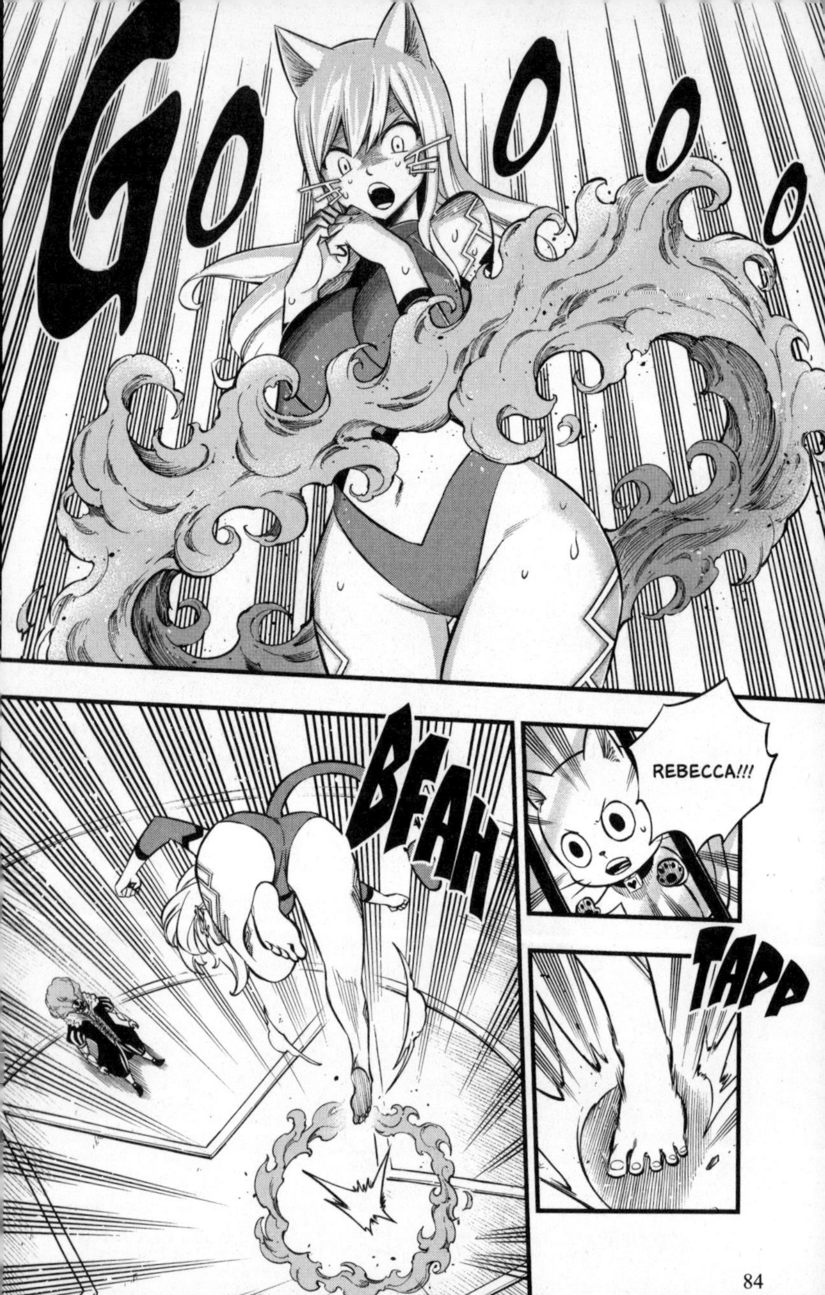
GOOOOO
BFAH
REBECCA!!!
TAPP

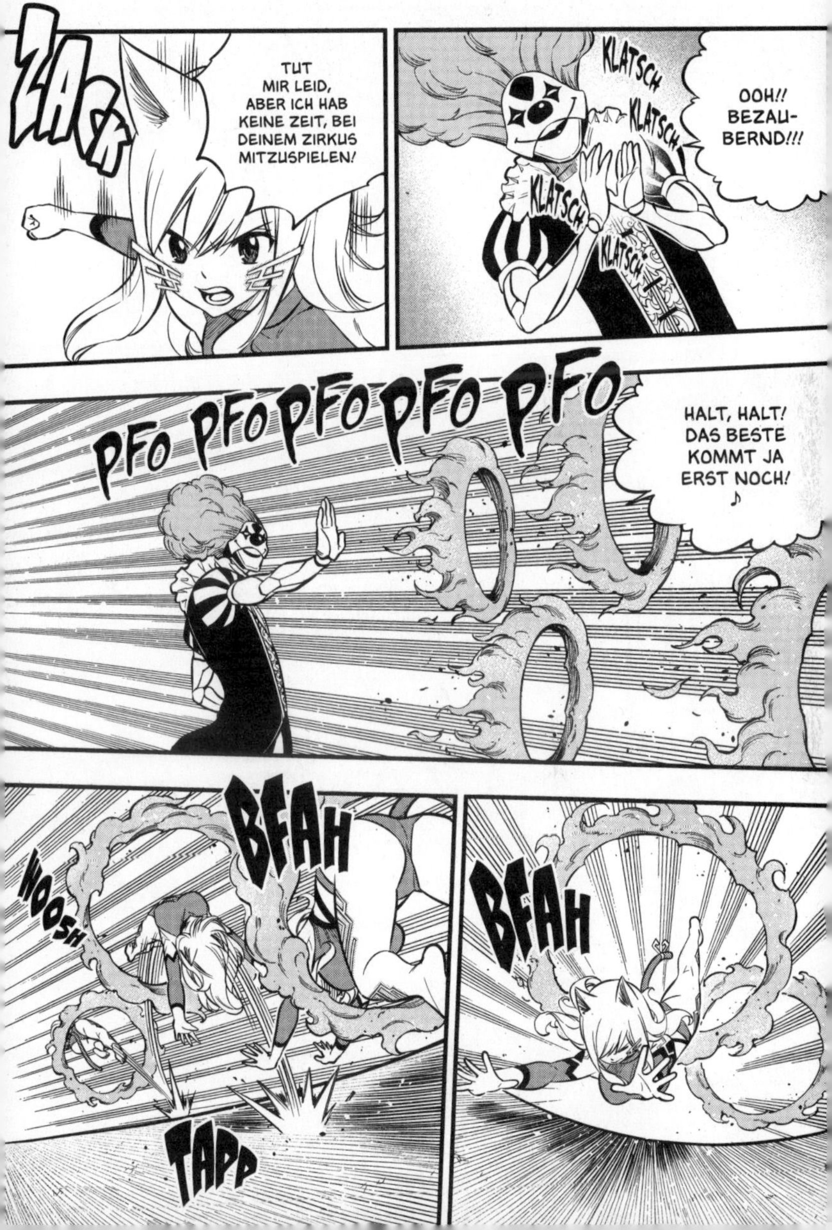
ZACK
TUT MIR LEID, ABER ICH HAB KEINE ZEIT, BEI DEINEM ZIRKUS MITZUSPIELEN!
KLATSCH
KLATSCH
KLATSCH
KLATSCH
OOH!! BEZAU-BERND!!!
PFO PFO PFO PFO PFO
HALT, HALT! DAS BESTE KOMMT JA ERST NOCH! ♪
BFAH
WOOSH
TAPP
BFAH

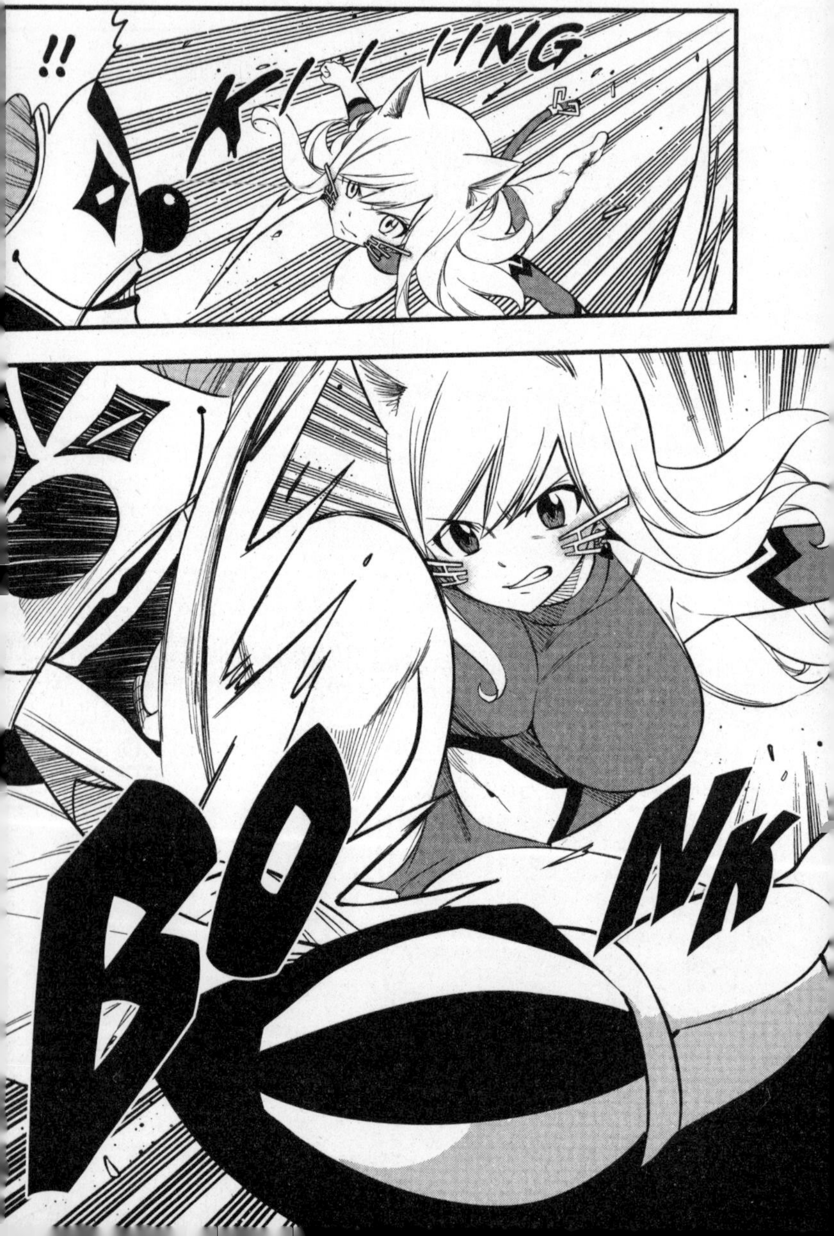
!!
KI I I ING
BO NK

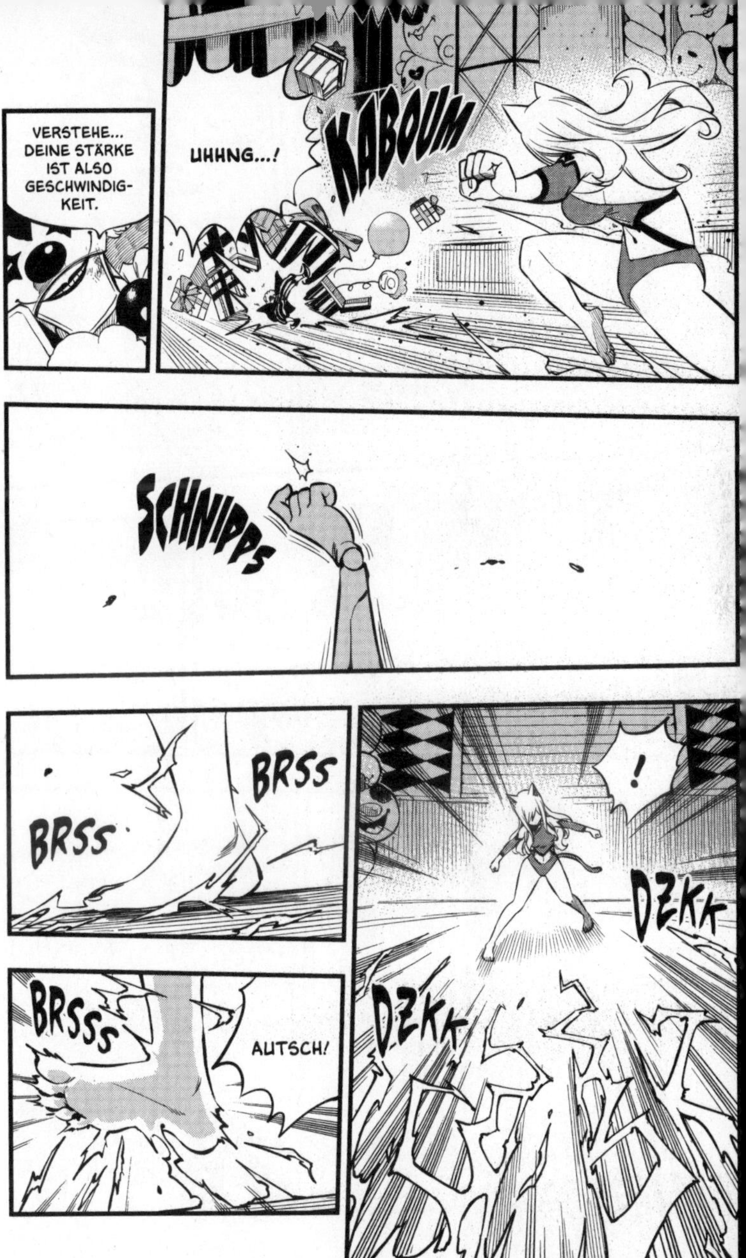
KABOUM
UHHNG…!
VERSTEHE… DEINE STÄRKE IST ALSO GESCHWINDIG-KEIT.
SCHNIPPS
!
DZKK
DZKK
BRSS
BRSS
BRSSS
AUTSCH!

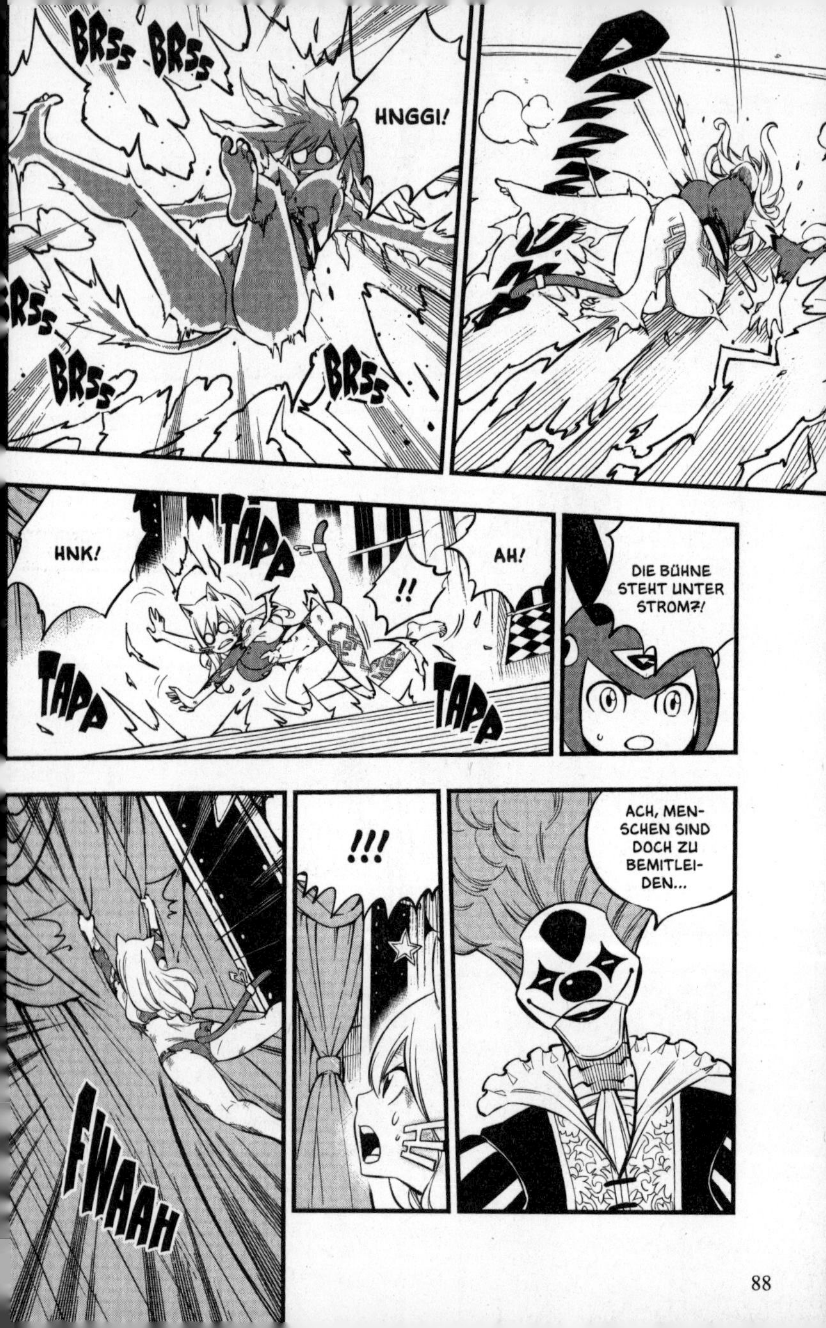
HNGGI!
BRSS BRSS
BRSS
BRSS
BRSS
DIE BÜHNE STEHT UNTER STROM?!
HNK!
TAPP
AH!
!!
TAPP
TAPP
ACH, MENSCHEN SIND DOCH ZU BEMITLEIDEN...
!!!
FWAAH

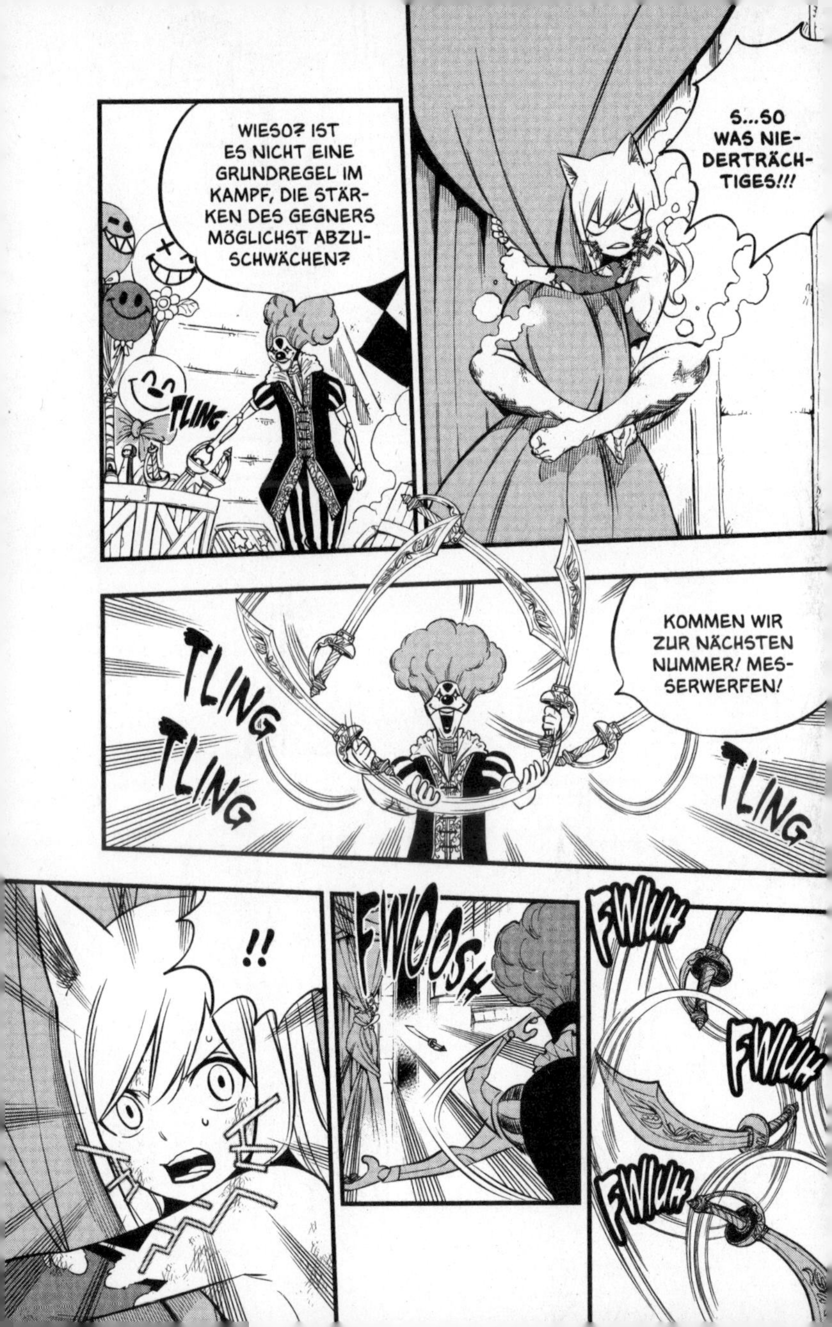

S...SO WAS NIEDERTRÄCHTIGES!!!
WIESO? IST ES NICHT EINE GRUNDREGEL IM KAMPF, DIE STÄRKEN DES GEGNERS MÖGLICHST ABZUSCHWÄCHEN?
TLING
KOMMEN WIR ZUR NÄCHSTEN NUMMER! MESSERWERFEN!
TLING
TLING
TLING
FWUH
FWUH
FWUH
FWOOSH
!!

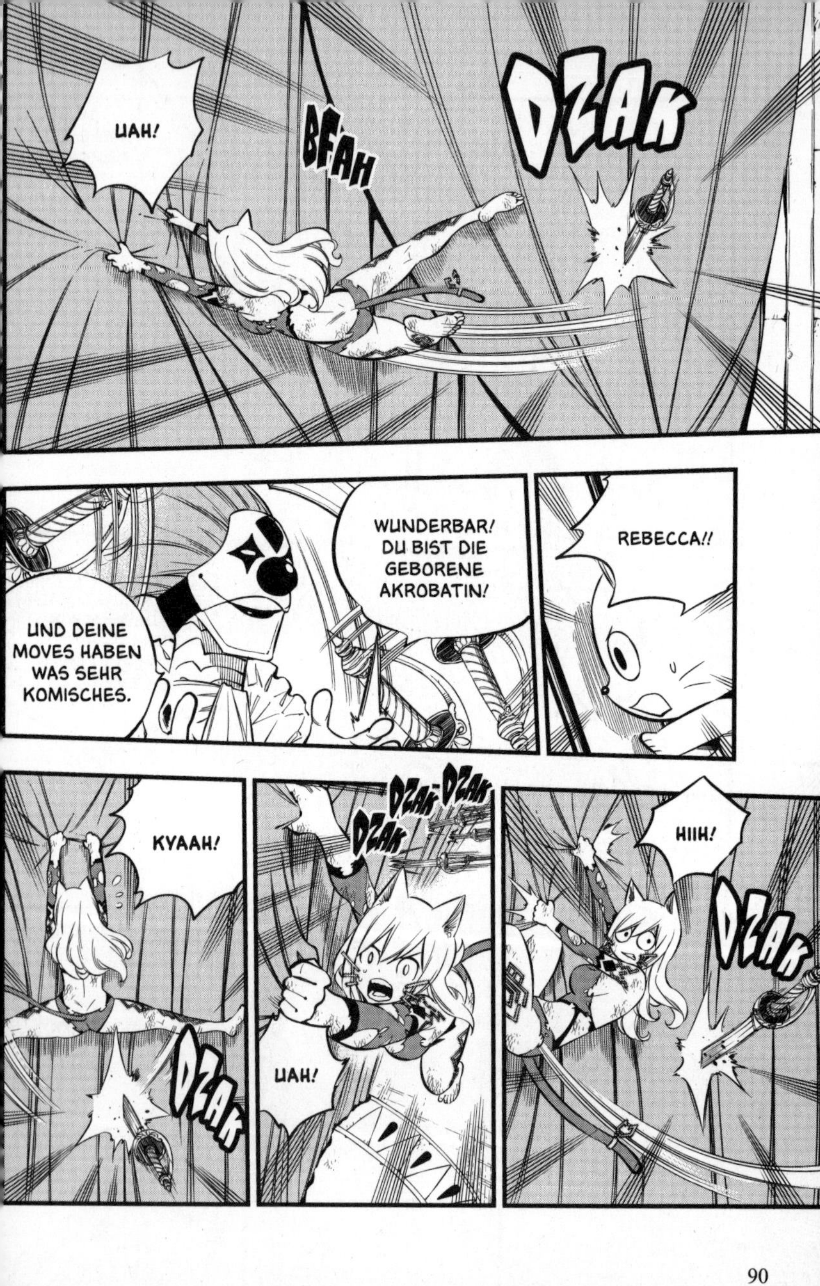
DZAK
BFAH
UAH!
REBECCA!!
WUNDERBAR! DU BIST DIE GEBORENE AKROBATIN!
UND DEINE MOVES HABEN WAS SEHR KOMISCHES.
HIIH!
DZAK
DZAK-DZAK
DZAK
UAH!
KYAAH!
DZAK

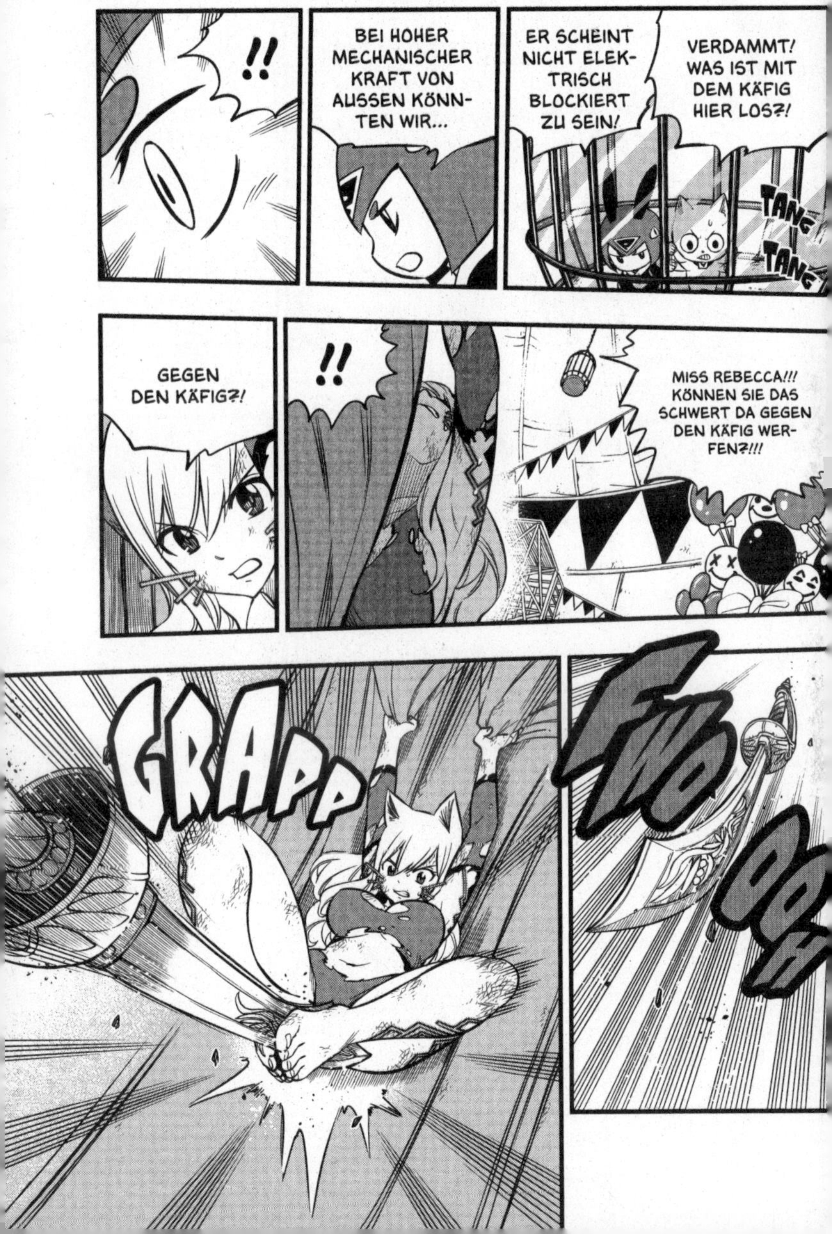
VERDAMMT! WAS IST MIT DEM KÄFIG HIER LOS?!
ER SCHEINT NICHT ELEK-TRISCH BLOCKIERT ZU SEIN!
TANG TANG
BEI HOHER MECHANISCHER KRAFT VON AUSSEN KÖNN-TEN WIR...
!!
MISS REBECCA!!! KÖNNEN SIE DAS SCHWERT DA GEGEN DEN KÄFIG WER-FEN?!!!
!!
GEGEN DEN KÄFIG?!
FWOOOSH
GRAPP

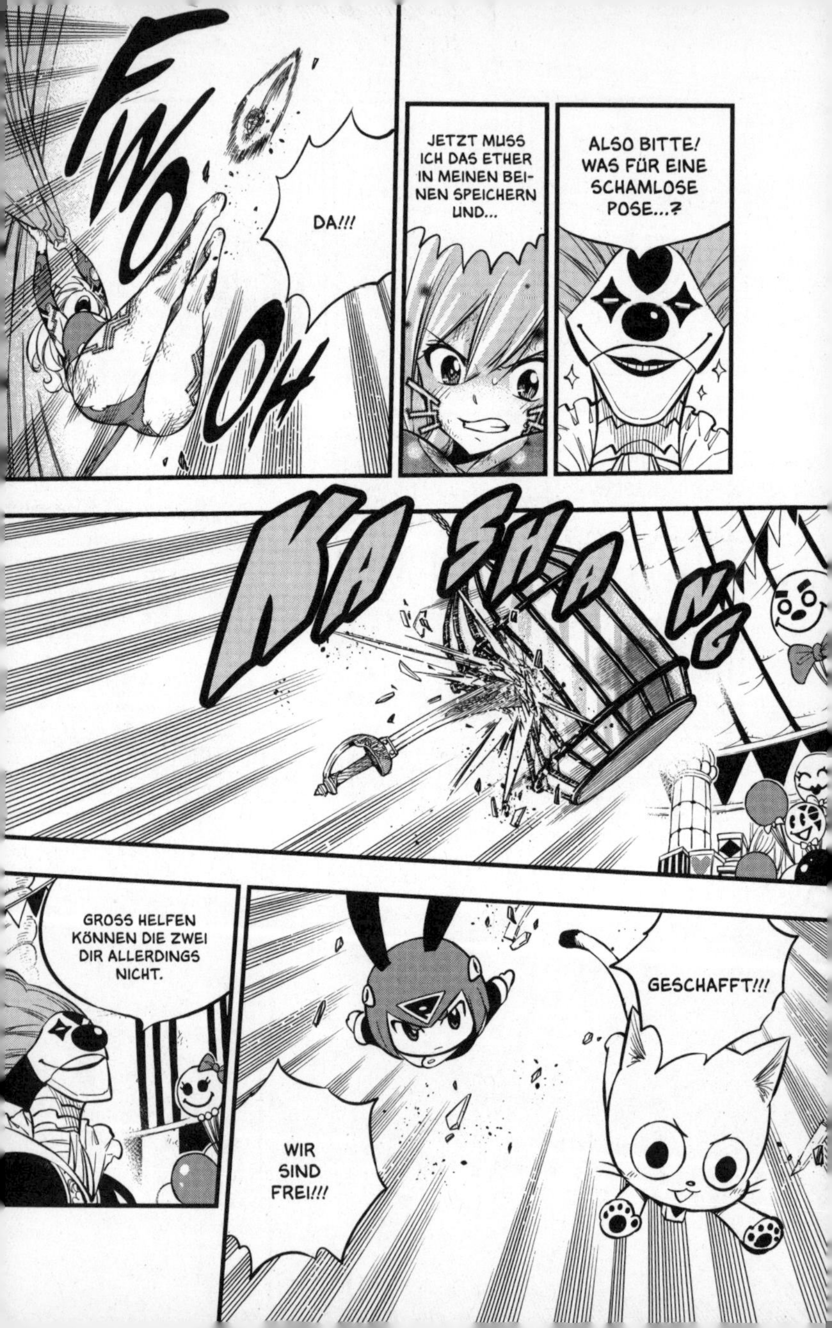
ALSO BITTE! WAS FÜR EINE SCHAMLOSE POSE...?
JETZT MUSS ICH DAS ETHER IN MEINEN BEI-NEN SPEICHERN UND...
DA!!!
FWOOOH
KASHANG
GESCHAFFT!!!
WIR SIND FREI!!!
GROSS HELFEN KÖNNEN DIE ZWEI DIR ALLERDINGS NICHT.

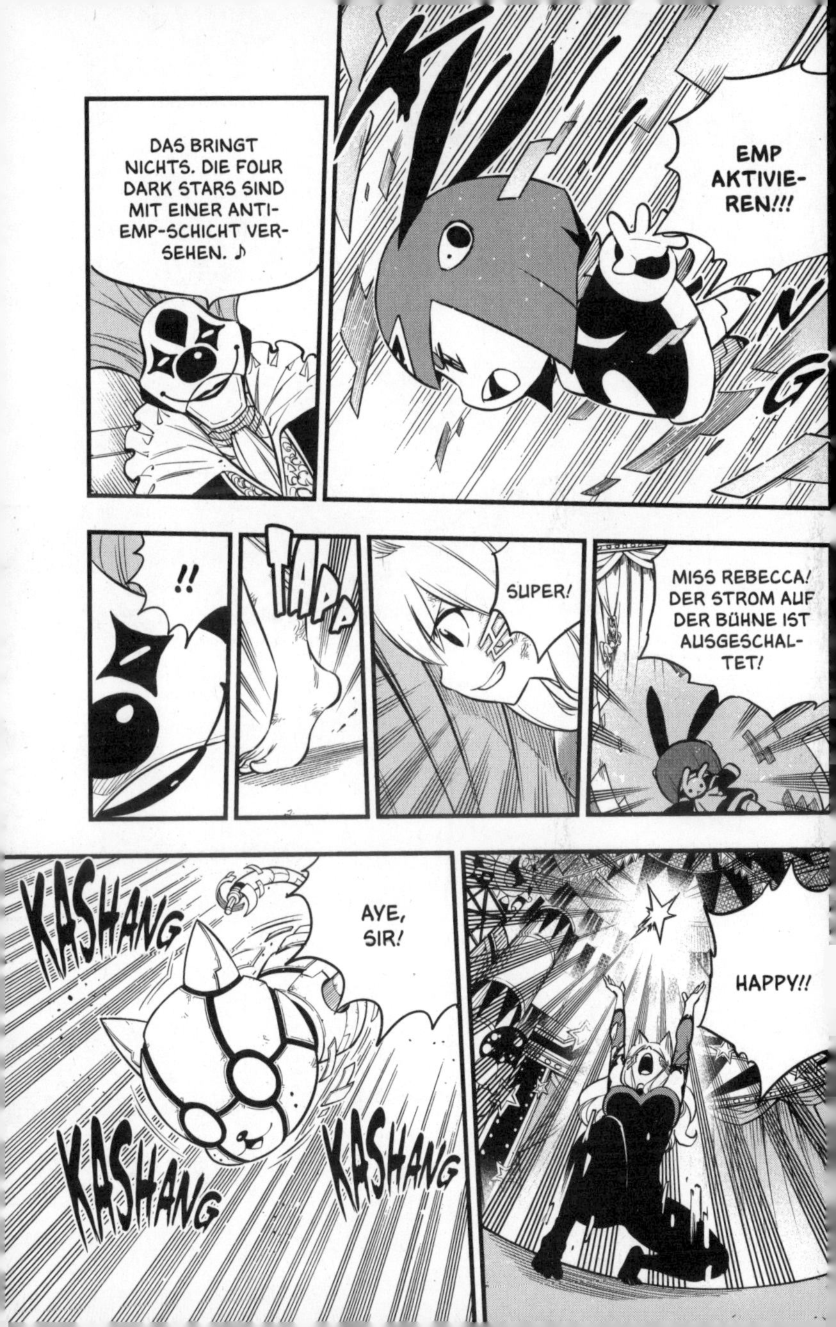

KIIIN
EMP AKTIVIEREN!!!
DAS BRINGT NICHTS. DIE FOUR DARK STARS SIND MIT EINER ANTI-EMP-SCHICHT VERSEHEN. ♪
MISS REBECCA! DER STROM AUF DER BÜHNE IST AUSGESCHALTET!
SUPER!
TAPP
!!
HAPPY!!
AYE, SIR!
KASHANG
KASHANG
KASHANG

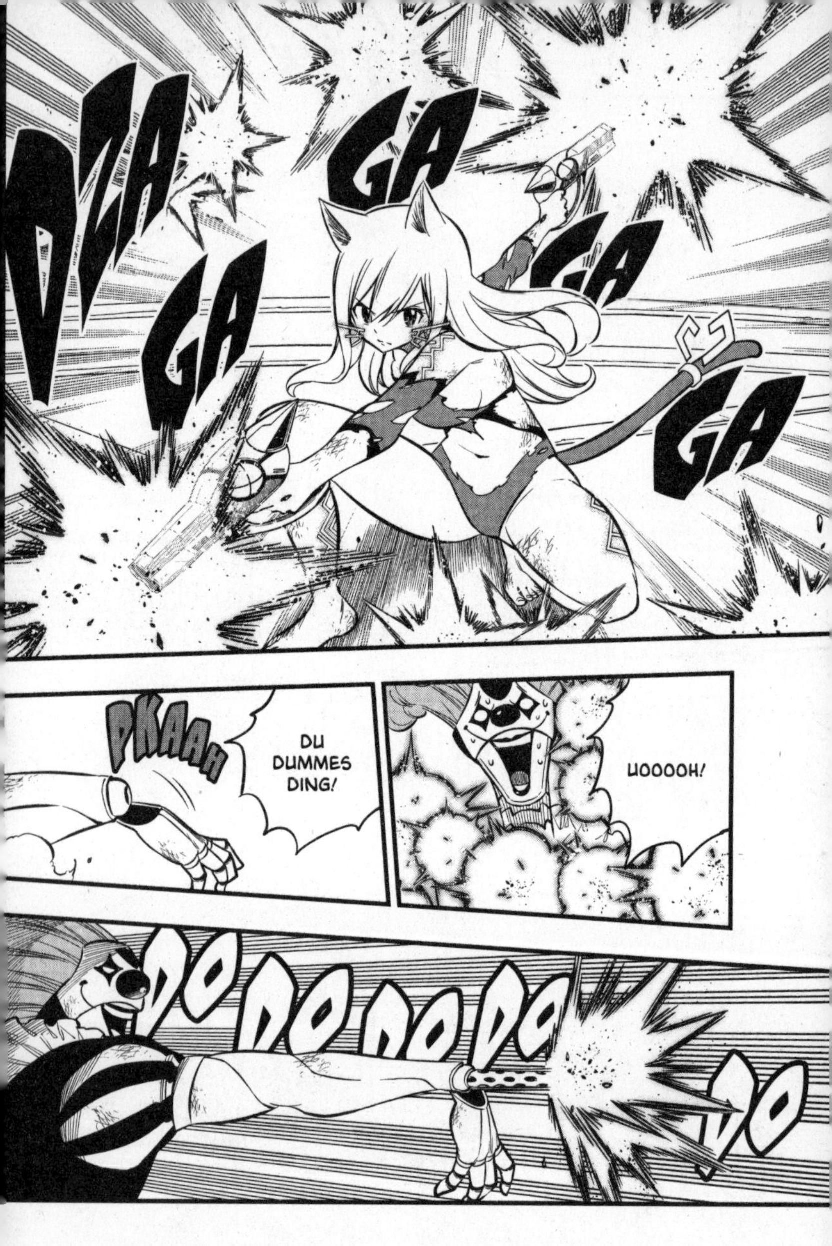
DZA
GA
GA
GA
GA
PKAAH
DU DUMMES DING!
UOOOOH!
DO DO DO DO DO DO

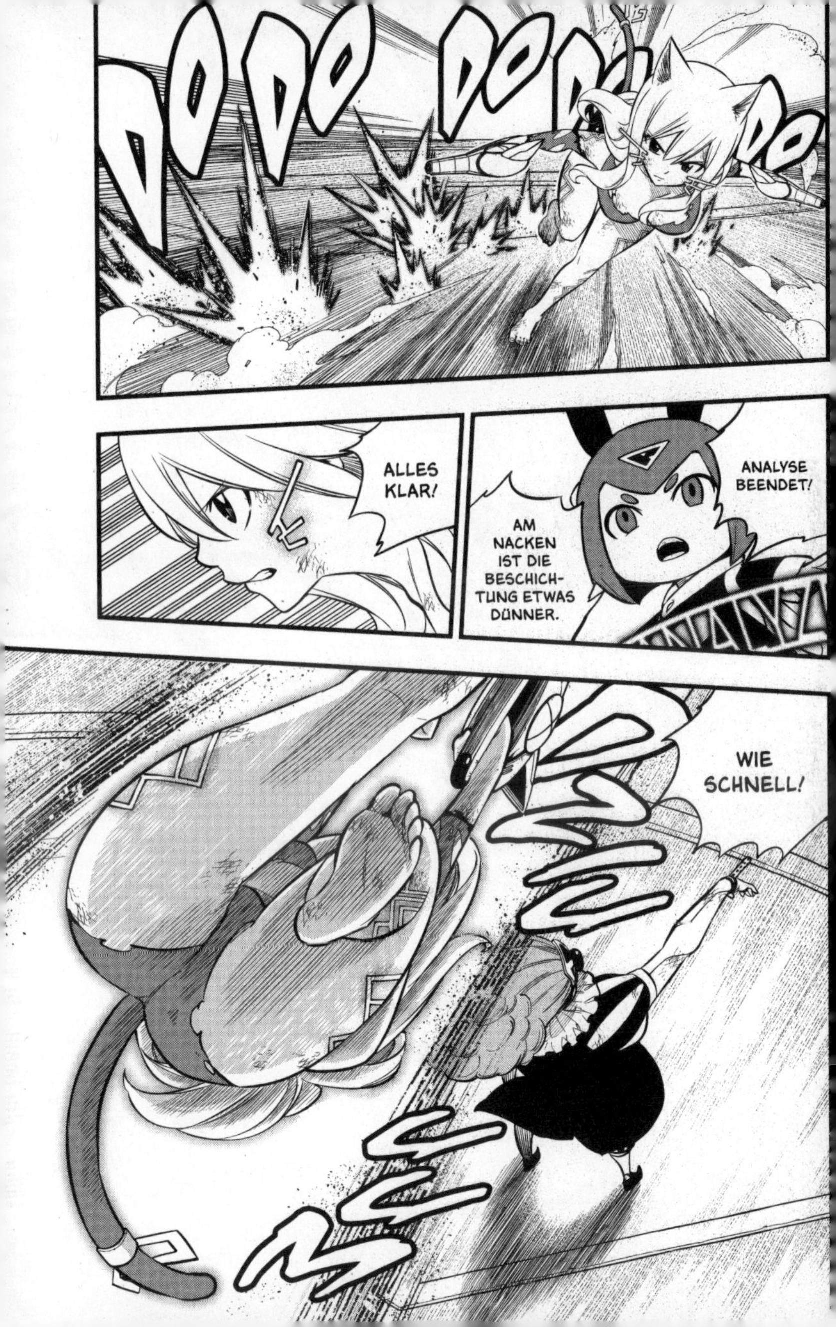
ANALYSE BEENDET!
AM NACKEN IST DIE BESCHICH-TUNG ETWAS DÜNNER.
ALLES KLAR!
WIE SCHNELL!

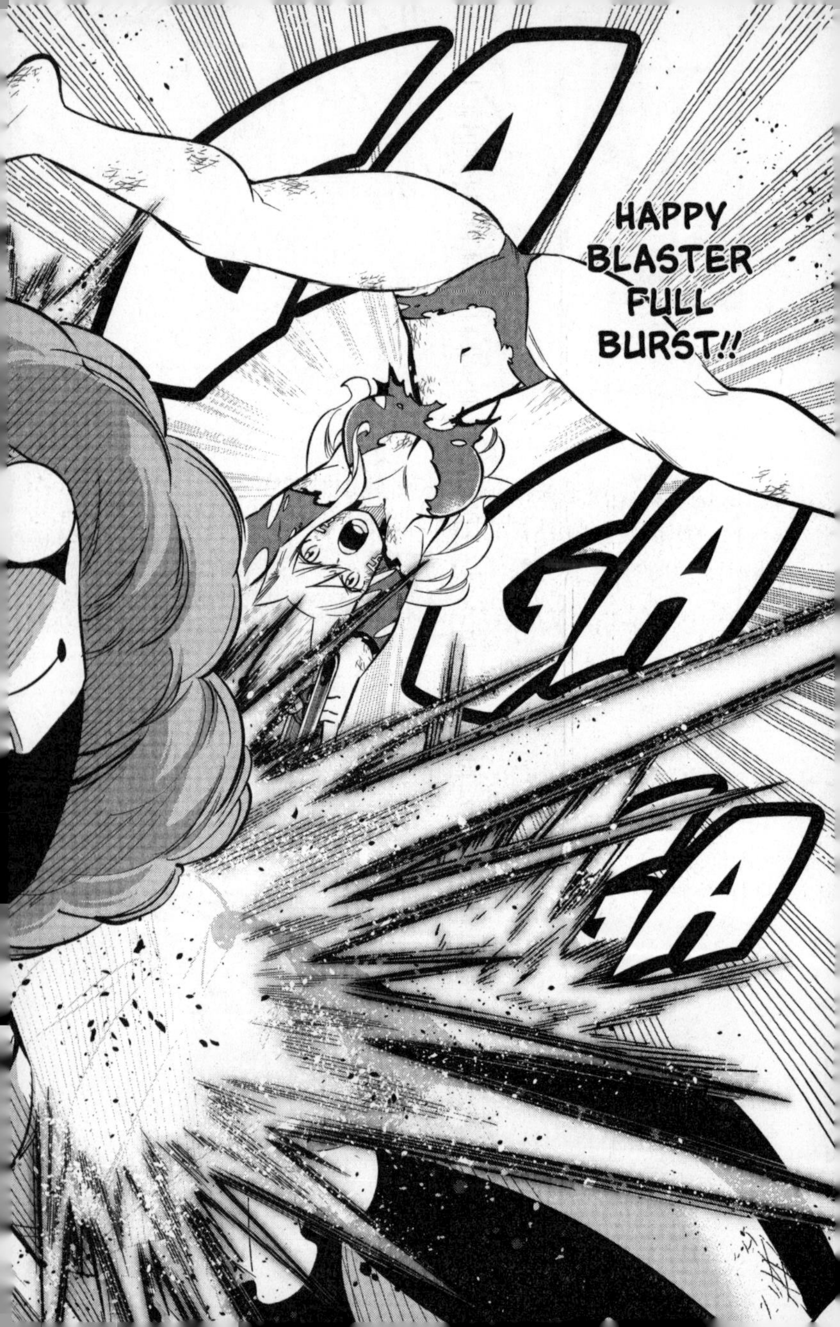
HAPPY BLASTER FULL BURST!!

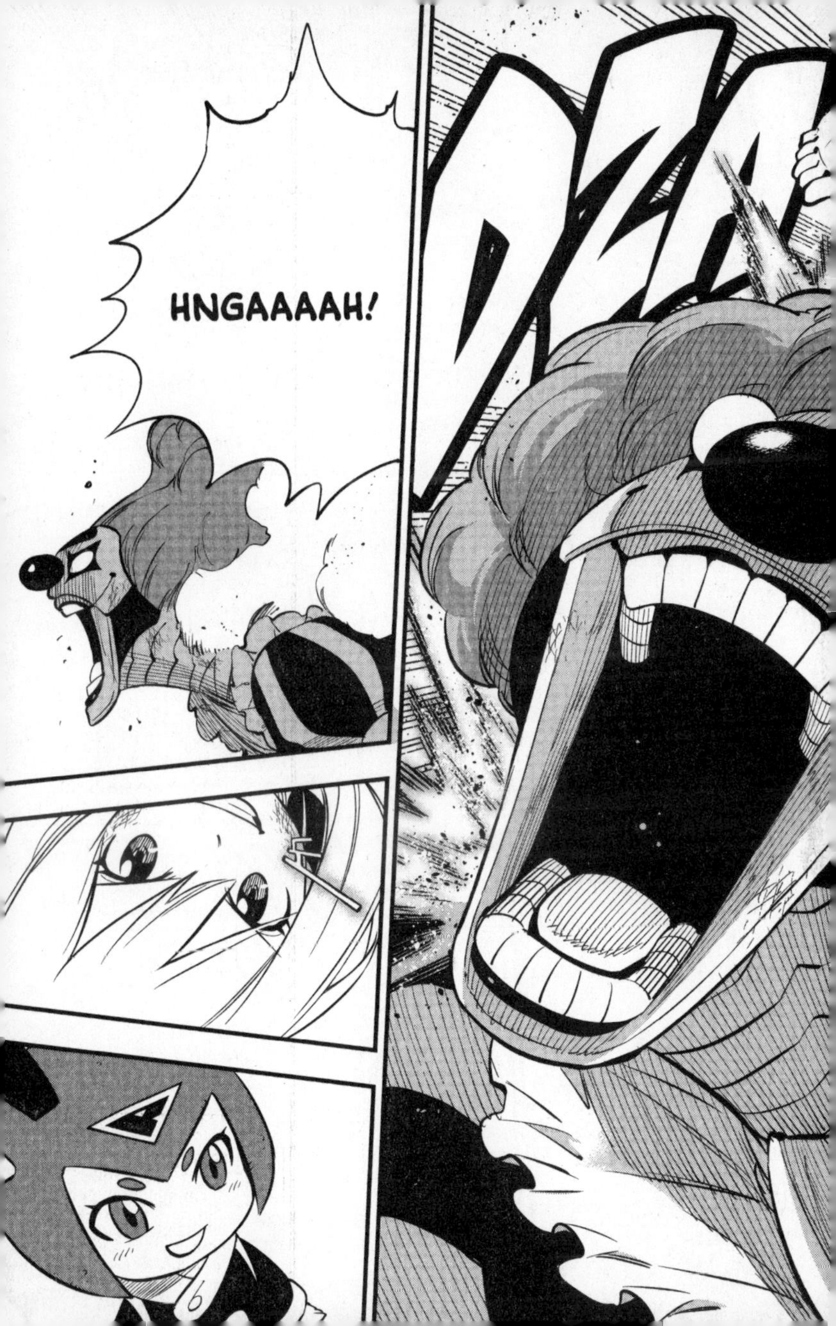
HNGAAAAH!

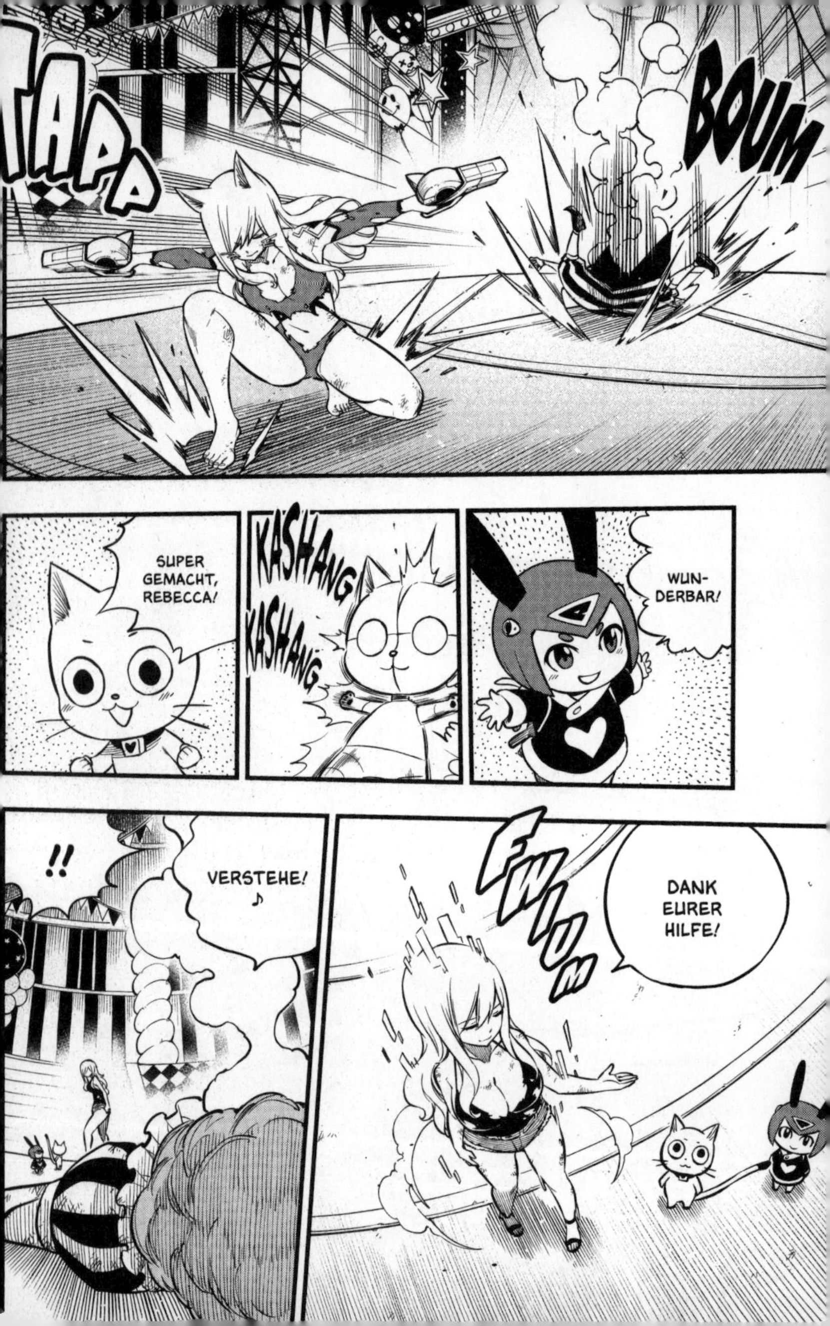
BOUM
TAPP
WUN-DERBAR!
KASHANG
KASHANG
SUPER GEMACHT, REBECCA!
DANK EURER HILFE!
FWOOM
!!
VERSTEHE! ♪

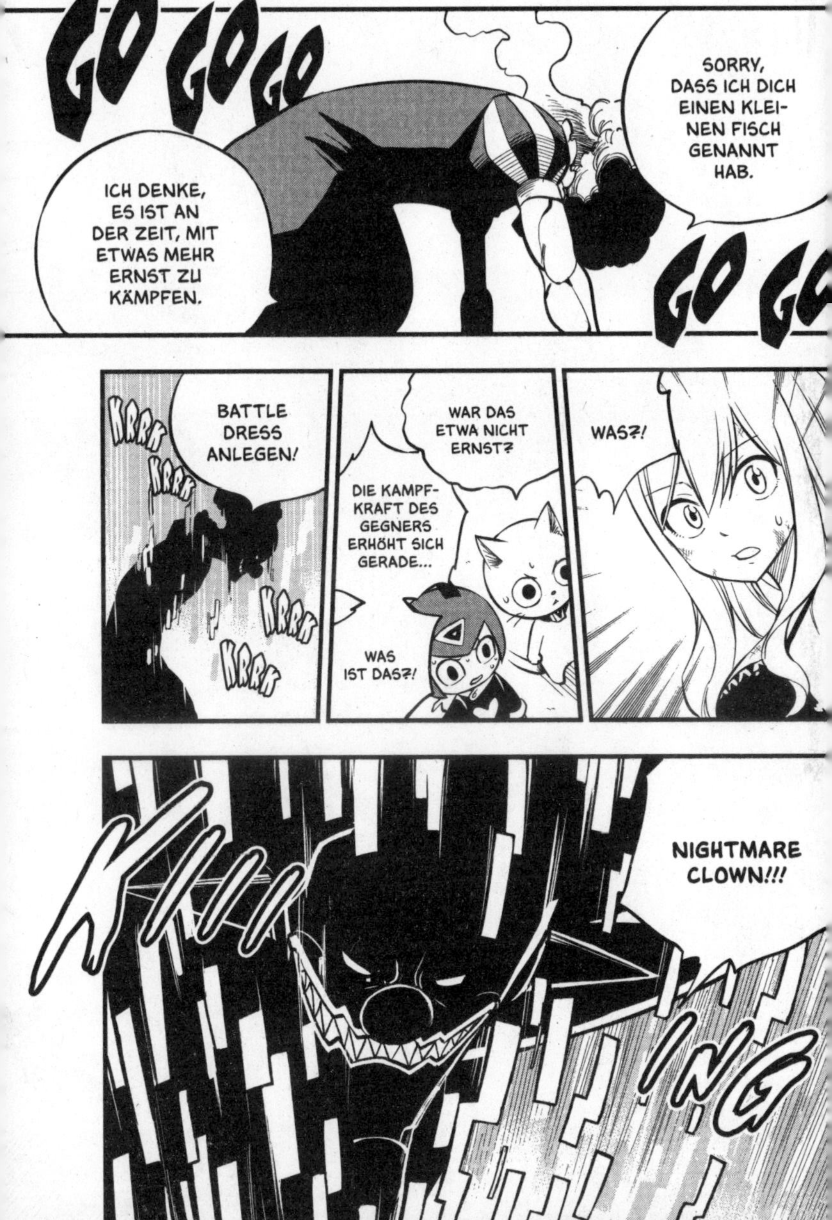

GO GO GO
SORRY, DASS ICH DICH EINEN KLEI-NEN FISCH GENANNT HAB.
ICH DENKE, ES IST AN DER ZEIT, MIT ETWAS MEHR ERNST ZU KÄMPFEN.
GO GO
WAS?!
WAR DAS ETWA NICHT ERNST?
DIE KAMPF-KRAFT DES GEGNERS ERHÖHT SICH GERADE...
WAS IST DAS?!
BATTLE DRESS ANLEGEN!
KRRK KRRK KRRK KRRK
NIGHTMARE CLOWN!!!

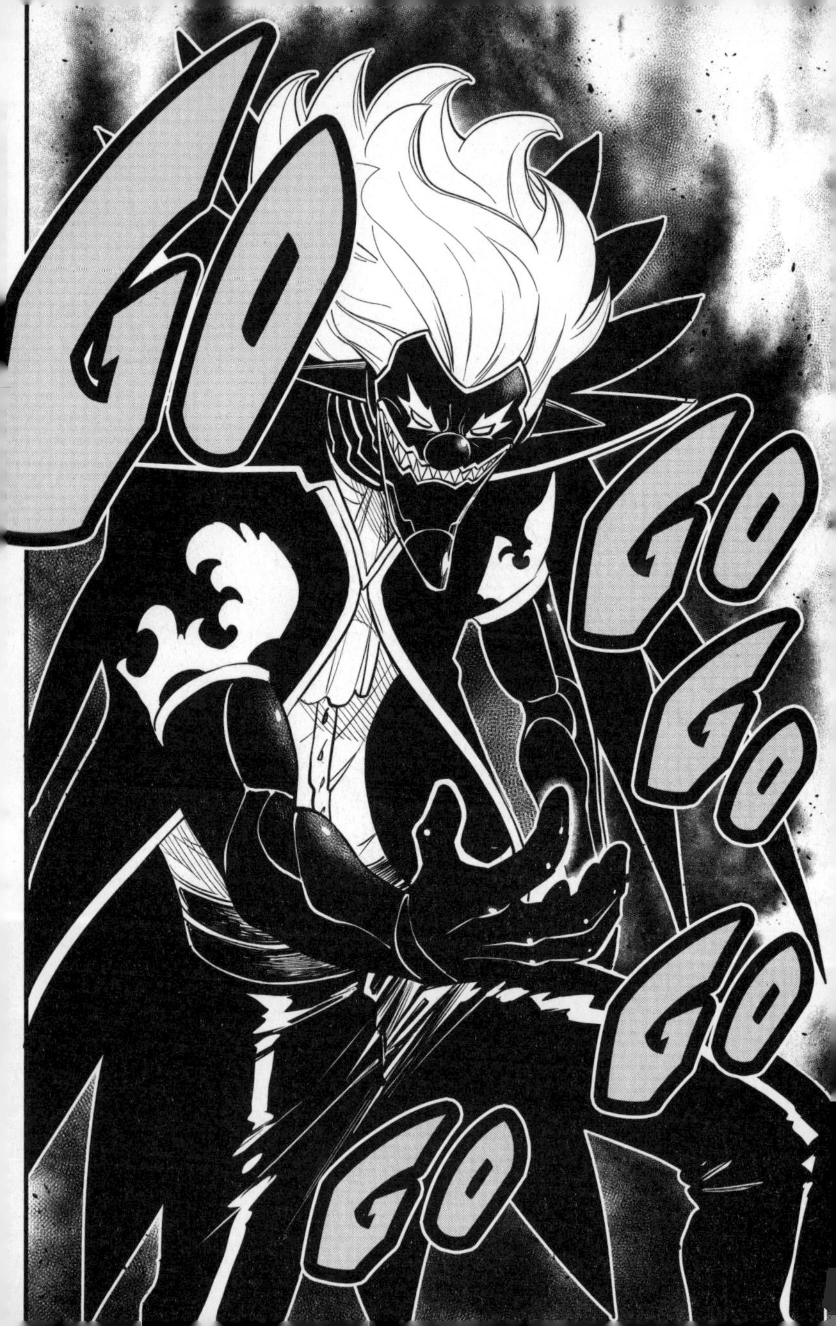
GO
GO
GO
GO
GO

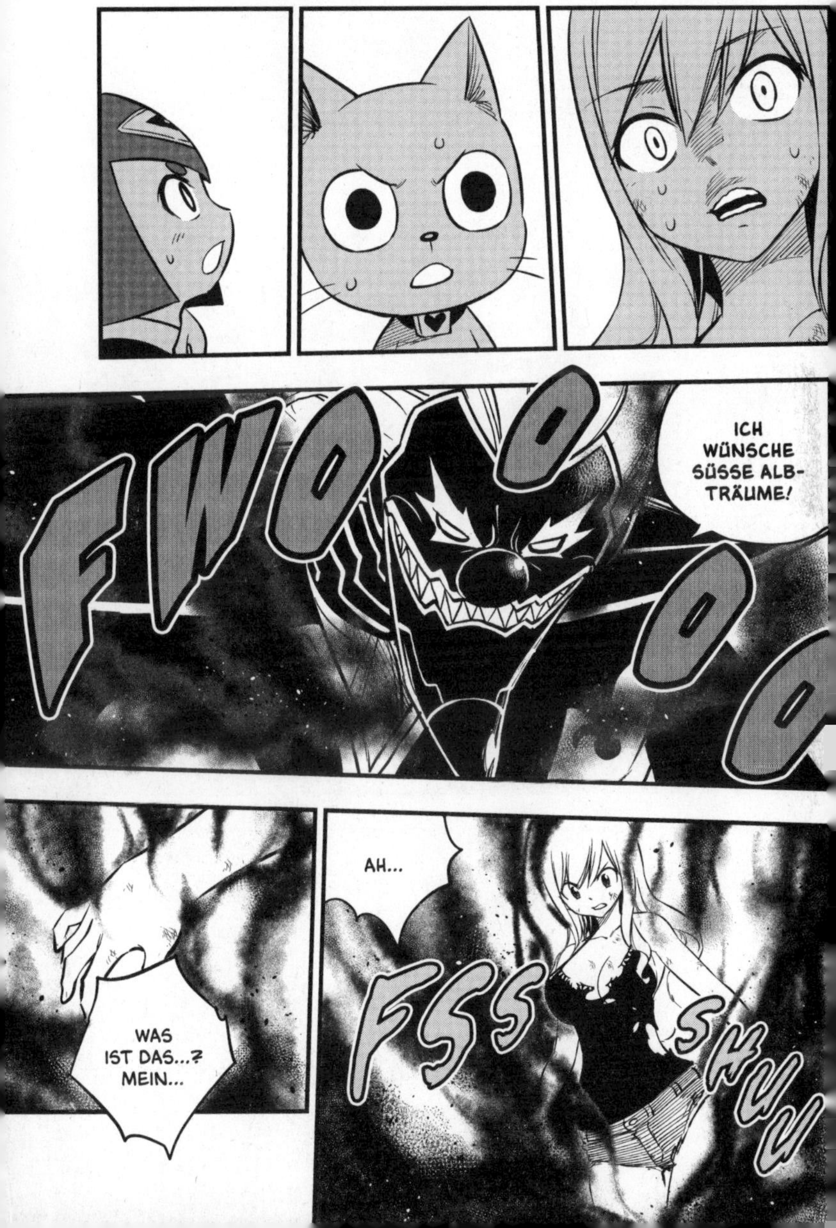

ICH WÜNSCHE SÜSSE ALB-TRÄUME!
FWOOOOO
AH...
FSSSHUU
WAS IST DAS...? MEIN...

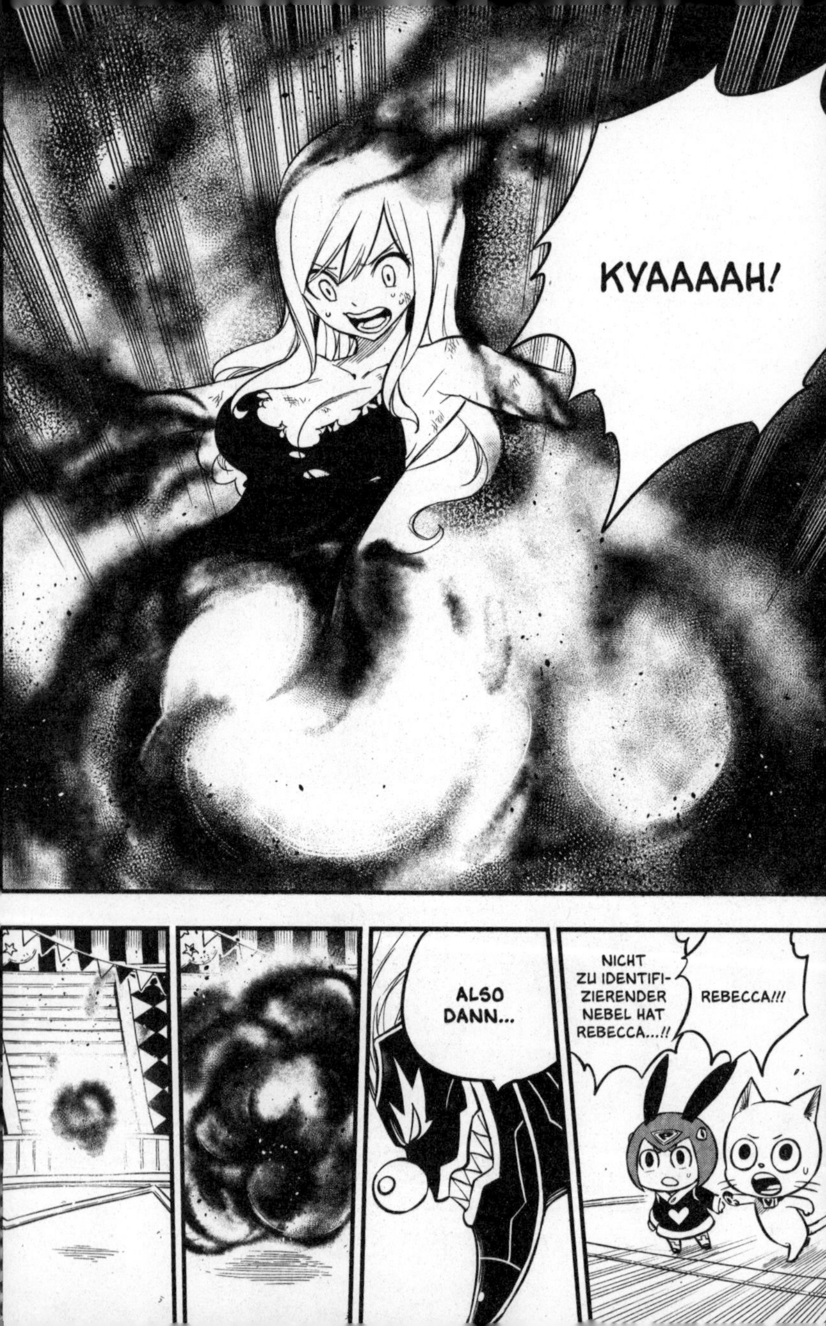
KYAAAAH!
REBECCA!!!
NICHT ZU IDENTIFIZIERENDER NEBEL HAT REBECCA...!!
ALSO DANN...

EDENS ZERO

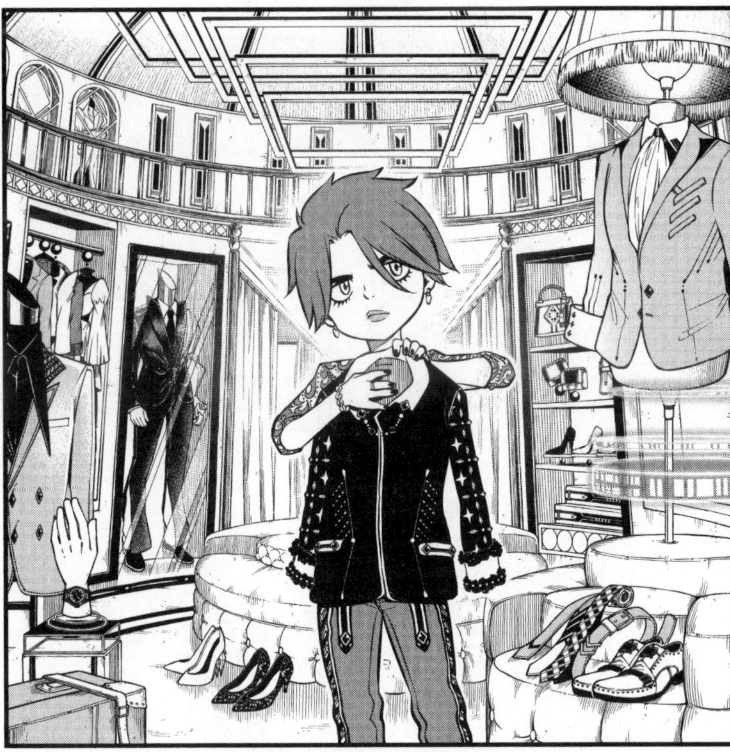

KAPITEL 191: ZOMBIE NURSES

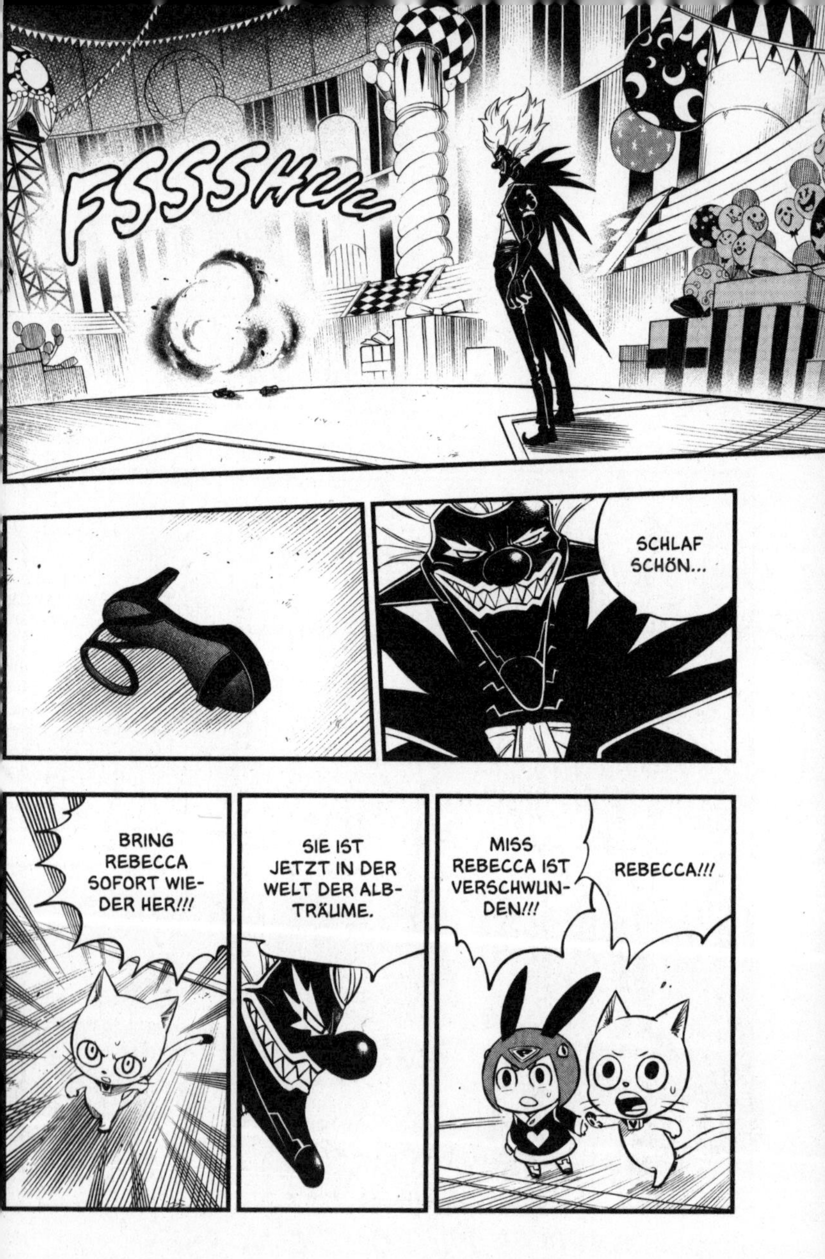
FSSSHUU
SCHLAF SCHÖN...
BRING REBECCA SOFORT WIEDER HER!!!
SIE IST JETZT IN DER WELT DER ALBTRÄUME.
MISS REBECCA IST VERSCHWUNDEN!!!
REBECCA!!!

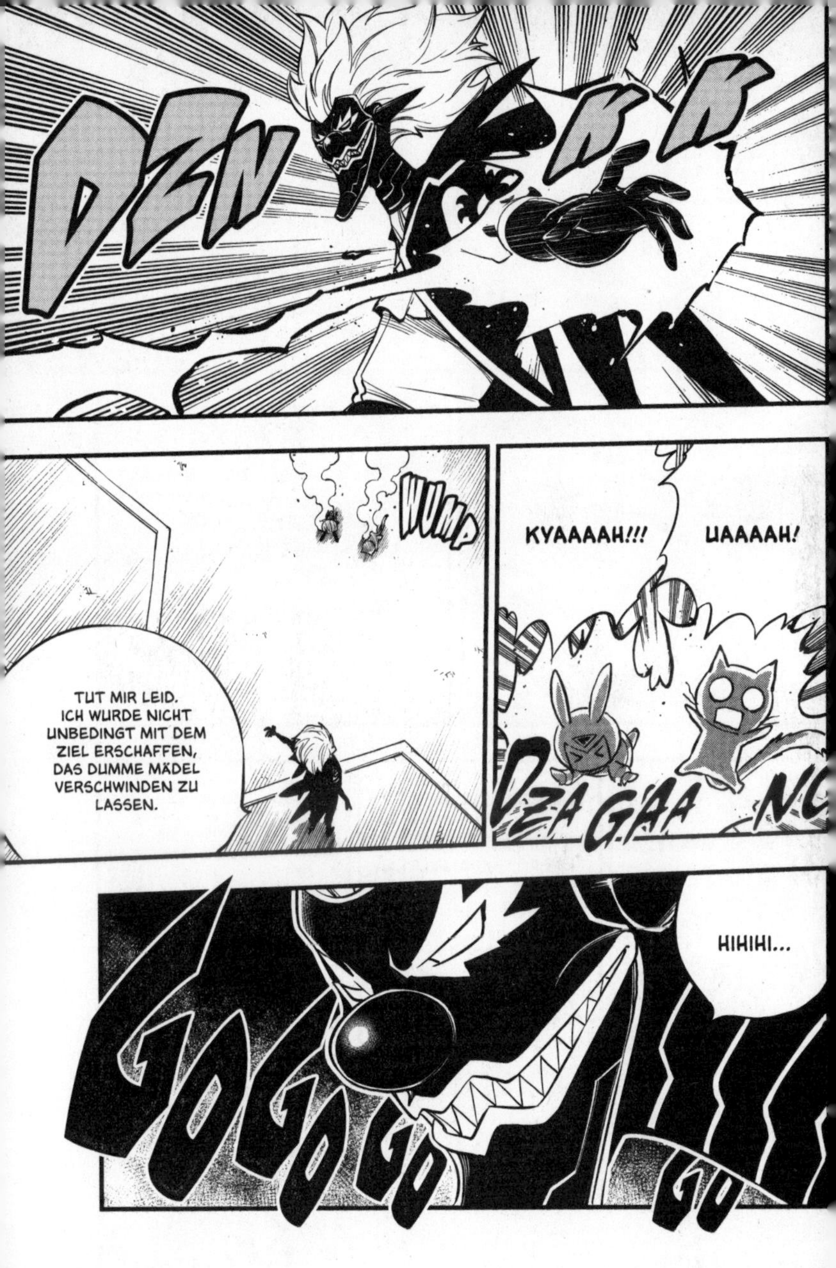
DZN
K K K
WUMP
KYAAAAH!!!
UAAAAH!
DZA GAA
TUT MIR LEID.
ICH WURDE NICHT
UNBEDINGT MIT DEM
ZIEL ERSCHAFFEN,
DAS DUMME MÄDEL
VERSCHWINDEN ZU
LASSEN.
HIHIHI...
GOGOGO
GU

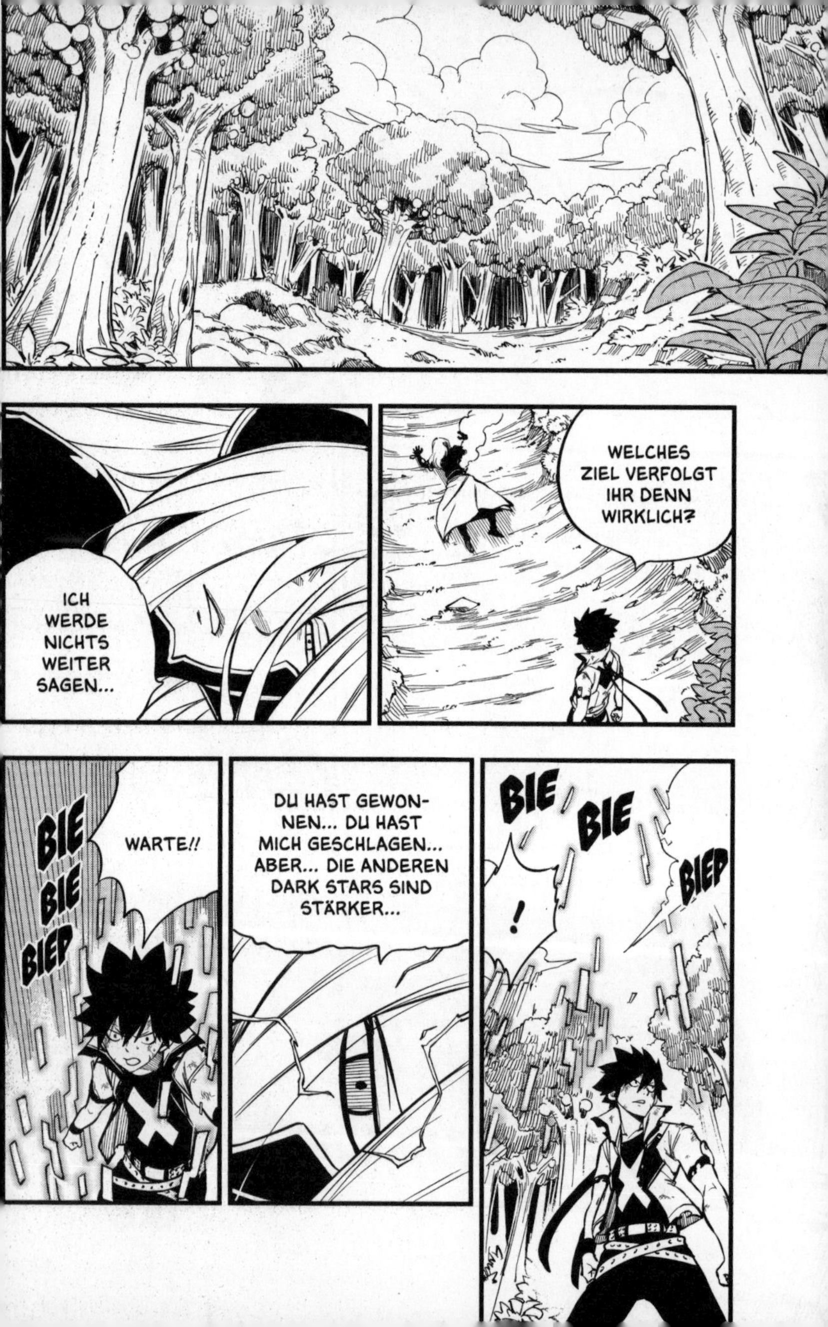
WELCHES ZIEL VERFOLGT IHR DENN WIRKLICH?
ICH WERDE NICHTS WEITER SAGEN...
BIE BIE BIEP
!
DU HAST GEWON-NEN... DU HAST MICH GESCHLAGEN... ABER... DIE ANDEREN DARK STARS SIND STÄRKER...
BIE BIE BIEP
WARTE!!

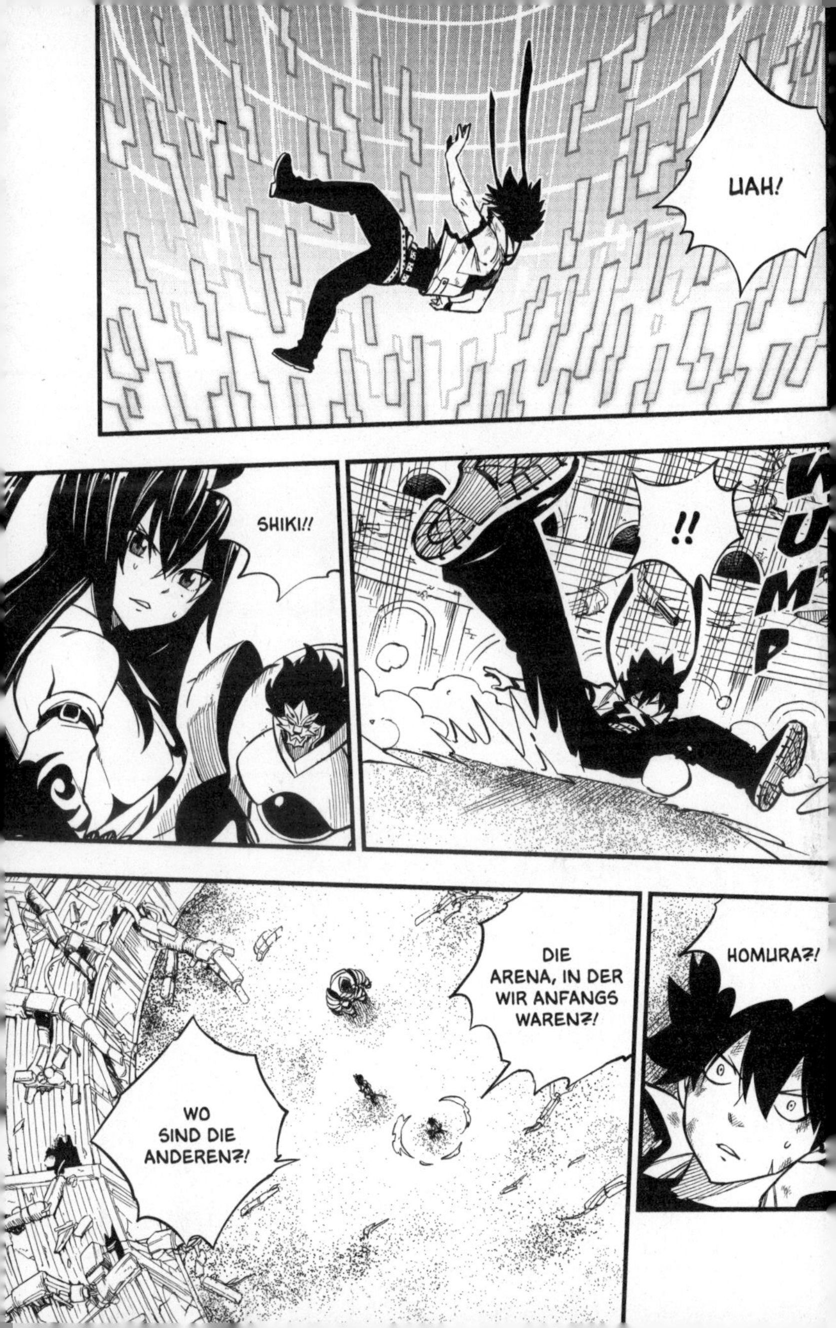
UAH!
!!
WUMP
SHIKI!!
HOMURA?!
DIE ARENA, IN DER WIR ANFANGS WAREN?!
WO SIND DIE ANDEREN?!

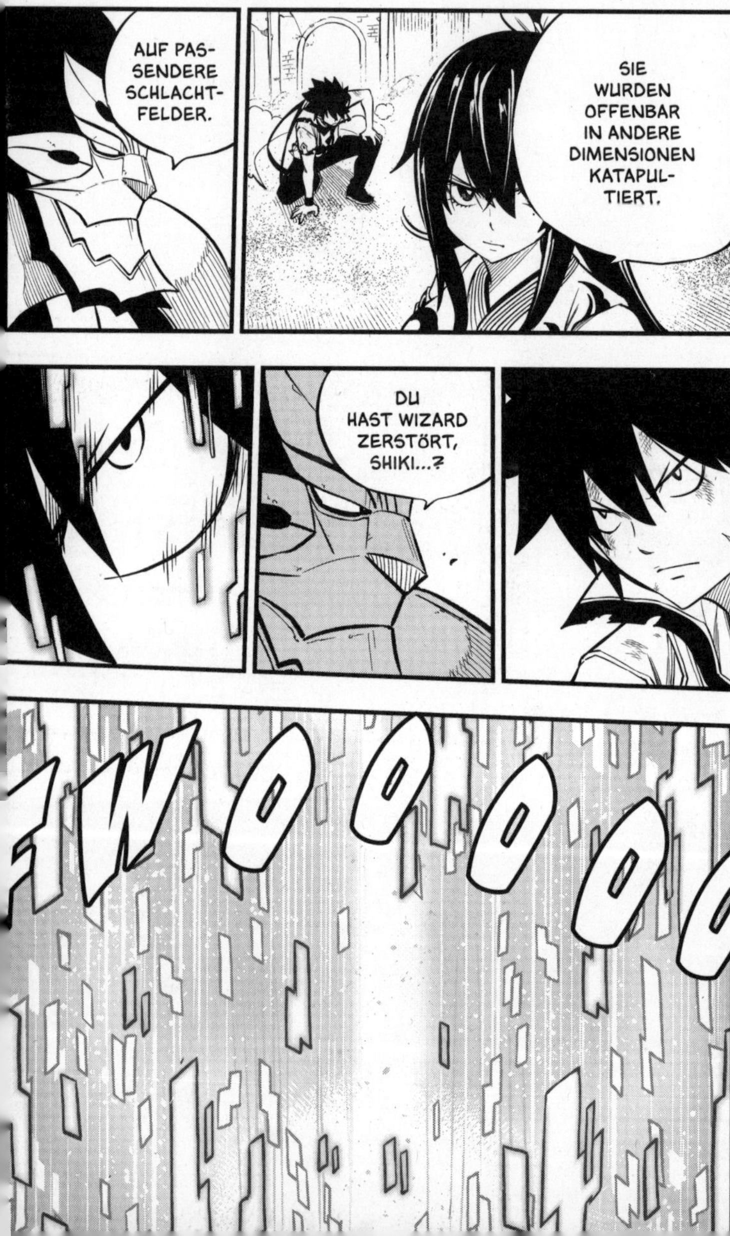
SIE WURDEN OFFENBAR IN ANDERE DIMENSIONEN KATAPULTIERT.
AUF PASSENDERE SCHLACHTFELDER.
DU HAST WIZARD ZERSTÖRT, SHIKI...?
FWOOOOO

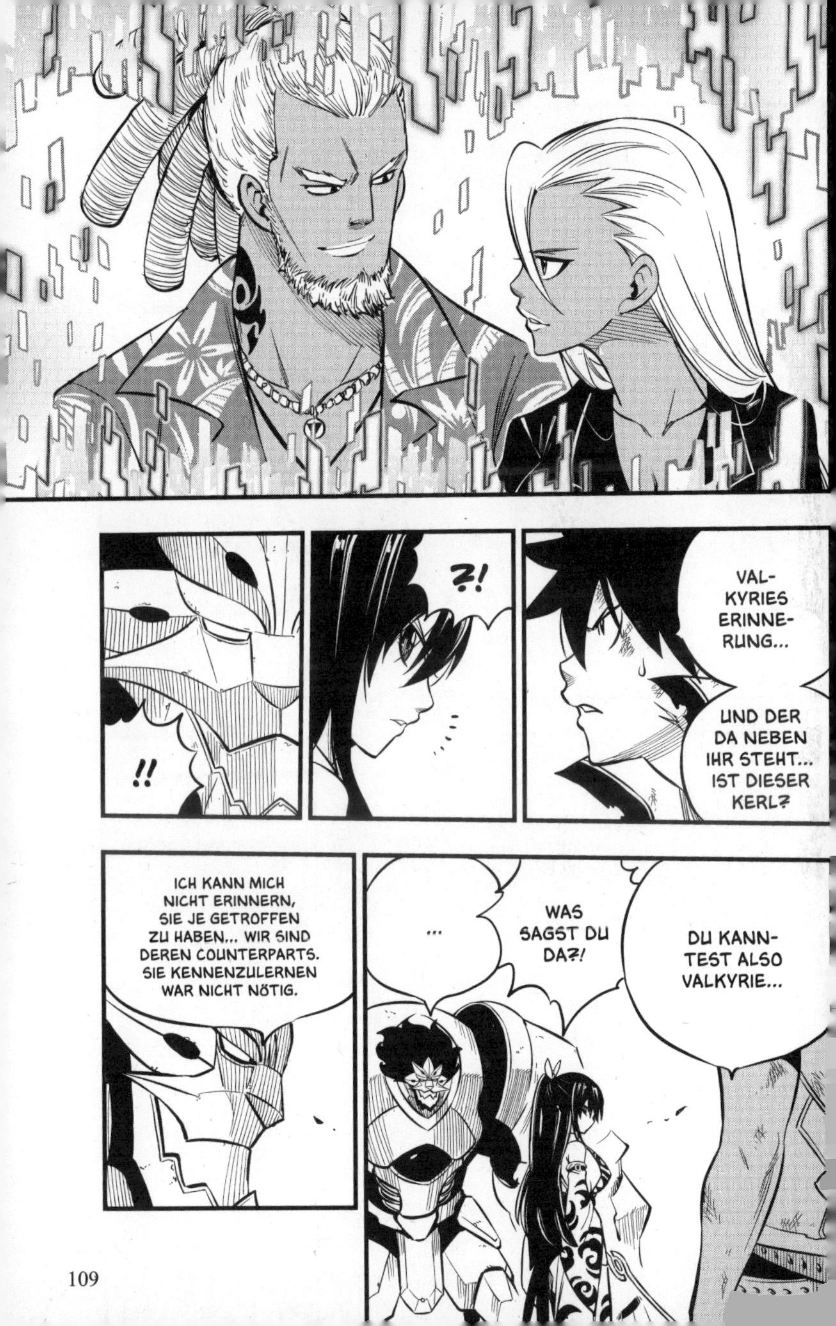
VAL-KYRIES ERINNE-RUNG...
UND DER DA NEBEN IHR STEHT... IST DIESER KERL?
?!
...
!!
DU KANN-TEST ALSO VALKYRIE...
WAS SAGST DU DA?!
...
ICH KANN MICH NICHT ERINNERN, SIE JE GETROFFEN ZU HABEN... WIR SIND DEREN COUNTERPARTS. SIE KENNENZULERNEN WAR NICHT NÖTIG.

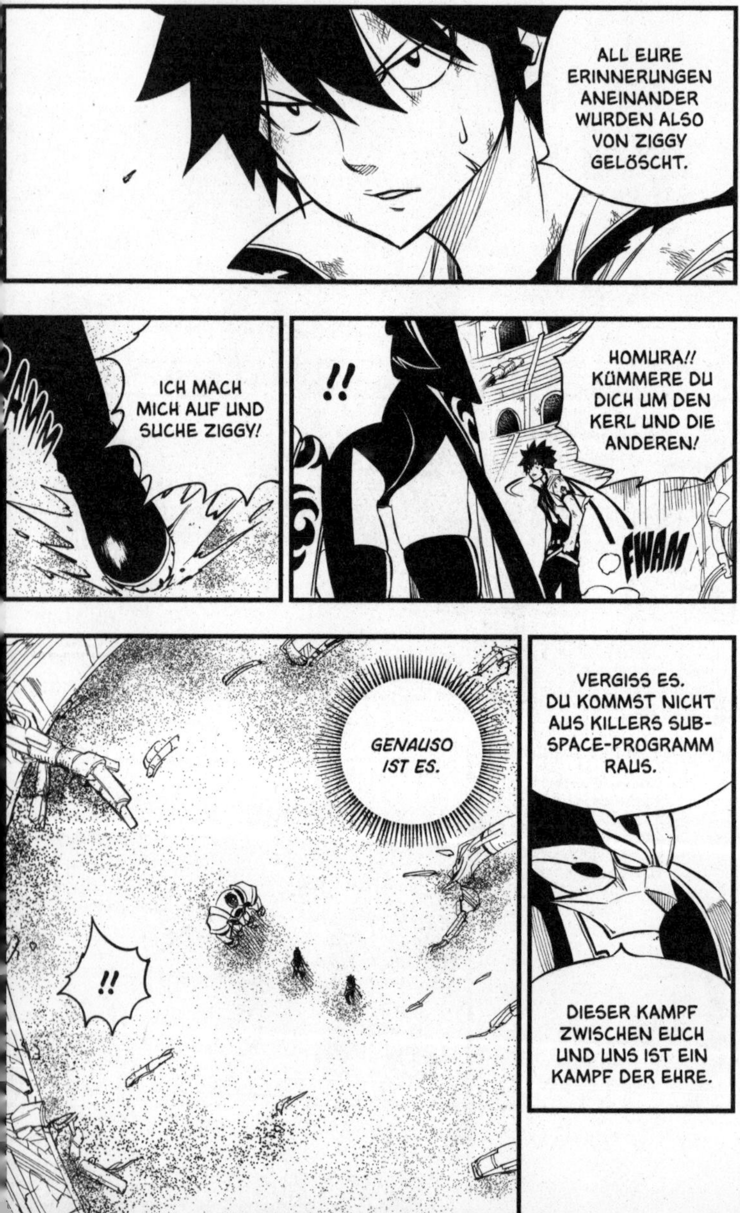
ALL EURE ERINNERUNGEN ANEINANDER WURDEN ALSO VON ZIGGY GELÖSCHT.
HOMURA!! KÜMMERE DU DICH UM DEN KERL UND DIE ANDEREN!
FWAM
!!
ICH MACH MICH AUF UND SUCHE ZIGGY!
VERGISS ES. DU KOMMST NICHT AUS KILLERS SUB-SPACE-PROGRAMM RAUS.
DIESER KAMPF ZWISCHEN EUCH UND UNS IST EIN KAMPF DER EHRE.
GENAUSO IST ES.
!!

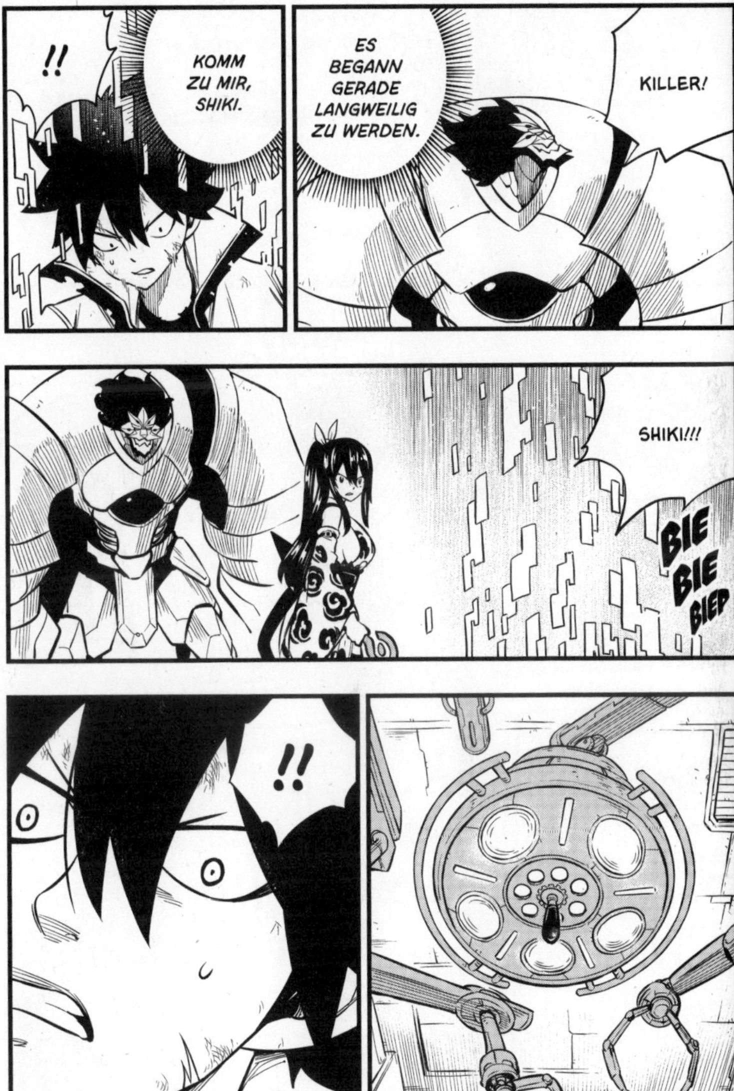
KILLER!
ES BEGANN GERADE LANGWEILIG ZU WERDEN.
KOMM ZU MIR, SHIKI.
!!
SHIKI!!!
BIE BIE BIEP
!!

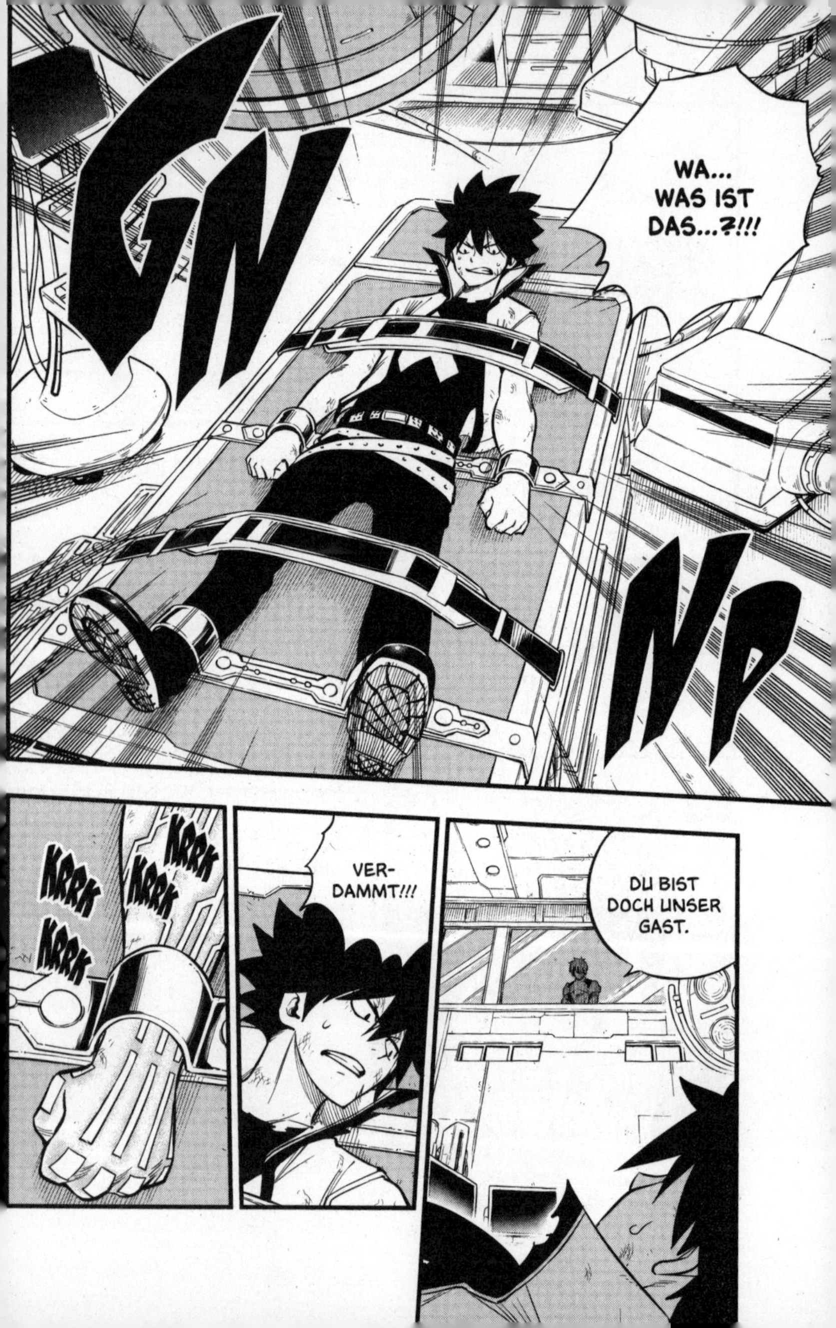
GN
WA...
WAS IST
DAS...?!!!
NP
KRRK
KRRK
KRRK
KRRK
VER-
DAMMT!!!
DU BIST
DOCH UNSER
GAST.

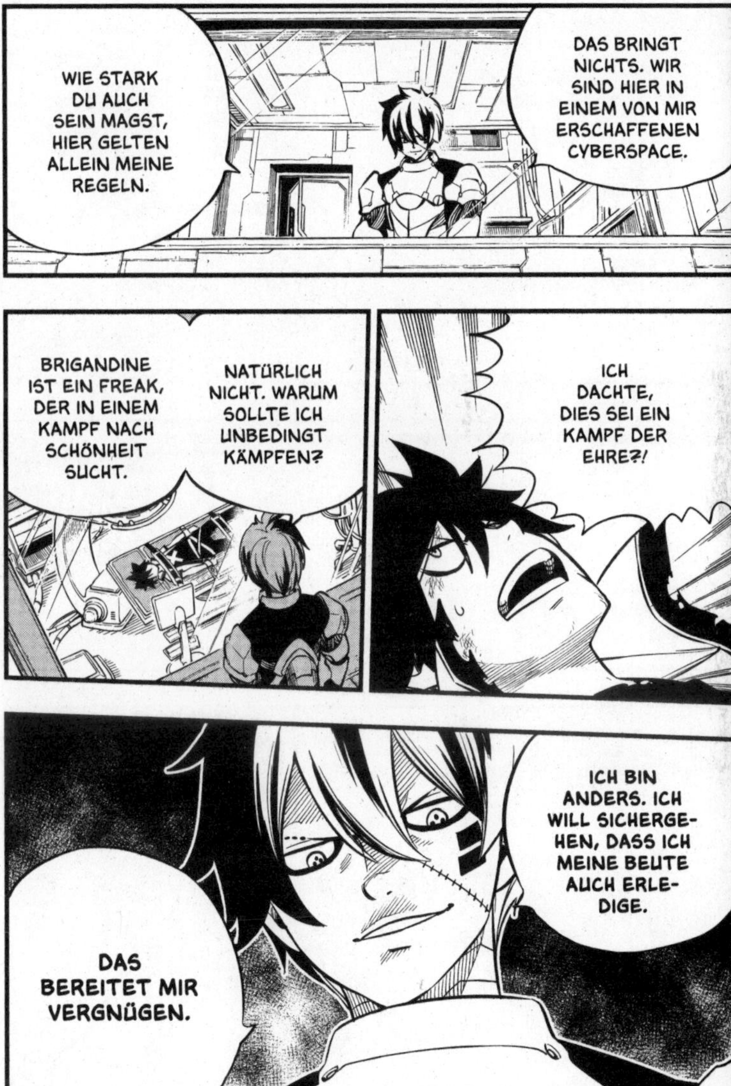
DAS BRINGT NICHTS. WIR SIND HIER IN EINEM VON MIR ERSCHAFFENEN CYBERSPACE.
WIE STARK DU AUCH SEIN MAGST, HIER GELTEN ALLEIN MEINE REGELN.
ICH DACHTE, DIES SEI EIN KAMPF DER EHRE?!
NATÜRLICH NICHT. WARUM SOLLTE ICH UNBEDINGT KÄMPFEN?
BRIGANDINE IST EIN FREAK, DER IN EINEM KAMPF NACH SCHÖNHEIT SUCHT.
ICH BIN ANDERS. ICH WILL SICHERGEHEN, DASS ICH MEINE BEUTE AUCH ERLEDIGE.
DAS BEREITET MIR VERGNÜGEN.

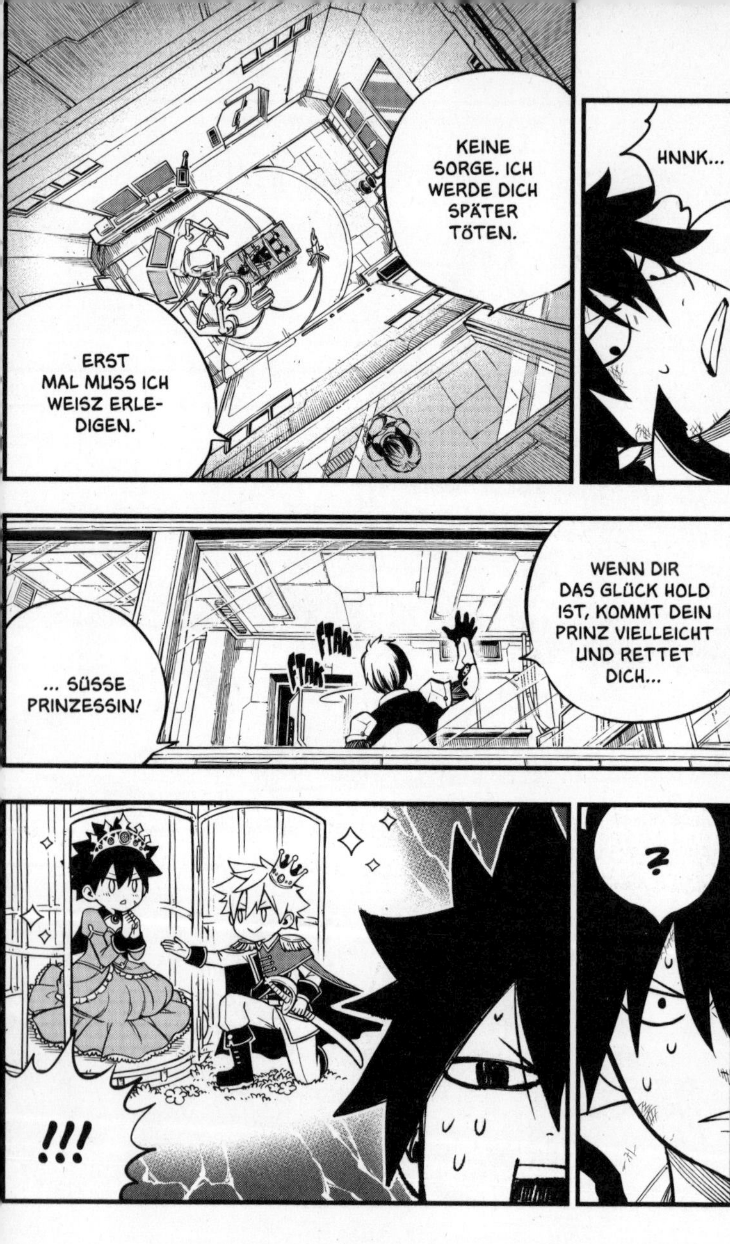
HNNK...
KEINE SORGE. ICH WERDE DICH SPÄTER TÖTEN.
ERST MAL MUSS ICH WEISZ ERLEDIGEN.
WENN DIR DAS GLÜCK HOLD IST, KOMMT DEIN PRINZ VIELLEICHT UND RETTET DICH...
FTAK
FTAK
... SÜSSE PRINZESSIN!
?
!!!

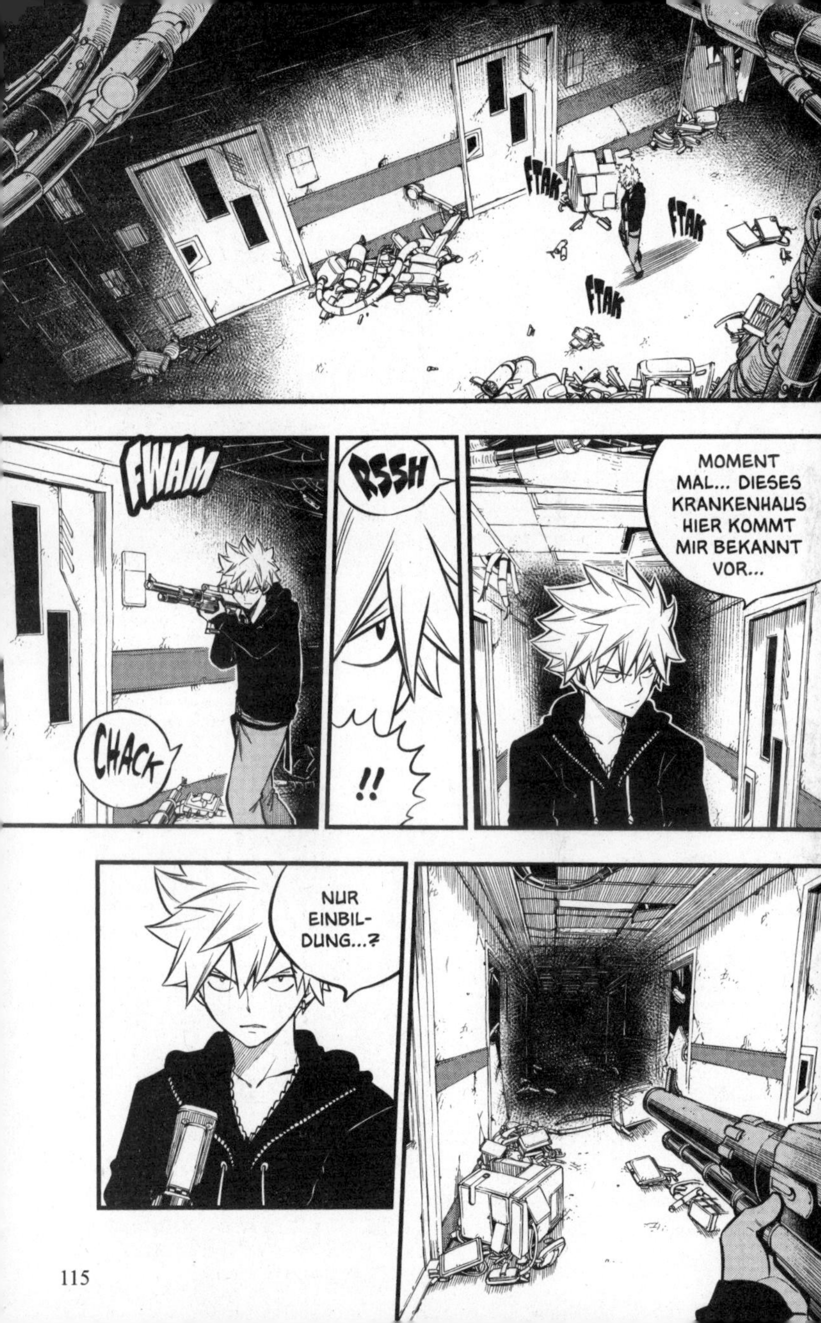
FTAK
FTAK
FTAK
FWAM
CHACK
RSSH
!!
MOMENT MAL... DIESES KRANKENHAUS HIER KOMMT MIR BEKANNT VOR...
NUR EINBIL-DUNG...?

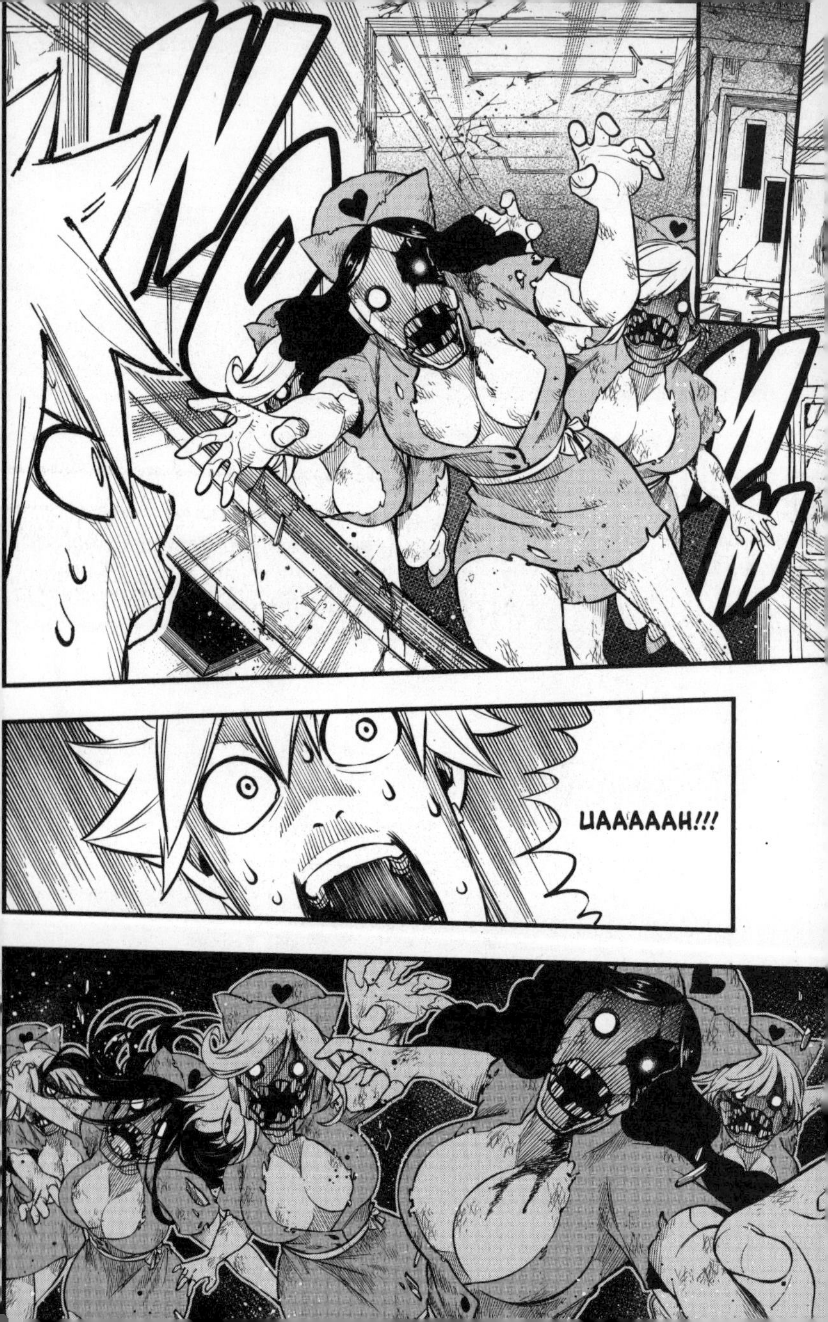
UAAAAAH!!!

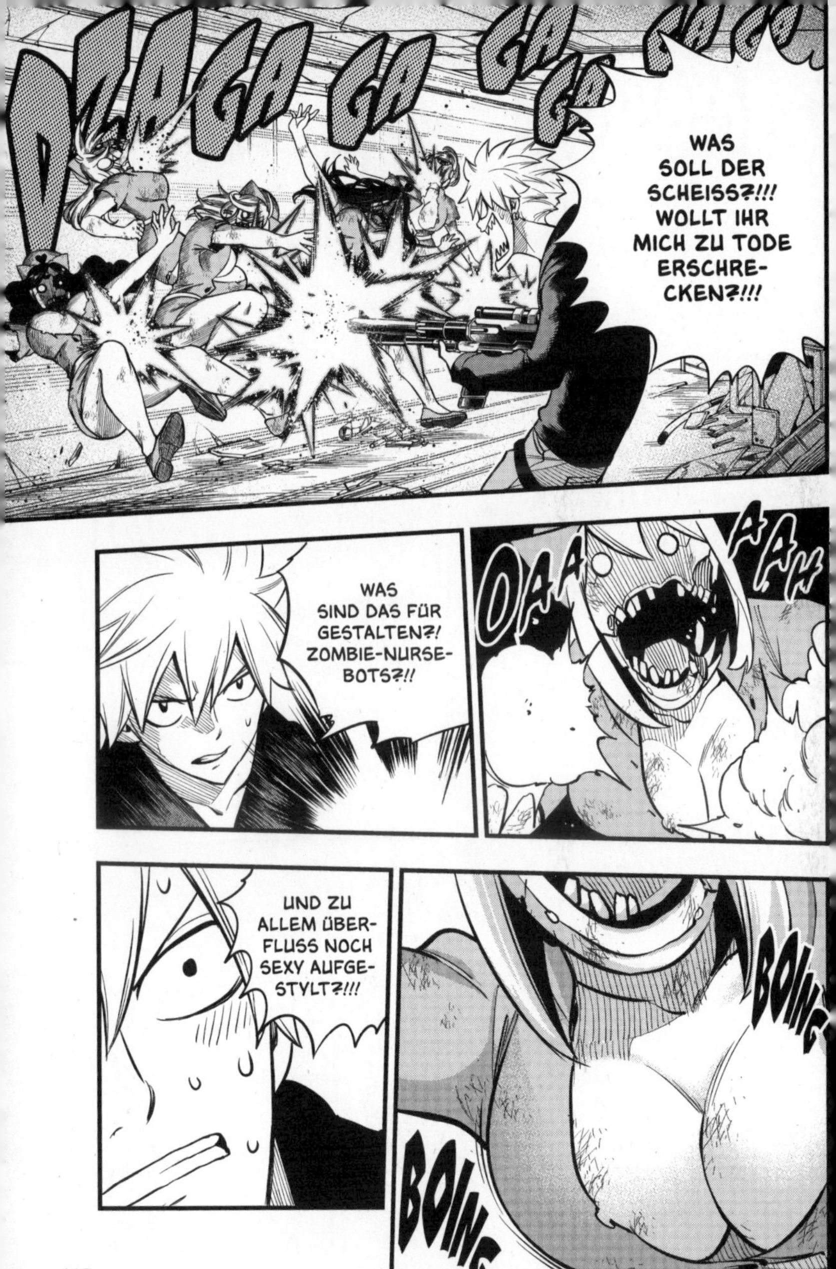

DDAGA GA GA GA GA GA
WAS SOLL DER SCHEISS?!!! WOLLT IHR MICH ZU TODE ERSCHRE-CKEN?!!!
WAS SIND DAS FÜR GESTALTEN?! ZOMBIE-NURSE-BOTS?!!
OAAAAH
UND ZU ALLEM ÜBER-FLUSS NOCH SEXY AUFGE-STYLT?!!!
BOING
BOING

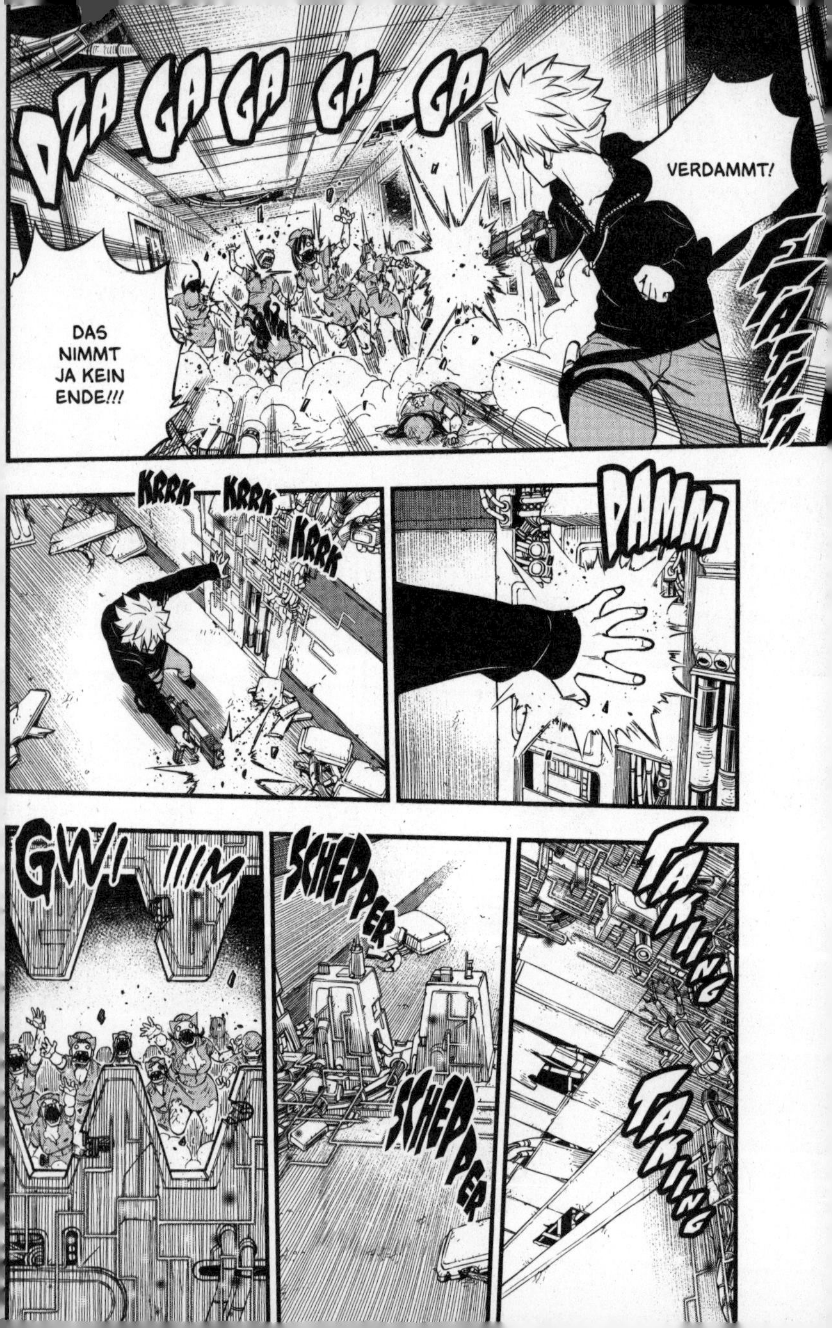
DZA GA GA GA GA
VERDAMMT!
DAS NIMMT JA KEIN ENDE!!!
DAMM
KRRK KRRK KRRK
TAKING
TAKING
SCHEPPER
SCHEPPER
GWI IIIM

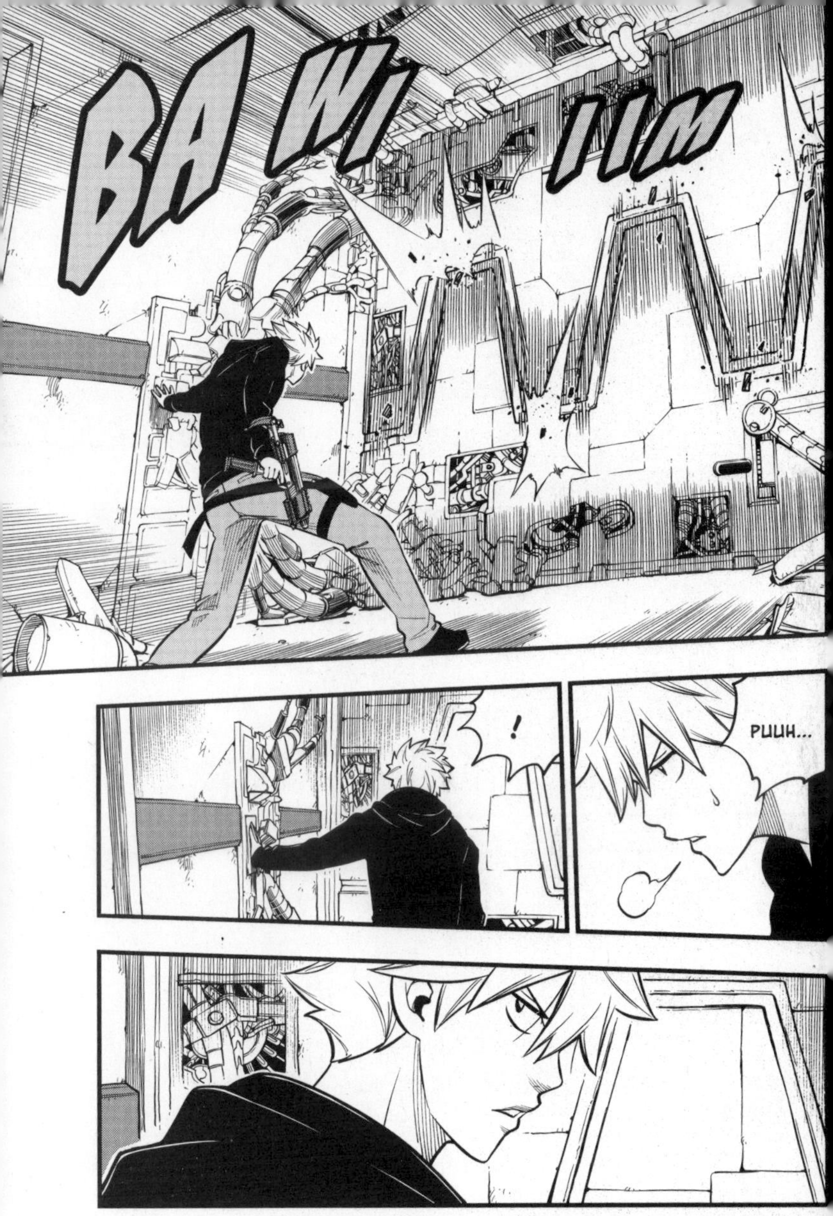
BA WI IIM
!
PUUH...

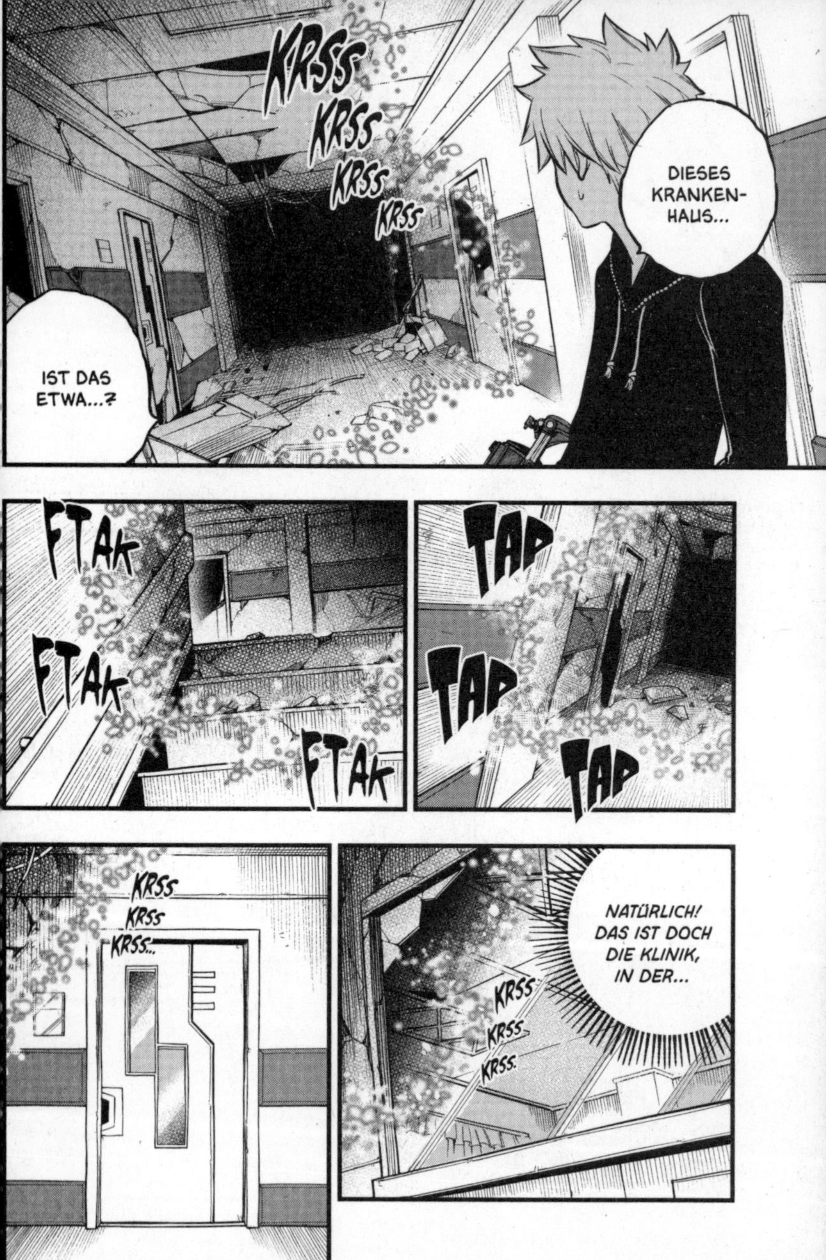

KRSS
KRSS
KRSS
KRSS
DIESES KRANKENHAUS...
IST DAS ETWA...?
FTAK
FTAK
FTAK
TAP
TAP
TAP
KRSS
KRSS
KRSS...
NATÜRLICH! DAS IST DOCH DIE KLINIK, IN DER...
KRSS
KRSS
KRSS

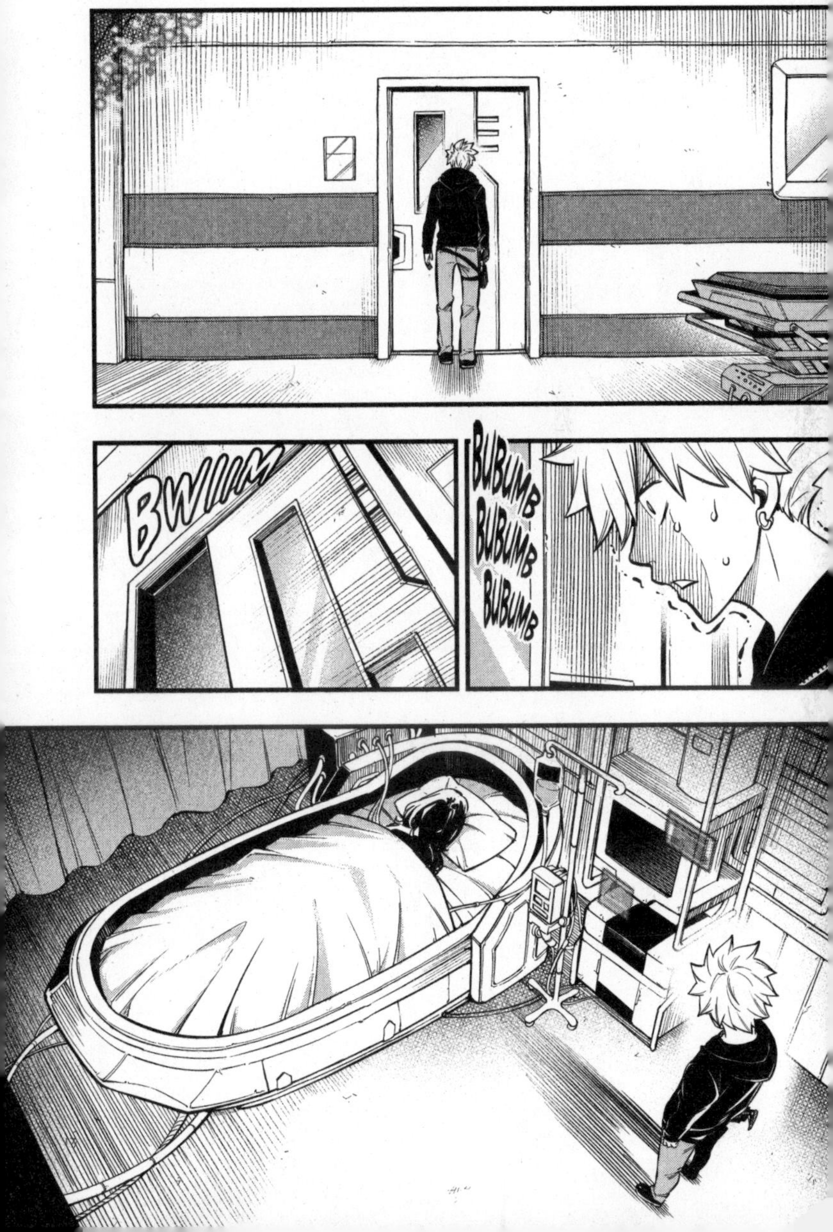
BWUM
BUBUMB
BUBUMB
BUBUMB

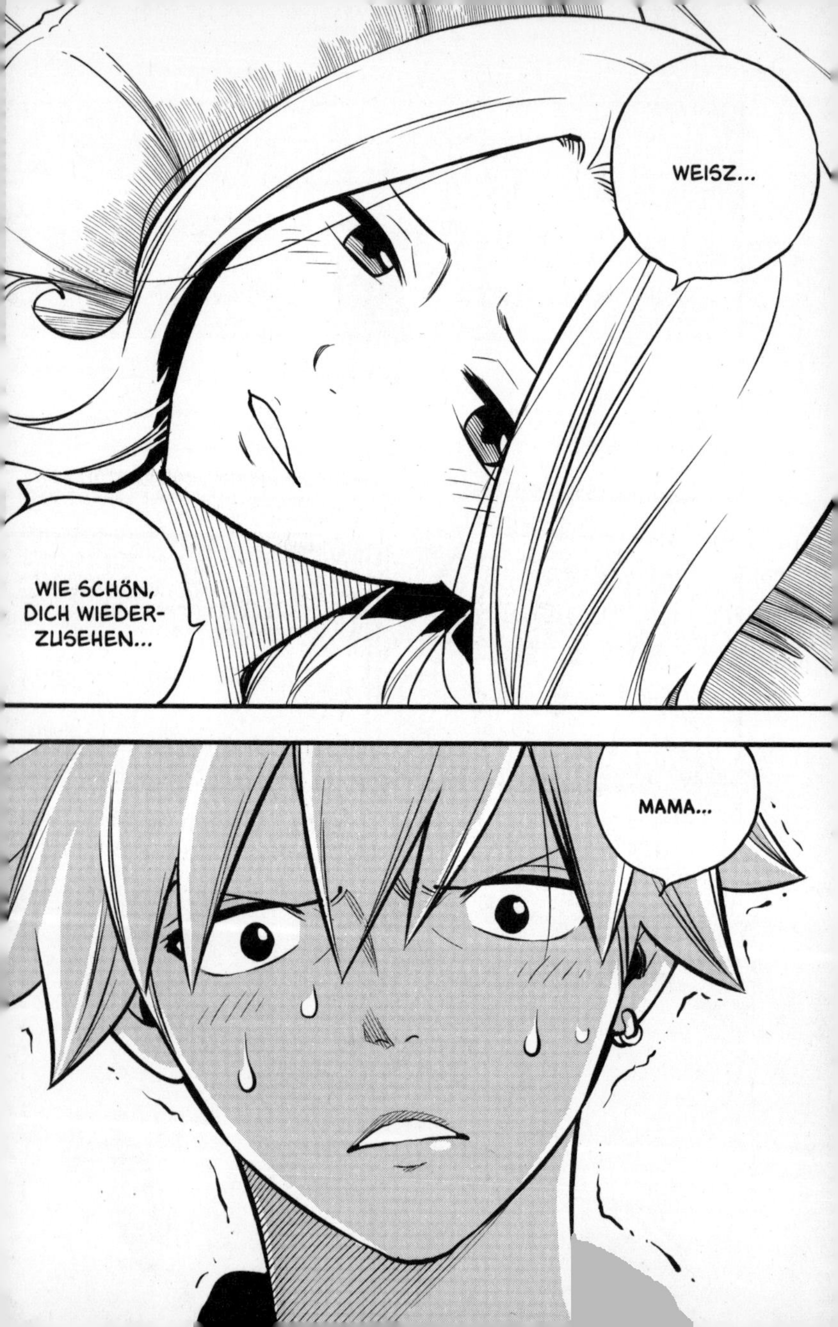
WEISZ...
WIE SCHÖN, DICH WIEDER-ZUSEHEN...
MAMA...

EDENS ZERO

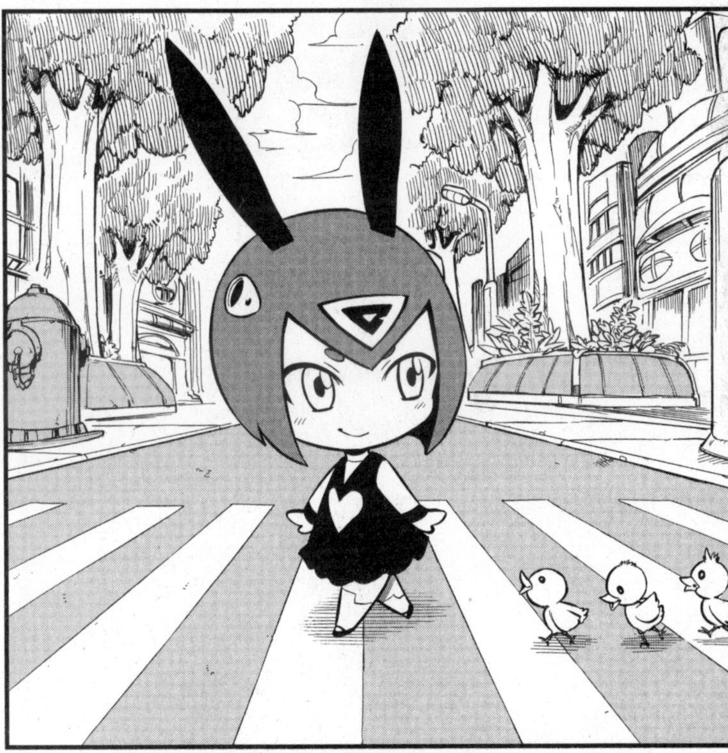

KAPITEL 192: WEISZ VS. KILLER

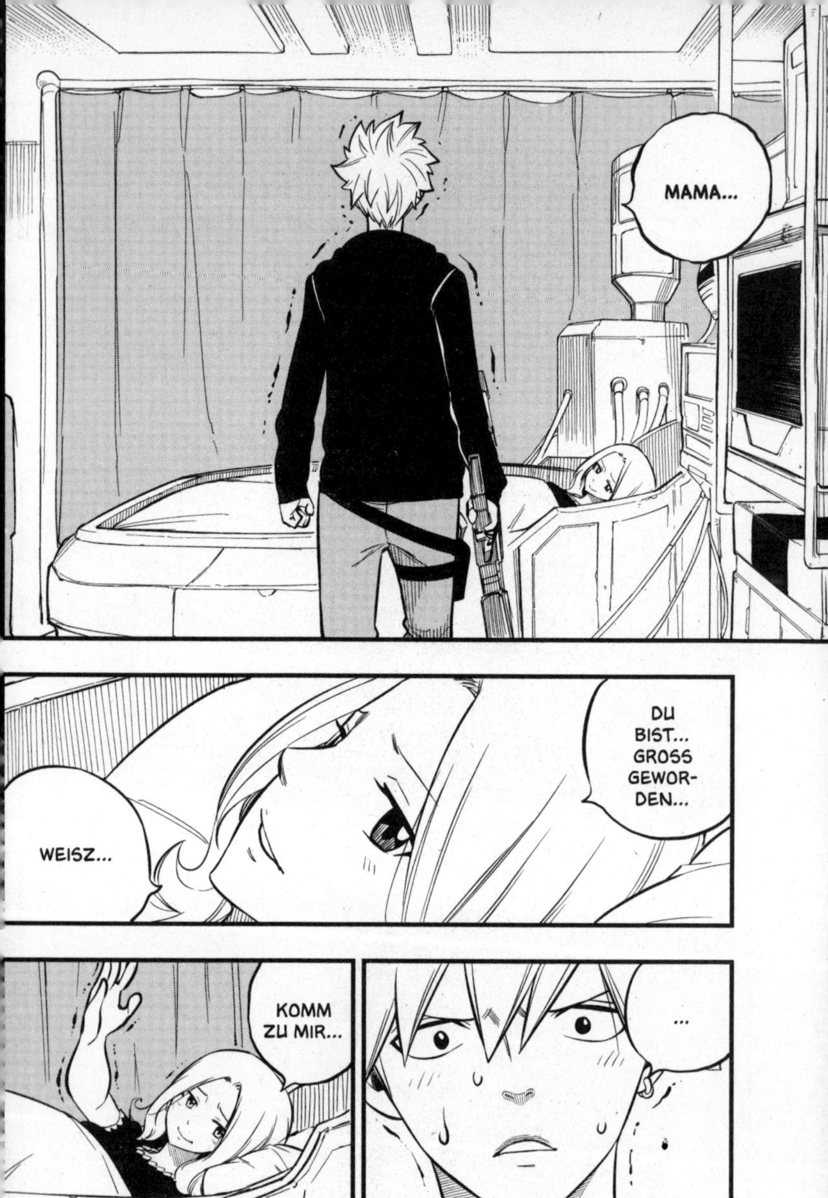
MAMA...
DU BIST... GROSS GEWORDEN...
WEISZ...
...
KOMM ZU MIR...

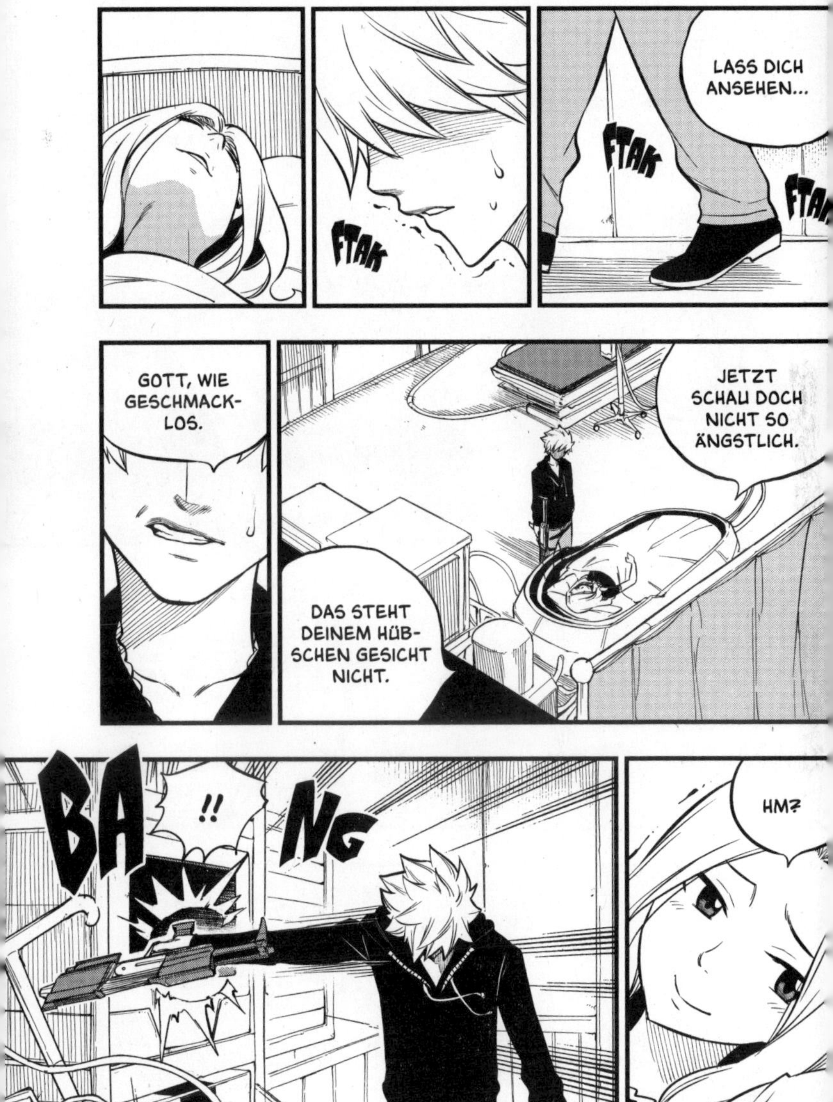
FTAK
LASS DICH ANSEHEN...
FTAK
FTAK
GOTT, WIE GESCHMACK-LOS.
JETZT SCHAU DOCH NICHT SO ÄNGSTLICH.
DAS STEHT DEINEM HÜB-SCHEN GESICHT NICHT.
BANG
!!
HM?

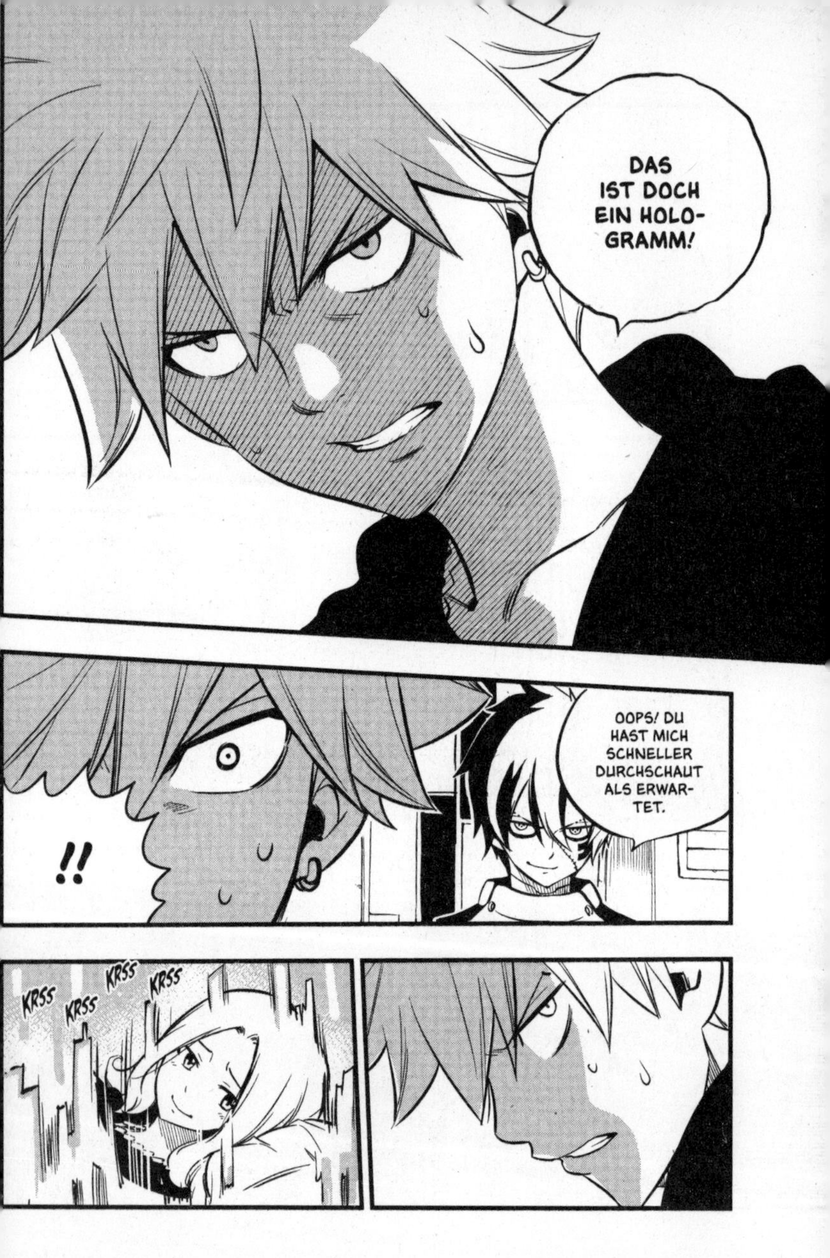
DAS IST DOCH EIN HOLO-GRAMM!
!!
OOPS! DU HAST MICH SCHNELLER DURCHSCHAUT ALS ERWAR-TET.
KRSS
KRSS
KRSS
KRSS

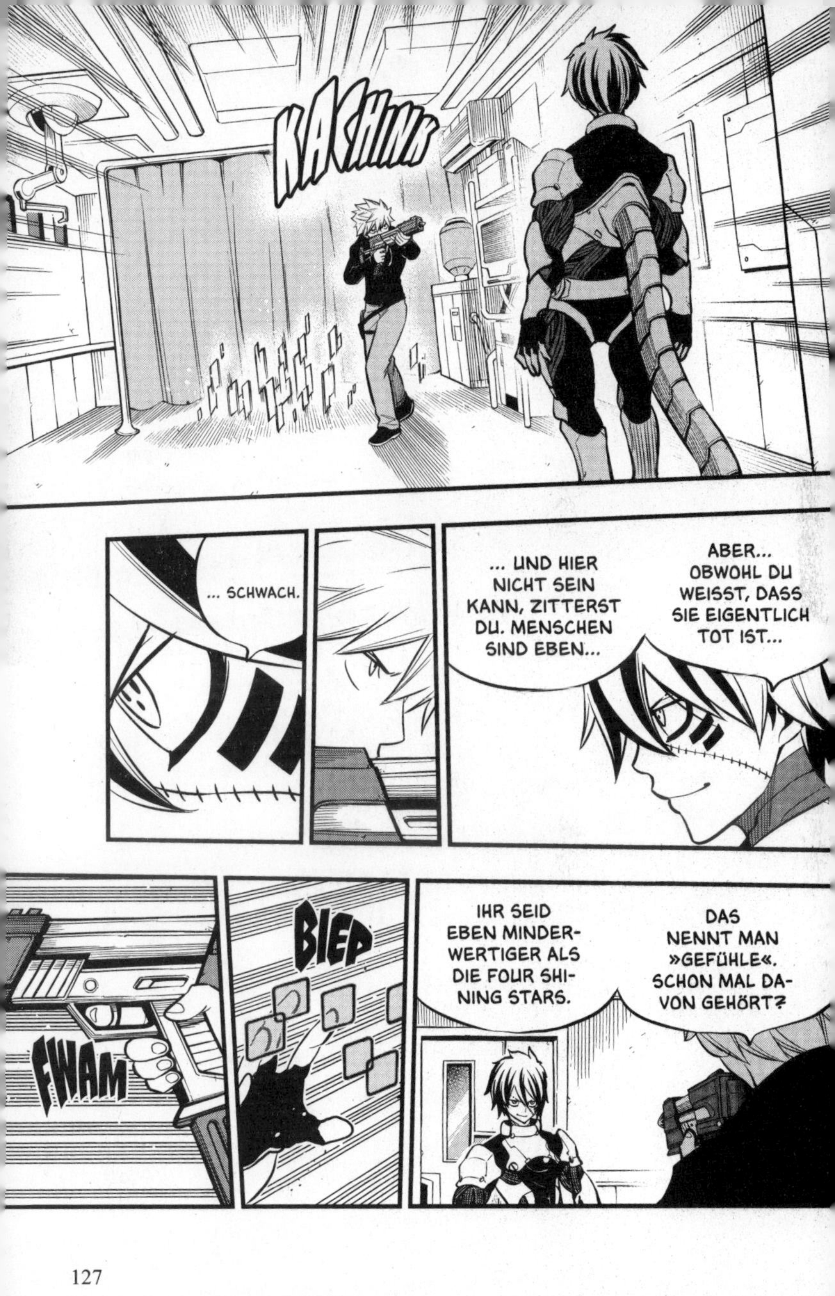
KACHINK
ABER... OBWOHL DU WEISST, DASS SIE EIGENTLICH TOT IST...
... UND HIER NICHT SEIN KANN, ZITTERST DU. MENSCHEN SIND EBEN...
... SCHWACH.
DAS NENNT MAN »GEFÜHLE«. SCHON MAL DAVON GEHÖRT?
IHR SEID EBEN MINDERWERTIGER ALS DIE FOUR SHINING STARS.
BIEP
FWAM

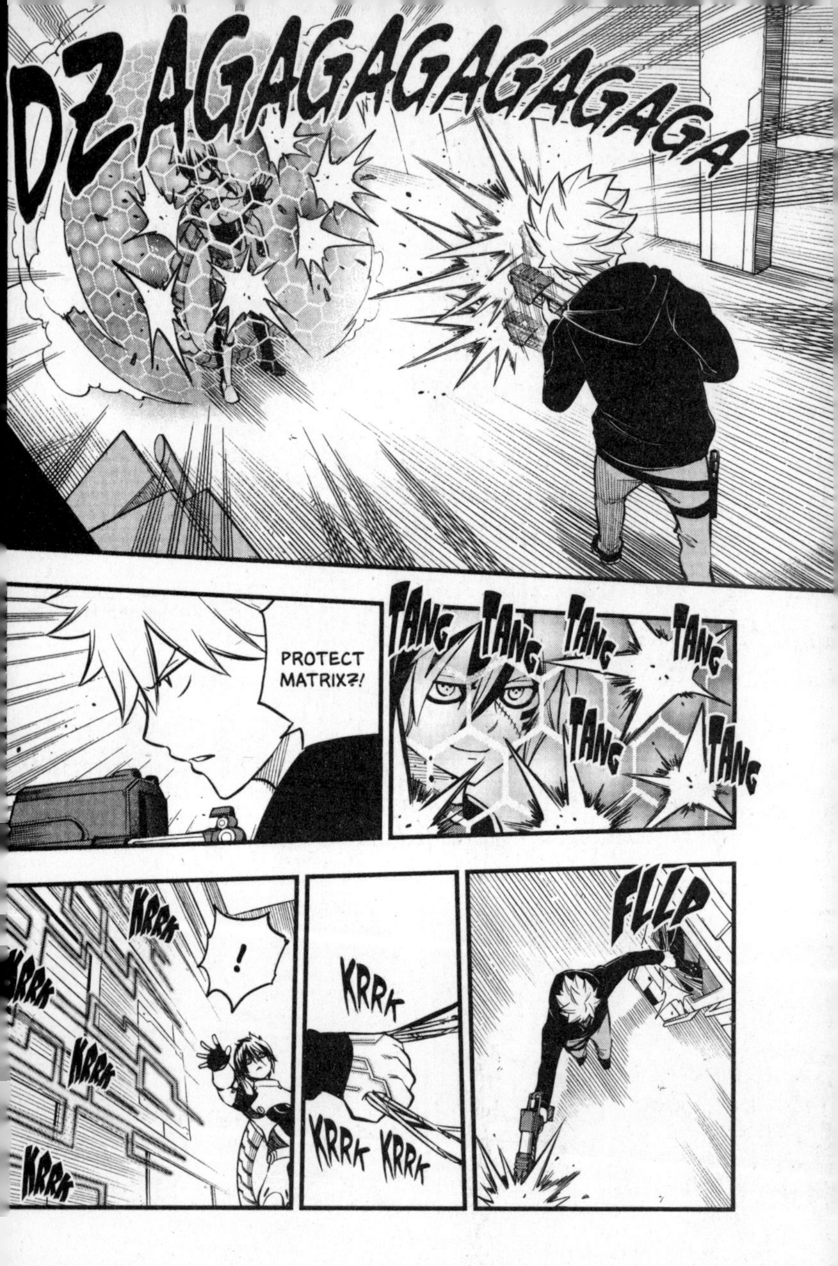

DZAGAGAGAGAGAGAGA
PROTECT MATRIX?!
TANG TANG TANG TANG
TANG TANG TANG
KRRK KRRK
!
KRRK KRRK KRRK
KRRK KRRK KRRK
FLLP

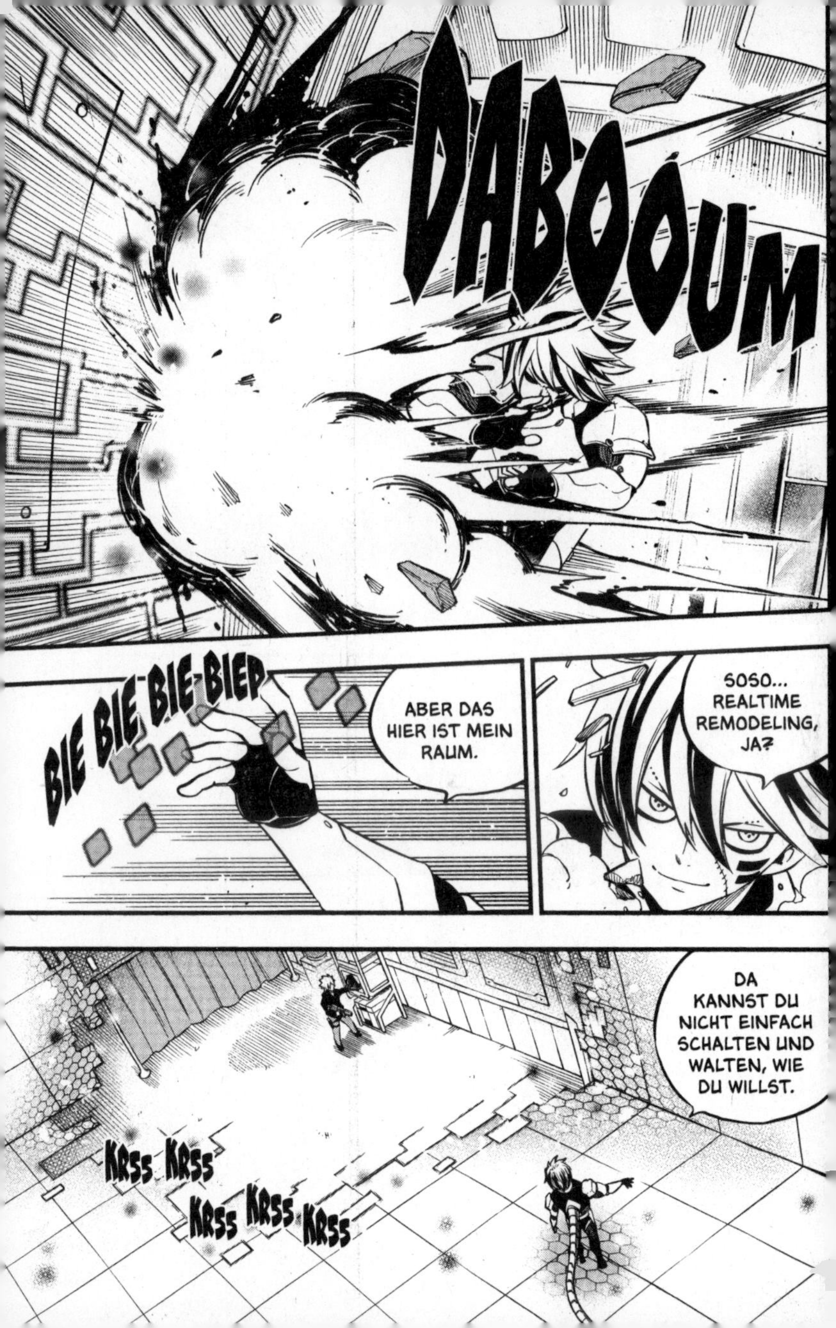
DABOOUM
BIE BIE BIE BIEP
ABER DAS HIER IST MEIN RAUM.
SOSO... REALTIME REMODELING, JA?
DA KANNST DU NICHT EINFACH SCHALTEN UND WALTEN, WIE DU WILLST.
KRSS KRSS KRSS KRSS KRSS

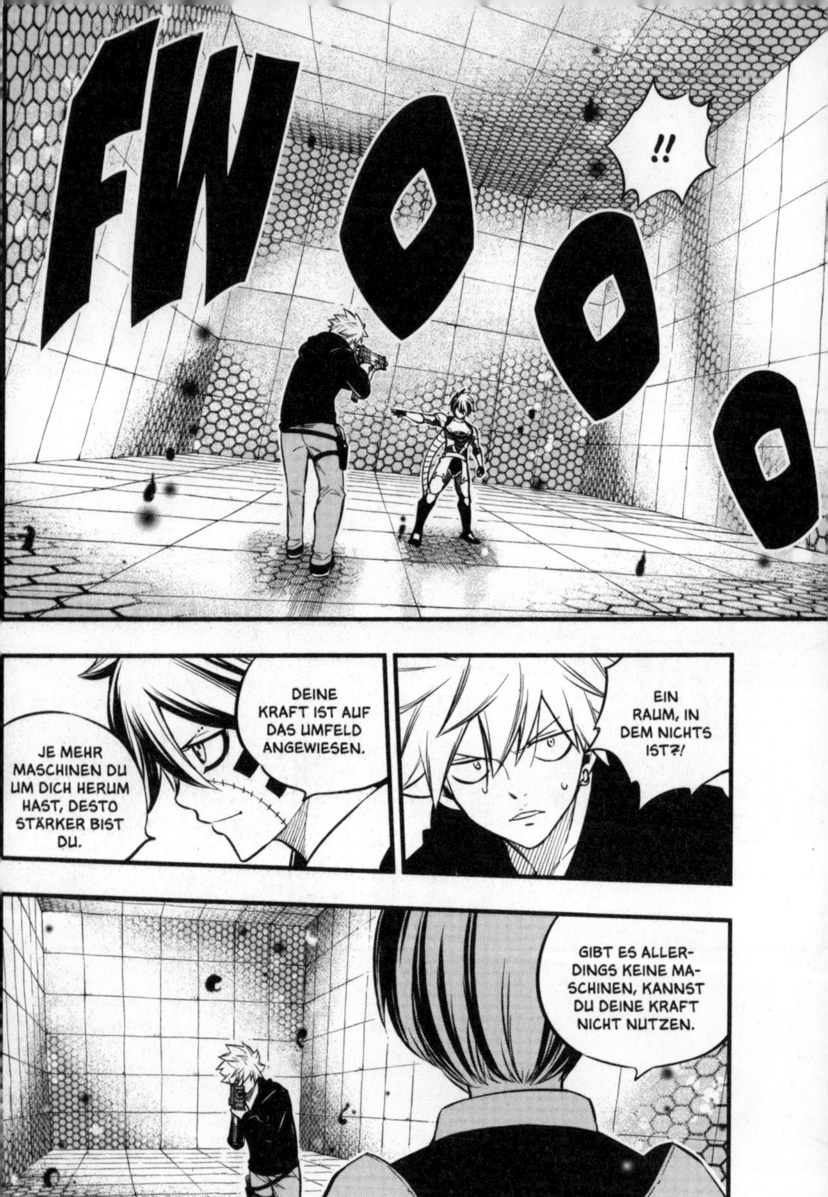
FWOOOO
!!
DEINE KRAFT IST AUF DAS UMFELD ANGEWIESEN.
JE MEHR MASCHINEN DU UM DICH HERUM HAST, DESTO STÄRKER BIST DU.
EIN RAUM, IN DEM NICHTS IST?!
GIBT ES ALLER-DINGS KEINE MA-SCHINEN, KANNST DU DEINE KRAFT NICHT NUTZEN.

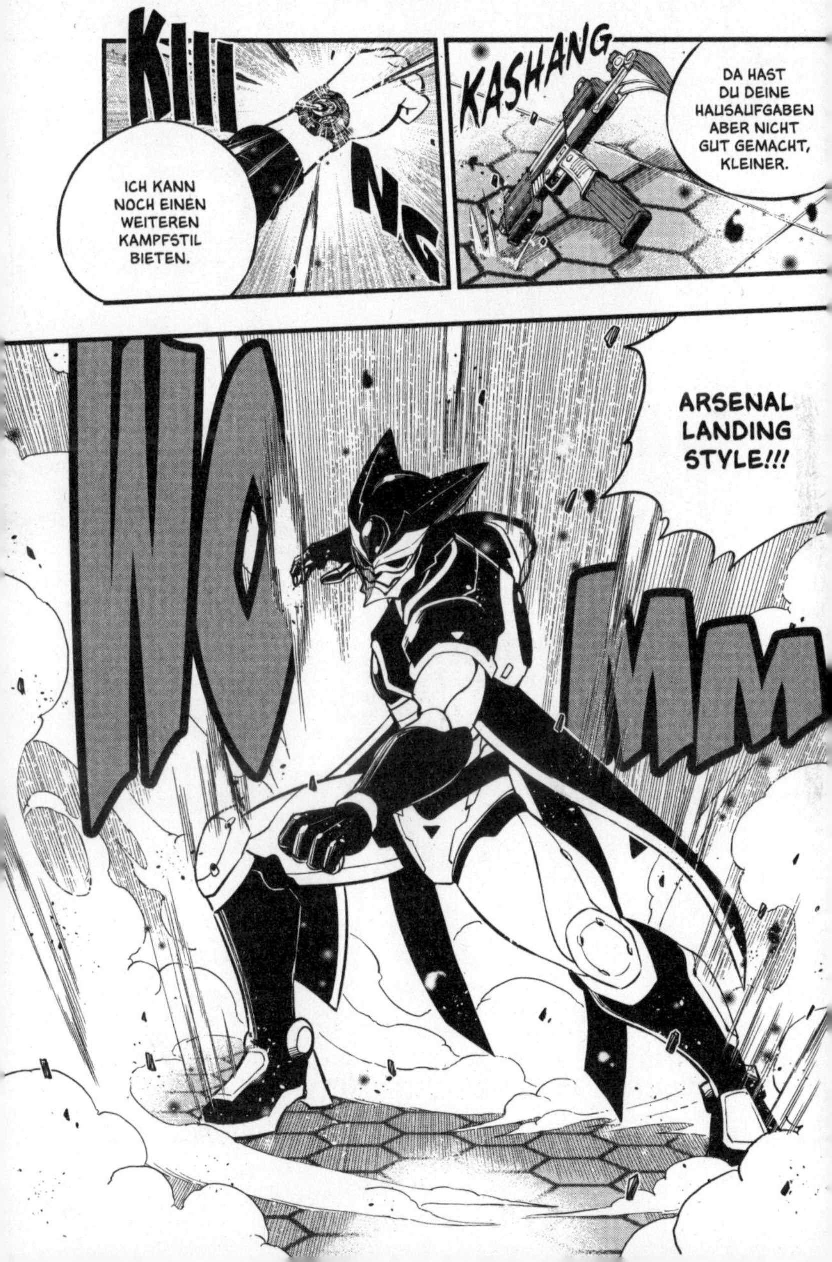

KIIING
ICH KANN NOCH EINEN WEITEREN KAMPFSTIL BIETEN.
KASHANG
DA HAST DU DEINE HAUSAUFGABEN ABER NICHT GUT GEMACHT, KLEINER.
WOMM
ARSENAL LANDING STYLE!!!

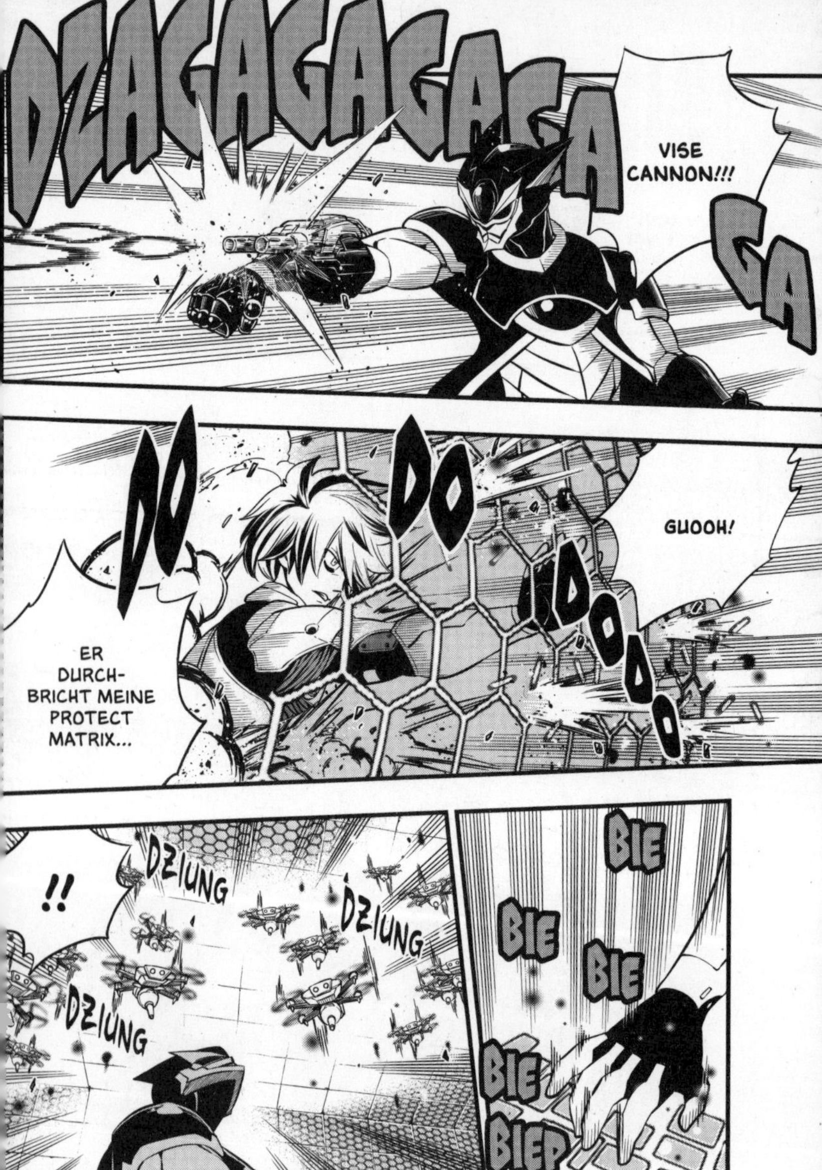
DZAGAGAGAGA
VISE CANNON!!!
GA
DO
DO
DOOOOO
GUOOH!
ER DURCH-BRICHT MEINE PROTECT MATRIX...
BIE
BIE
BIE
BIE
BIEP
!!
DZIUNG
DZIUNG
DZIUNG

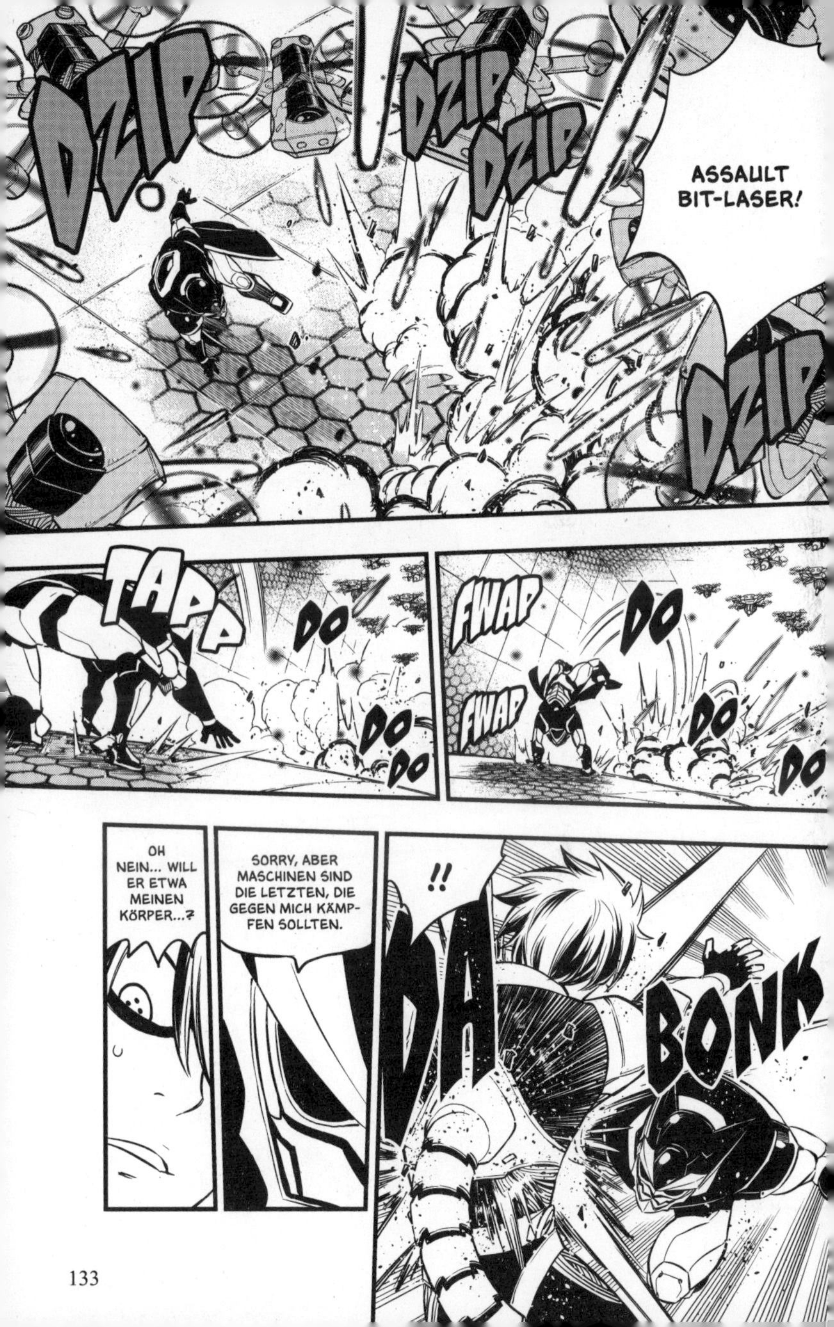
DZIP
DZIP
DZIP
ASSAULT BIT-LASER!
DZIP
TAPP
DO
DO
DO
FWAP
FWAP
DO
DO
DO
OH NEIN... WILL ER ETWA MEINEN KÖRPER...?
SORRY, ABER MASCHINEN SIND DIE LETZTEN, DIE GEGEN MICH KÄMPFEN SOLLTEN.
!!
DA
BONK

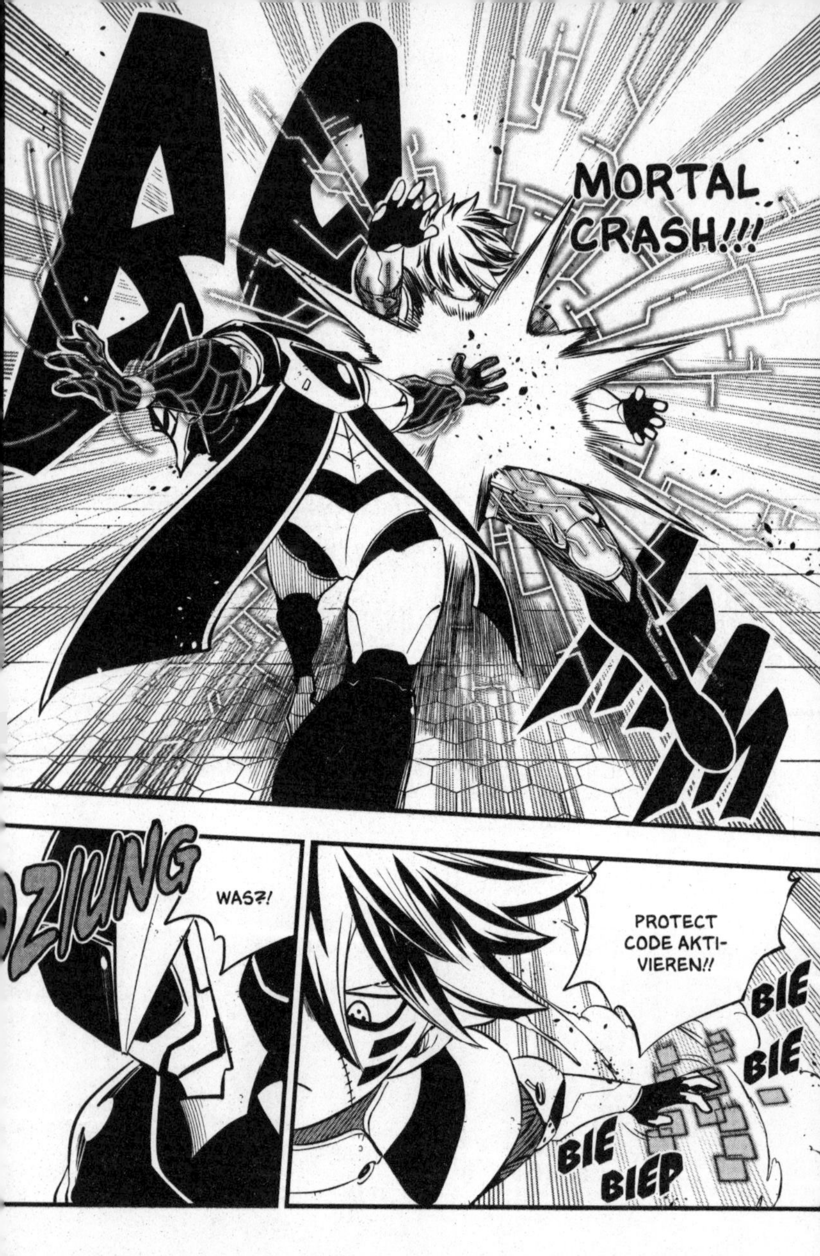
MORTAL CRASH!!!
PROTECT CODE AKTI-VIEREN!!
BIE BIE
BIE BIEP
ZIUNG
WAS?!

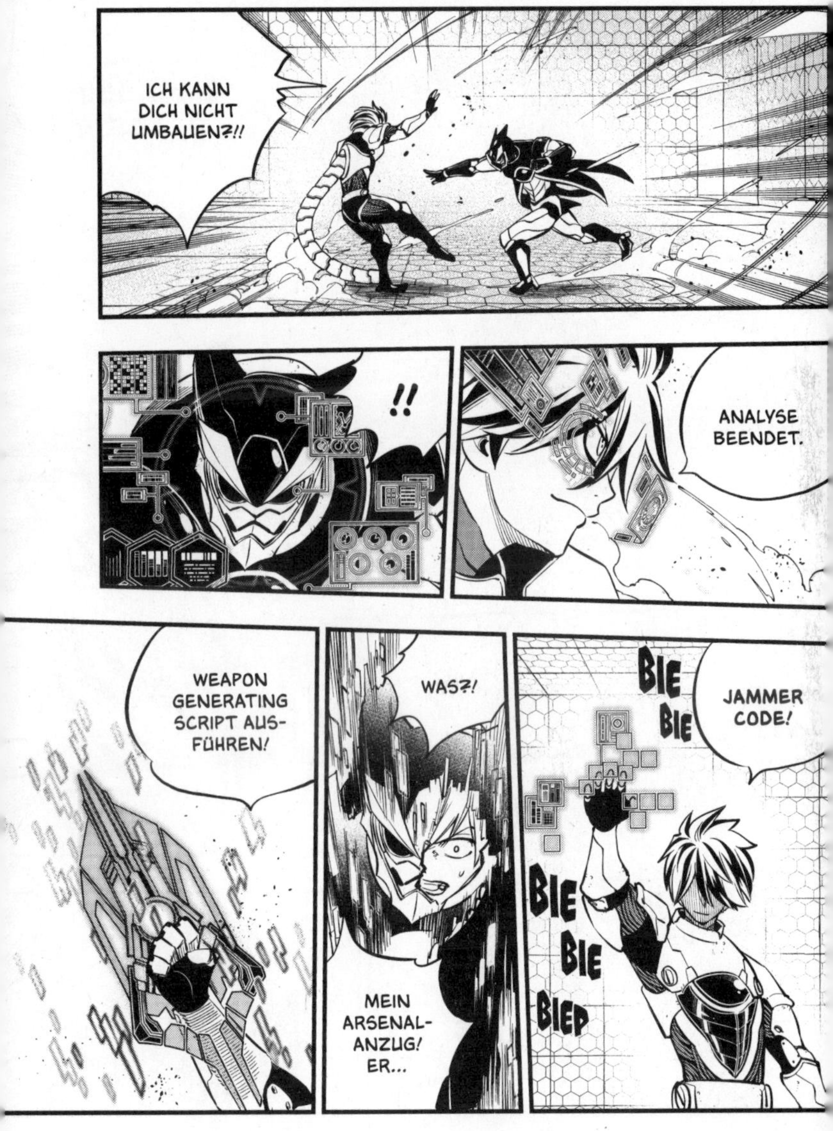
ICH KANN DICH NICHT UMBAUEN?!!
!!
ANALYSE BEENDET.
JAMMER CODE!
BIE BIE
WAS?!
MEIN ARSENAL-ANZUG! ER...
BIE BIE BIEP
WEAPON GENERATING SCRIPT AUS-FÜHREN!

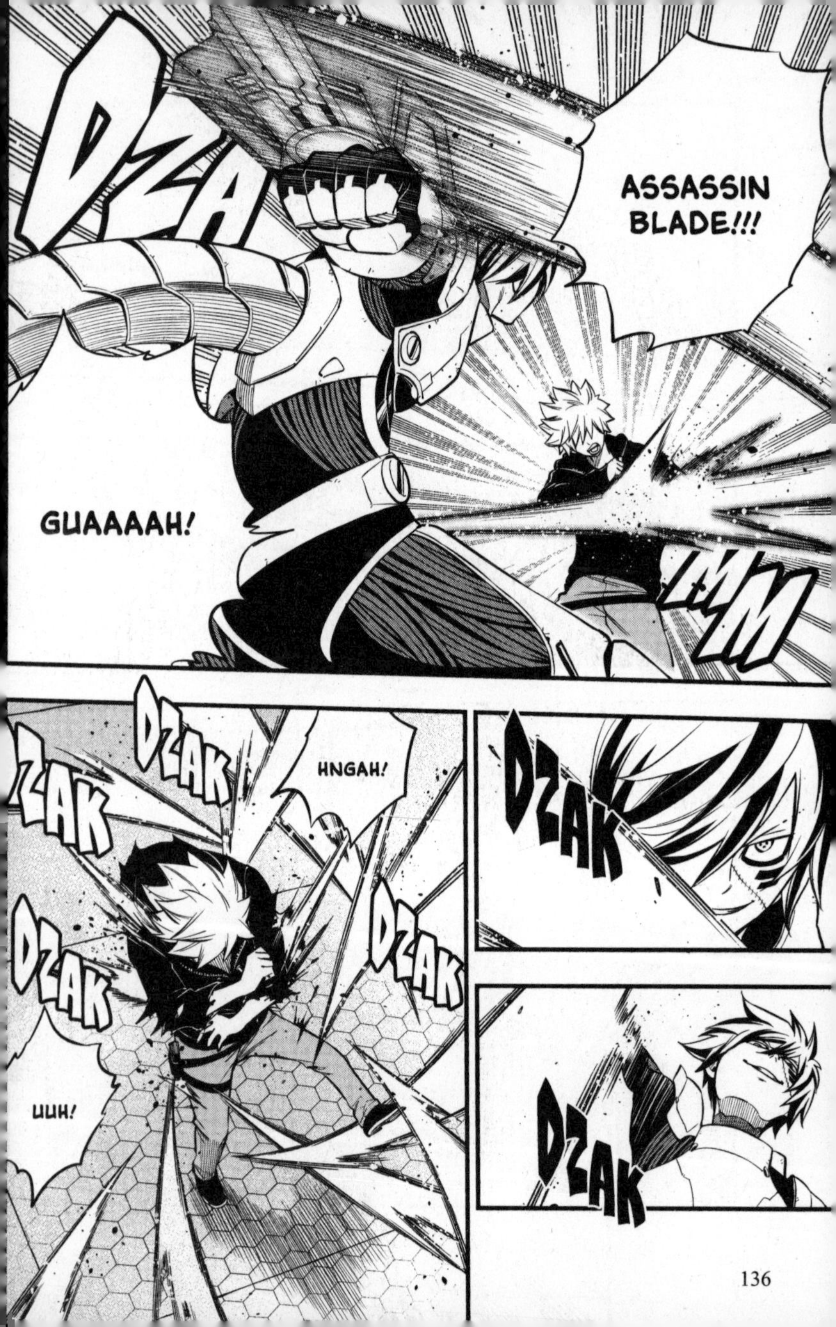
ASSASSIN BLADE!!!
DZA
GUAAAAH!
M'M
DZAK
DZAK
HNGAH!
DZAK
DZAK
DZAK
DZAK
UUH!

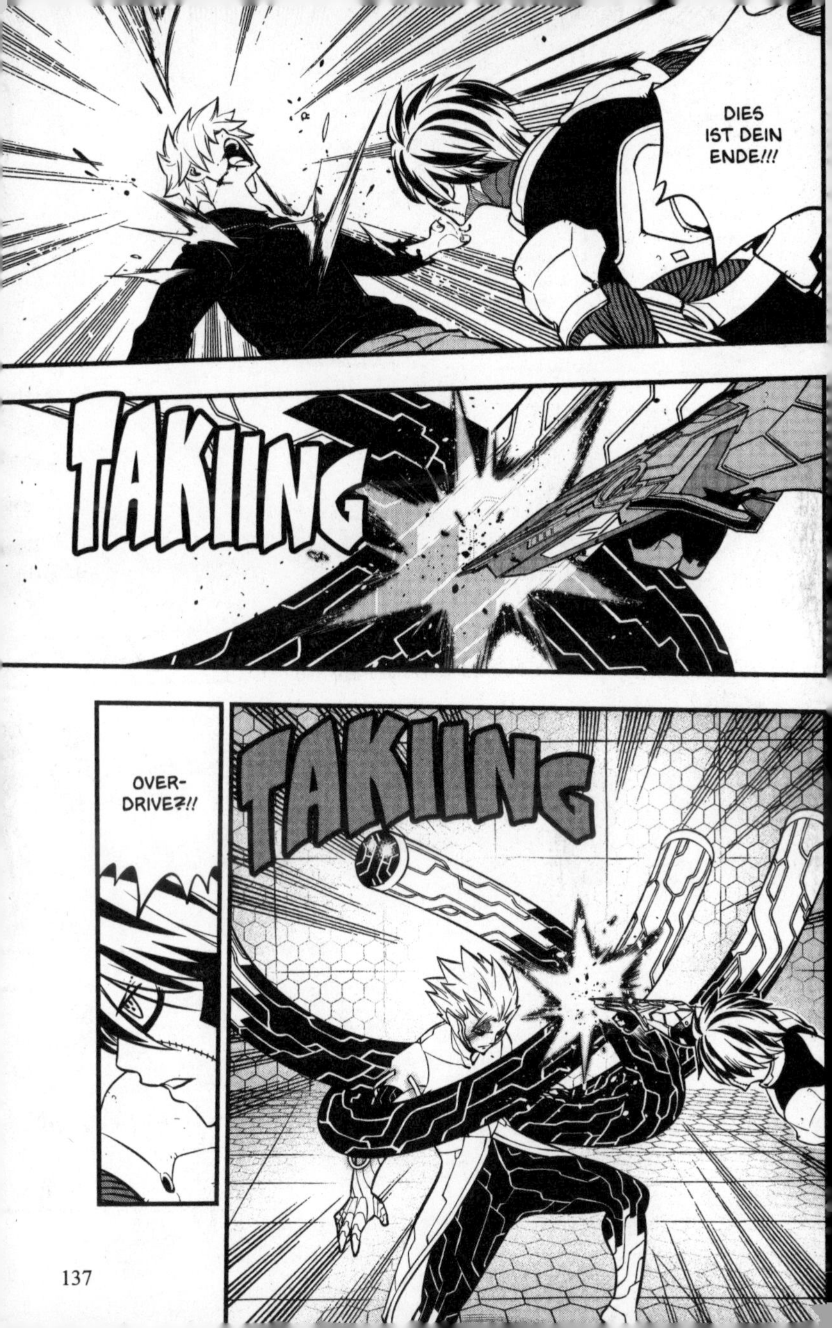
DIES IST DEIN ENDE!!!
TAKIING
TAKIING
OVER-DRIVE?!!

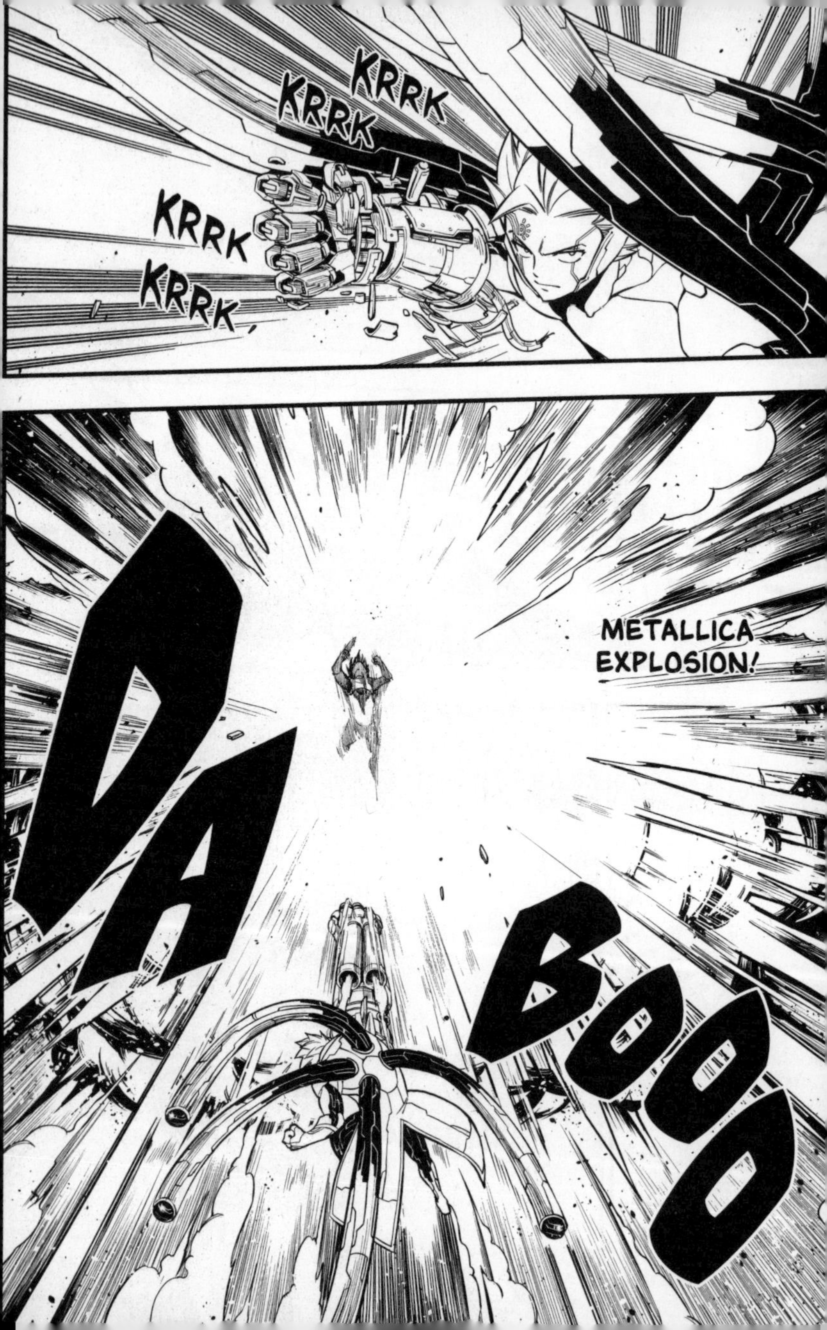
KRRK
KRRK
KRRK
KRRK
METALLICA EXPLOSION!
DA
BOOO

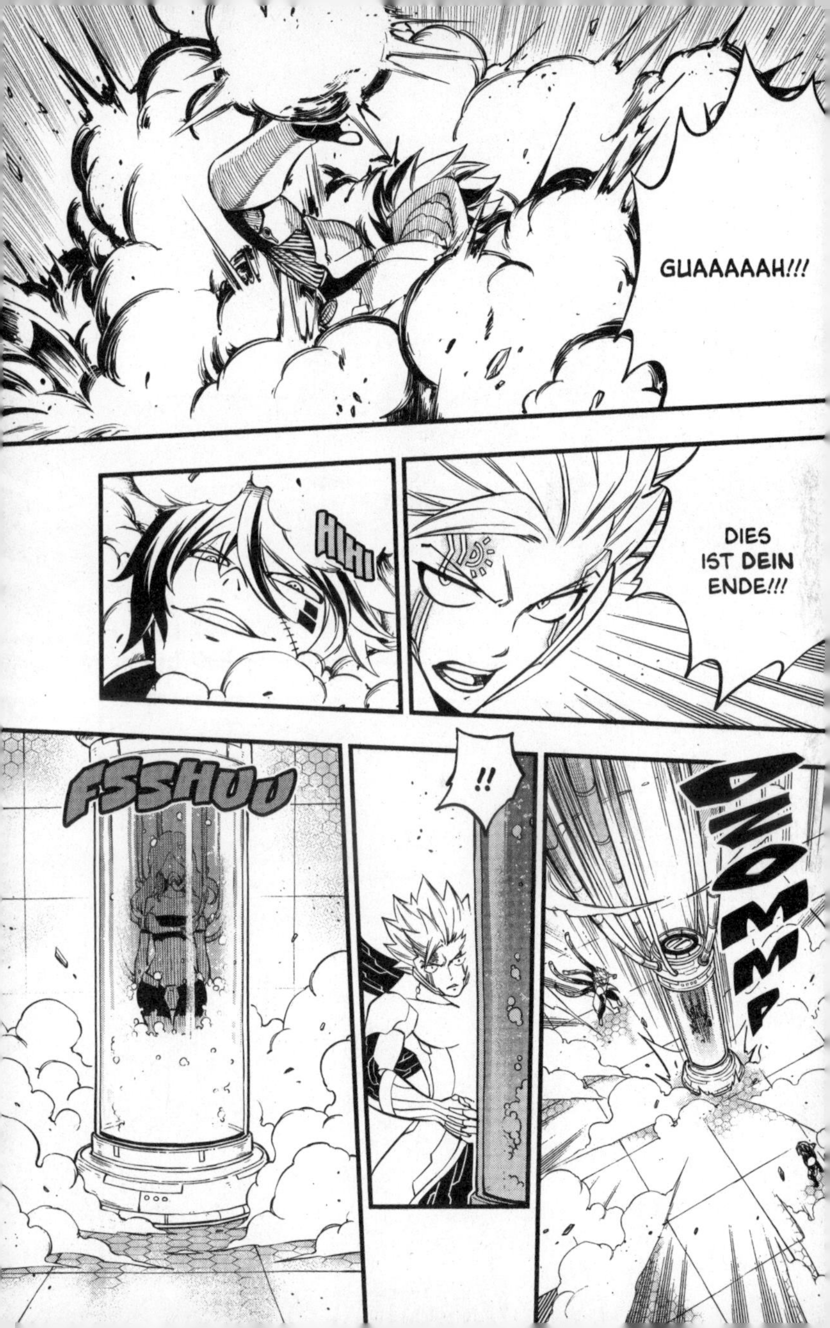
GUAAAAAH!!!
DIES IST DEIN ENDE!!!
HIHI
DMOMMP
!!
FSSHUU

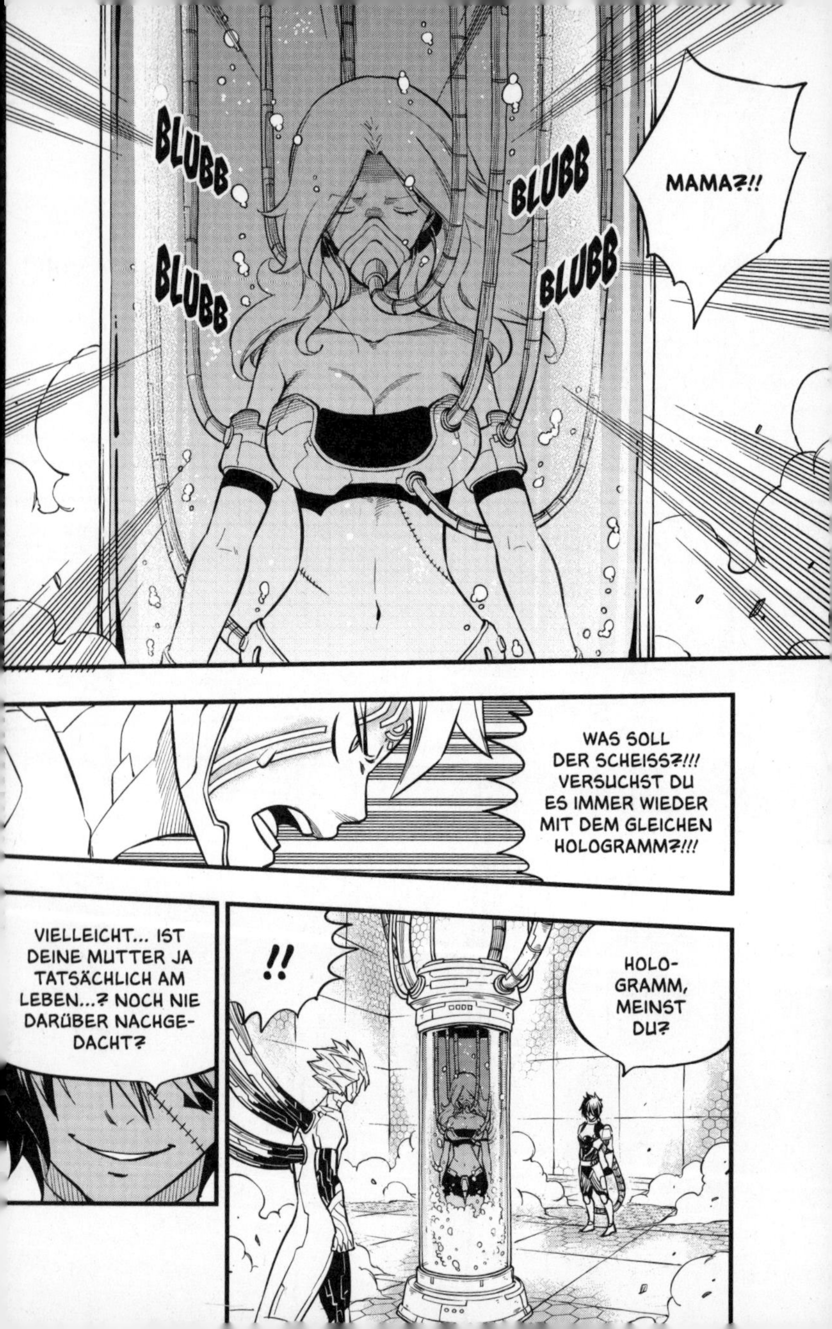
BLUBB
BLUBB
BLUBB
BLUBB
MAMA?!!
WAS SOLL DER SCHEISS?!!! VERSUCHST DU ES IMMER WIEDER MIT DEM GLEICHEN HOLOGRAMM?!!!
HOLO-GRAMM, MEINST DU?
!!
VIELLEICHT... IST DEINE MUTTER JA TATSÄCHLICH AM LEBEN...? NOCH NIE DARÜBER NACHGE-DACHT?

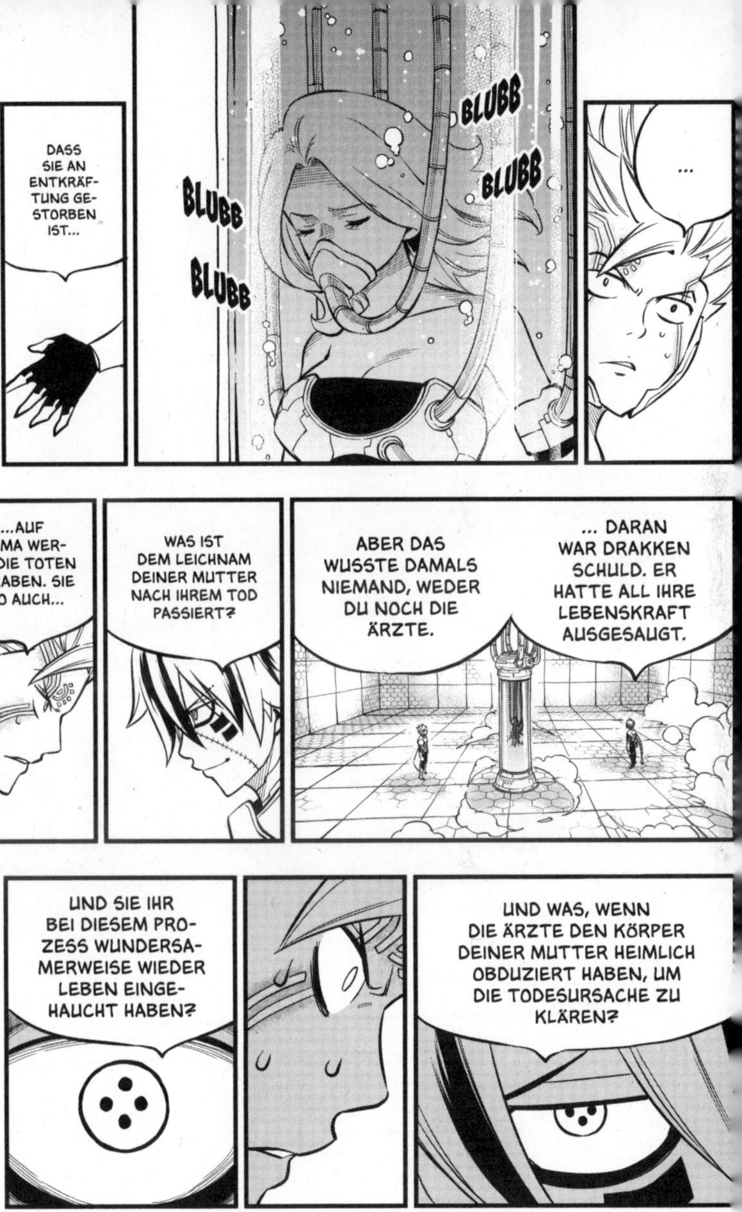
...
BLUBB
BLUBB
BLUBB
BLUBB
DASS SIE AN ENTKRÄF-TUNG GE-STORBEN IST...
... DARAN WAR DRAKKEN SCHULD. ER HATTE ALL IHRE LEBENSKRAFT AUSGESAUGT.
ABER DAS WUSSTE DAMALS NIEMAND, WEDER DU NOCH DIE ÄRZTE.
WAS IST DEM LEICHNAM DEINER MUTTER NACH IHREM TOD PASSIERT?
A...AUF NORMA WER-DEN DIE TOTEN BEGRABEN. SIE ALSO AUCH...
UND WAS, WENN DIE ÄRZTE DEN KÖRPER DEINER MUTTER HEIMLICH OBDUZIERT HABEN, UM DIE TODESURSACHE ZU KLÄREN?
UND SIE IHR BEI DIESEM PRO-ZESS WUNDERSA-MERWEISE WIEDER LEBEN EINGE-HAUCHT HABEN?

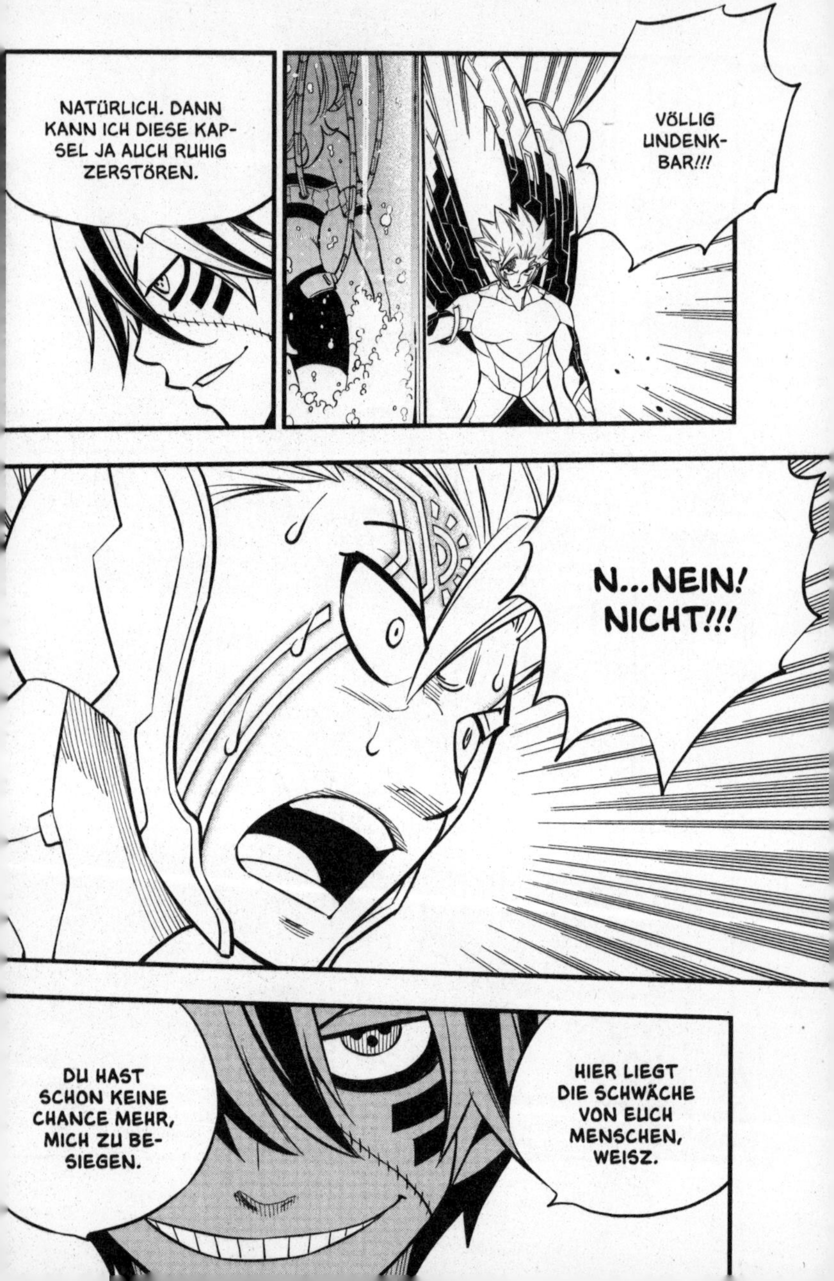
VÖLLIG UNDENKBAR!!!
NATÜRLICH. DANN KANN ICH DIESE KAPSEL JA AUCH RUHIG ZERSTÖREN.
N...NEIN! NICHT!!!
HIER LIEGT DIE SCHWÄCHE VON EUCH MENSCHEN, WEISZ.
DU HAST SCHON KEINE CHANCE MEHR, MICH ZU BESIEGEN.

EDENS ZERO

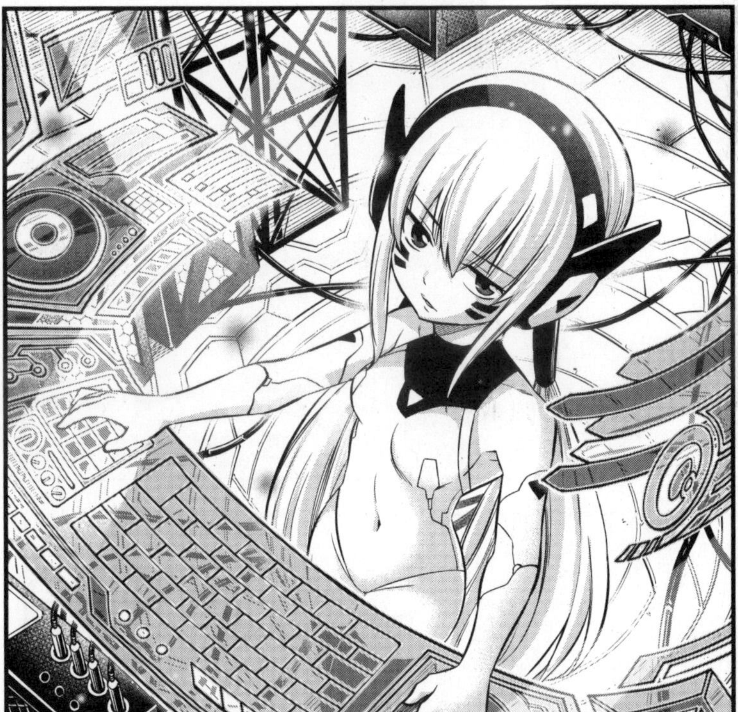

KAPITEL 193: EIN LIEBER JUNGE

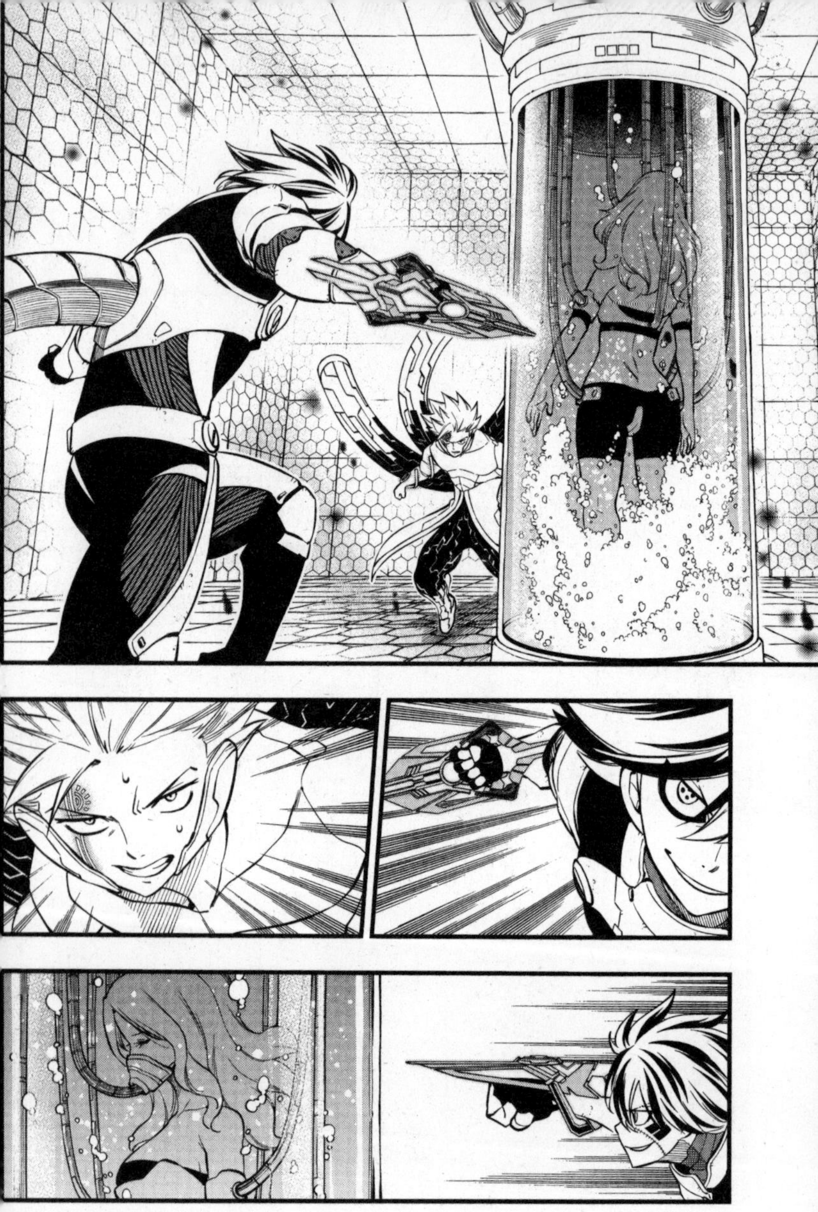

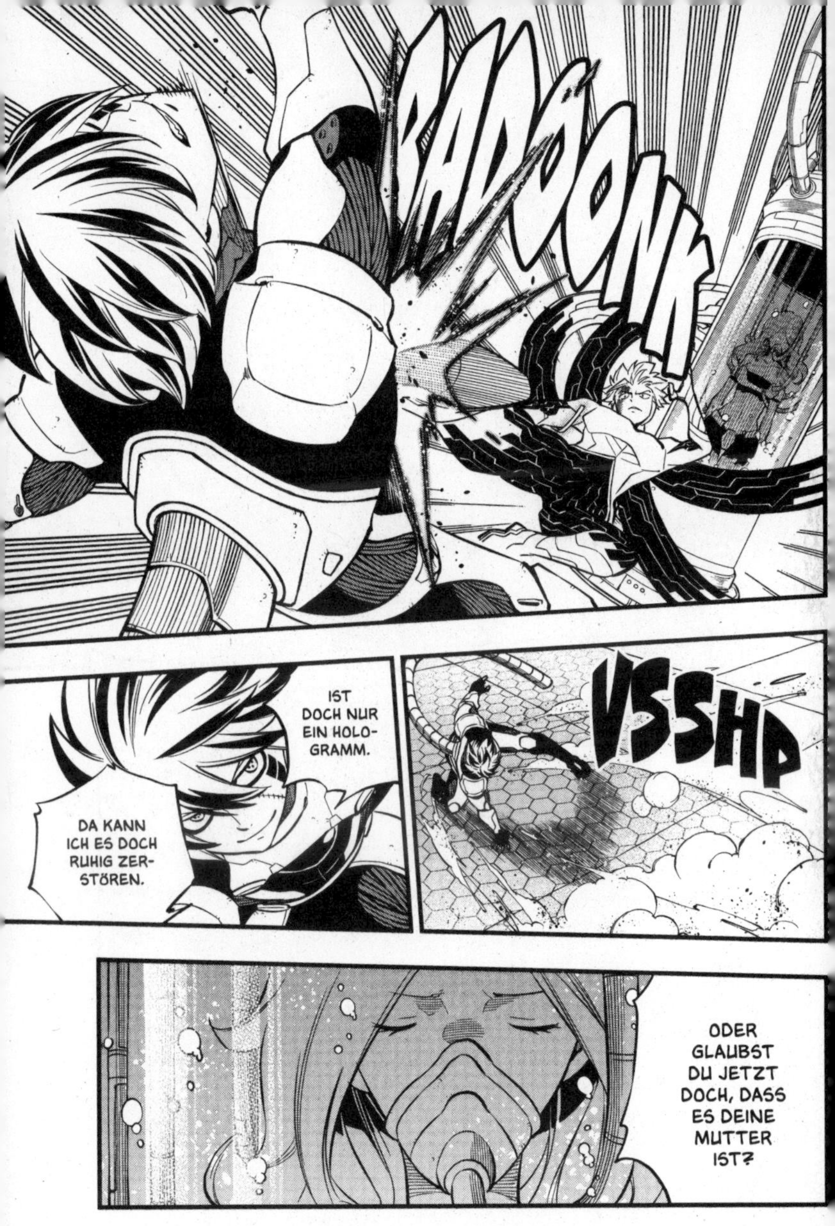
IST DOCH NUR EIN HOLOGRAMM.
DA KANN ICH ES DOCH RUHIG ZERSTÖREN.
VSSHP
ODER GLAUBST DU JETZT DOCH, DASS ES DEINE MUTTER IST?

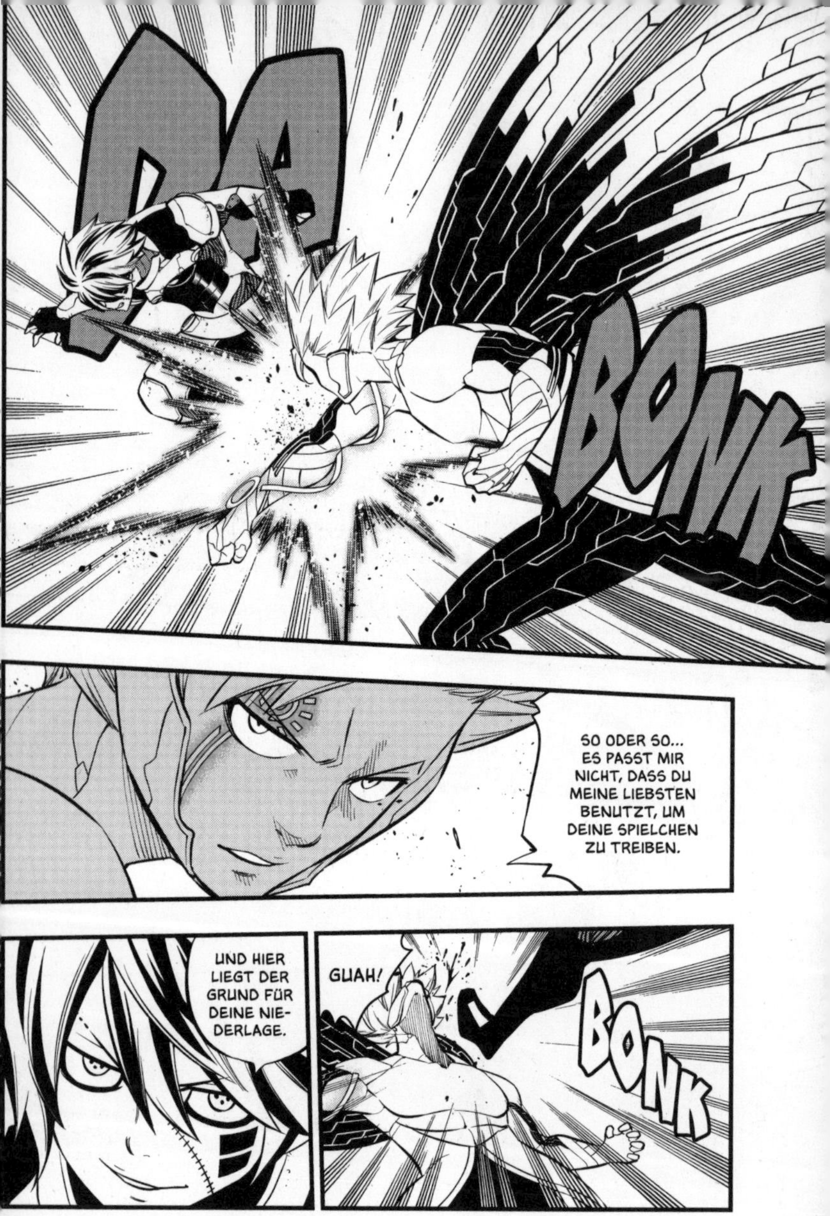

BONK
SO ODER SO...
ES PASST MIR NICHT, DASS DU MEINE LIEBSTEN BENUTZT, UM DEINE SPIELCHEN ZU TREIBEN.
UND HIER LIEGT DER GRUND FÜR DEINE NIE-DERLAGE.
GUAH!
BONK

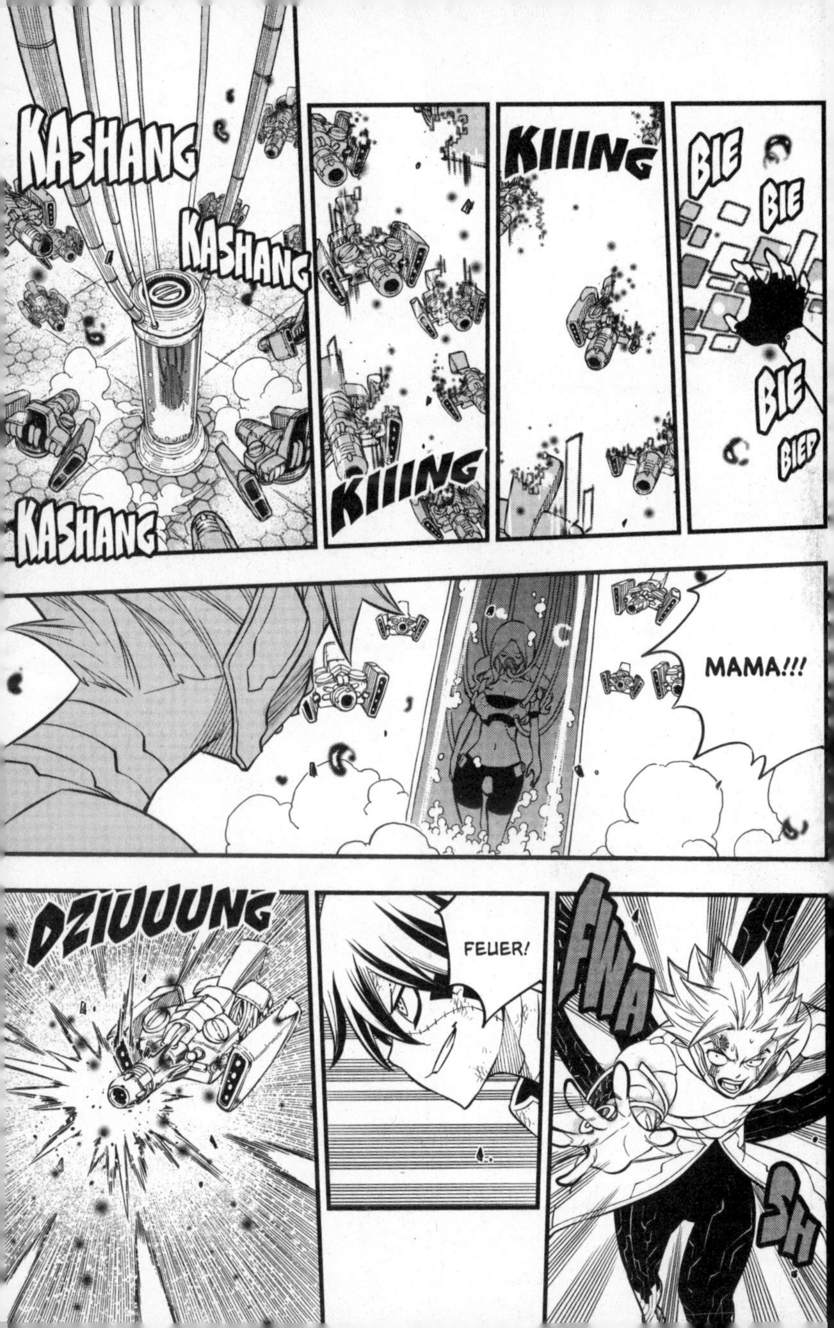
BIE
BIE
BIE
BIEP
KIIING
KIIING
KASHANG
KASHANG
KASHANG
MAMA!!!
FWA
SH
FEUER!
DZIUUUNG

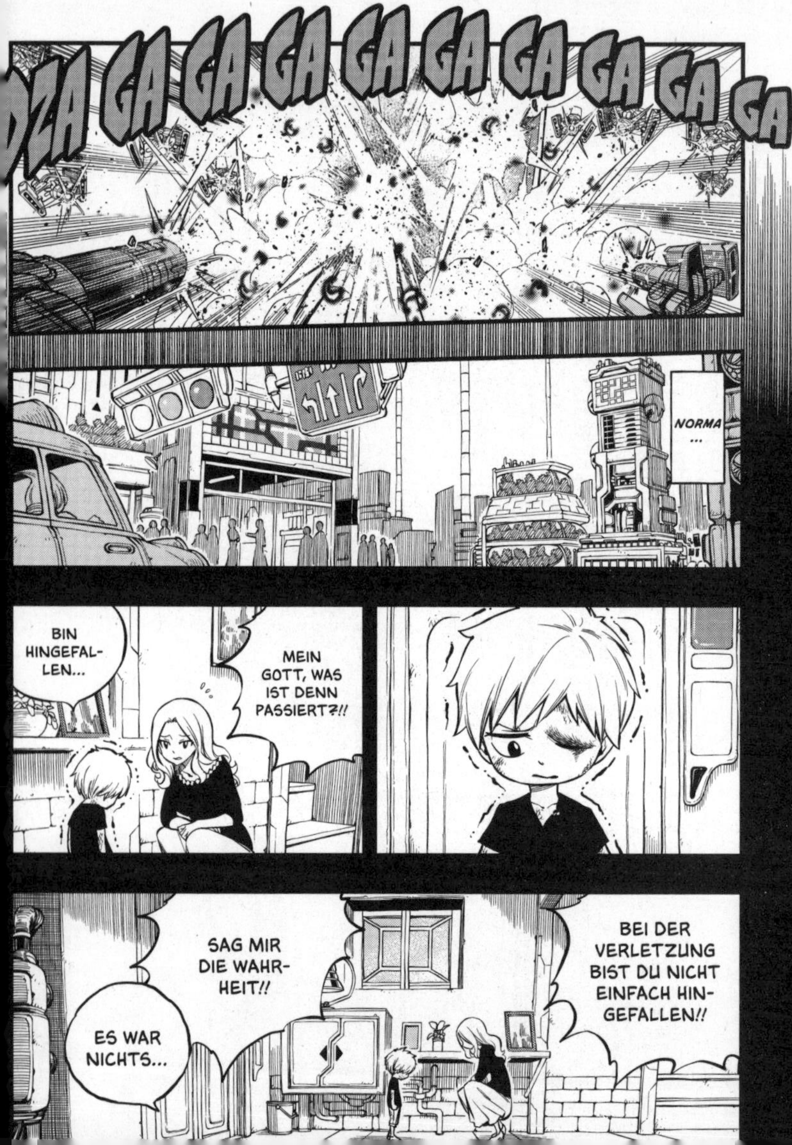
DZA GA GA GA GA GA GA GA GA GA
NORMA ...
MEIN GOTT, WAS IST DENN PASSIERT?!!
BIN HINGEFALLEN...
BEI DER VERLETZUNG BIST DU NICHT EINFACH HINGEFALLEN!!
SAG MIR DIE WAHRHEIT!!
ES WAR NICHTS...

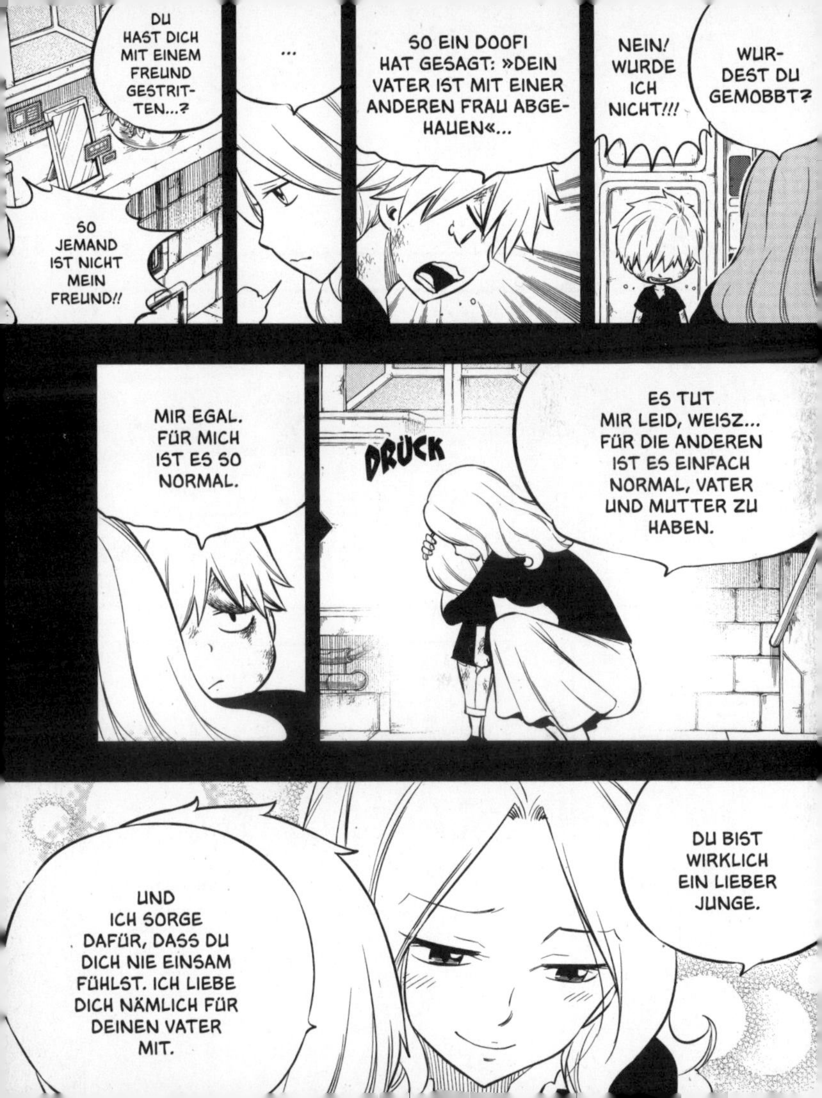

DU HAST DICH MIT EINEM FREUND GESTRITTEN...?
SO JEMAND IST NICHT MEIN FREUND!!
...
SO EIN DOOFI HAT GESAGT: »DEIN VATER IST MIT EINER ANDEREN FRAU ABGEHAUEN«...
WURDEST DU GEMOBBT?
NEIN! WURDE ICH NICHT!!!
MIR EGAL. FÜR MICH IST ES SO NORMAL.
DRÜCK
ES TUT MIR LEID, WEISZ... FÜR DIE ANDEREN IST ES EINFACH NORMAL, VATER UND MUTTER ZU HABEN.
DU BIST WIRKLICH EIN LIEBER JUNGE.
UND ICH SORGE DAFÜR, DASS DU DICH NIE EINSAM FÜHLST. ICH LIEBE DICH NÄMLICH FÜR DEINEN VATER MIT.

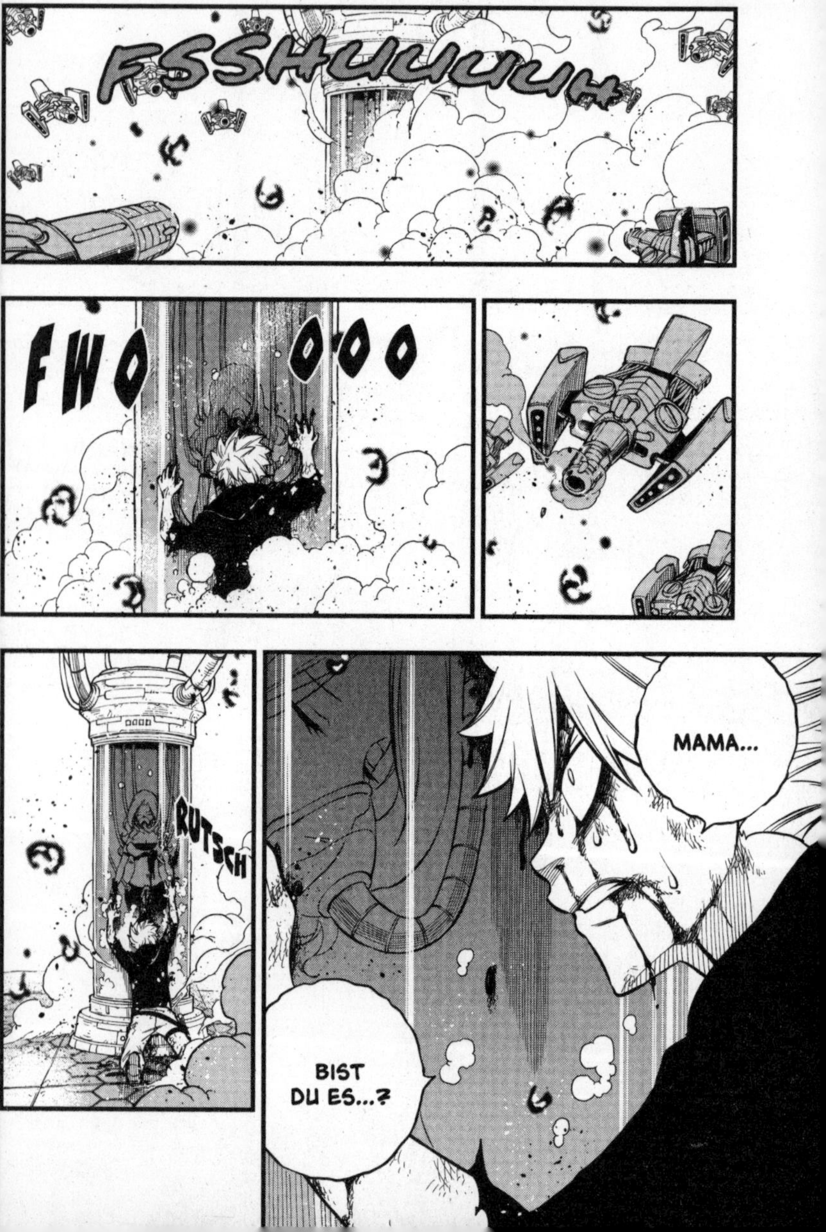
FSSHUUUUH
FWOOOO
RUTSCH
MAMA...
BIST DU ES...?

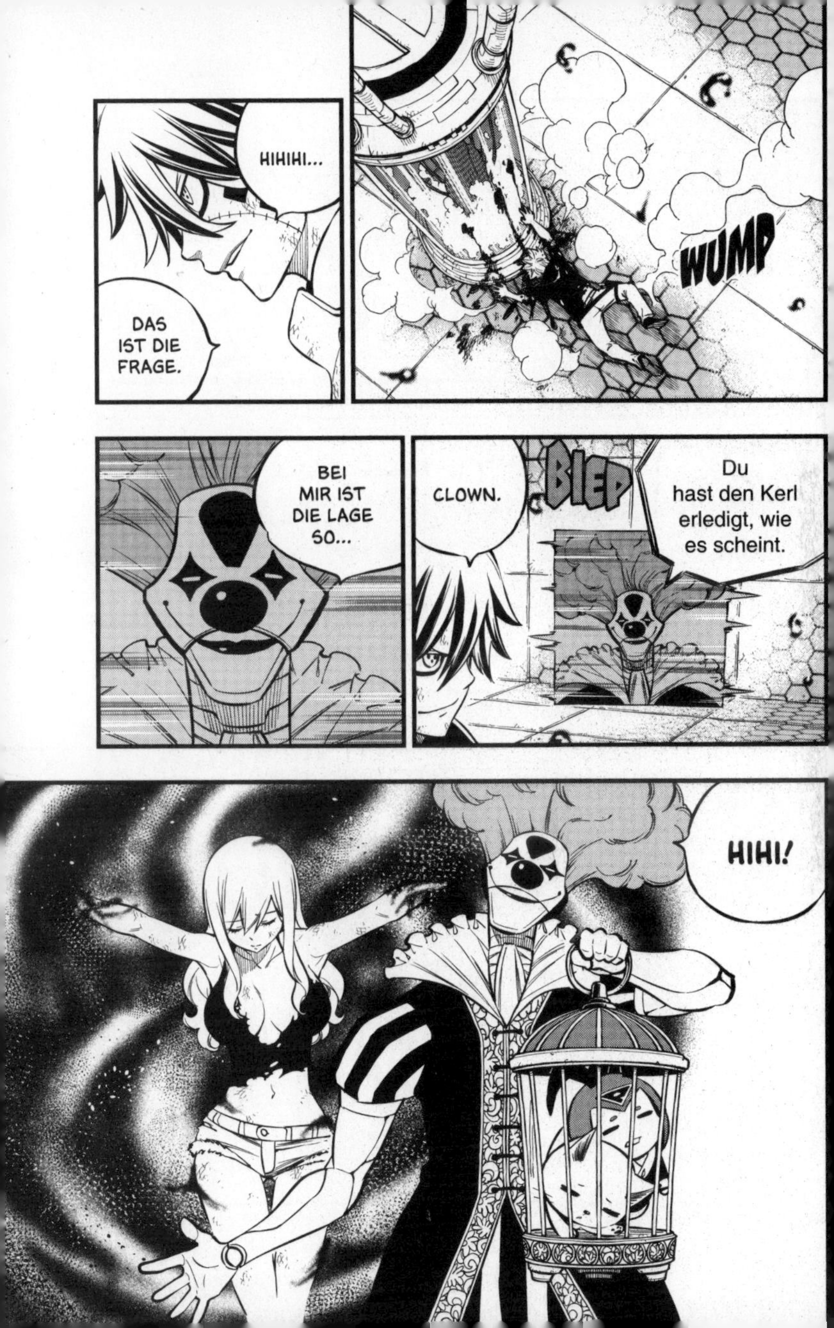
WUMP
HIHIHI...
DAS IST DIE FRAGE.
Du hast den Kerl erledigt, wie es scheint.
BIEP
CLOWN.
BEI MIR IST DIE LAGE SO...
HIHI!

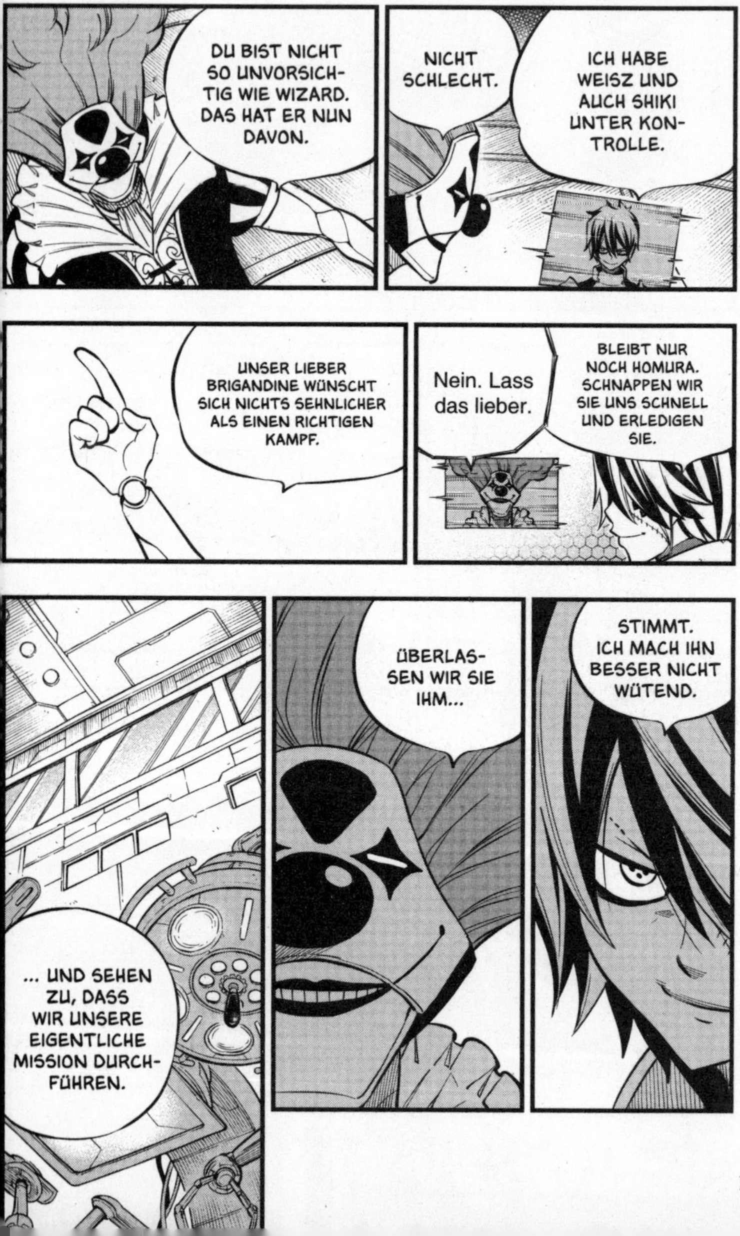
ICH HABE WEISZ UND AUCH SHIKI UNTER KON-TROLLE.
NICHT SCHLECHT.
DU BIST NICHT SO UNVORSICH-TIG WIE WIZARD. DAS HAT ER NUN DAVON.
BLEIBT NUR NOCH HOMURA. SCHNAPPEN WIR SIE UNS SCHNELL UND ERLEDIGEN SIE.
Nein. Lass das lieber.
UNSER LIEBER BRIGANDINE WÜNSCHT SICH NICHTS SEHNLICHER ALS EINEN RICHTIGEN KAMPF.
STIMMT. ICH MACH IHN BESSER NICHT WÜTEND.
ÜBERLAS-SEN WIR SIE IHM...
... UND SEHEN ZU, DASS WIR UNSERE EIGENTLICHE MISSION DURCH-FÜHREN.

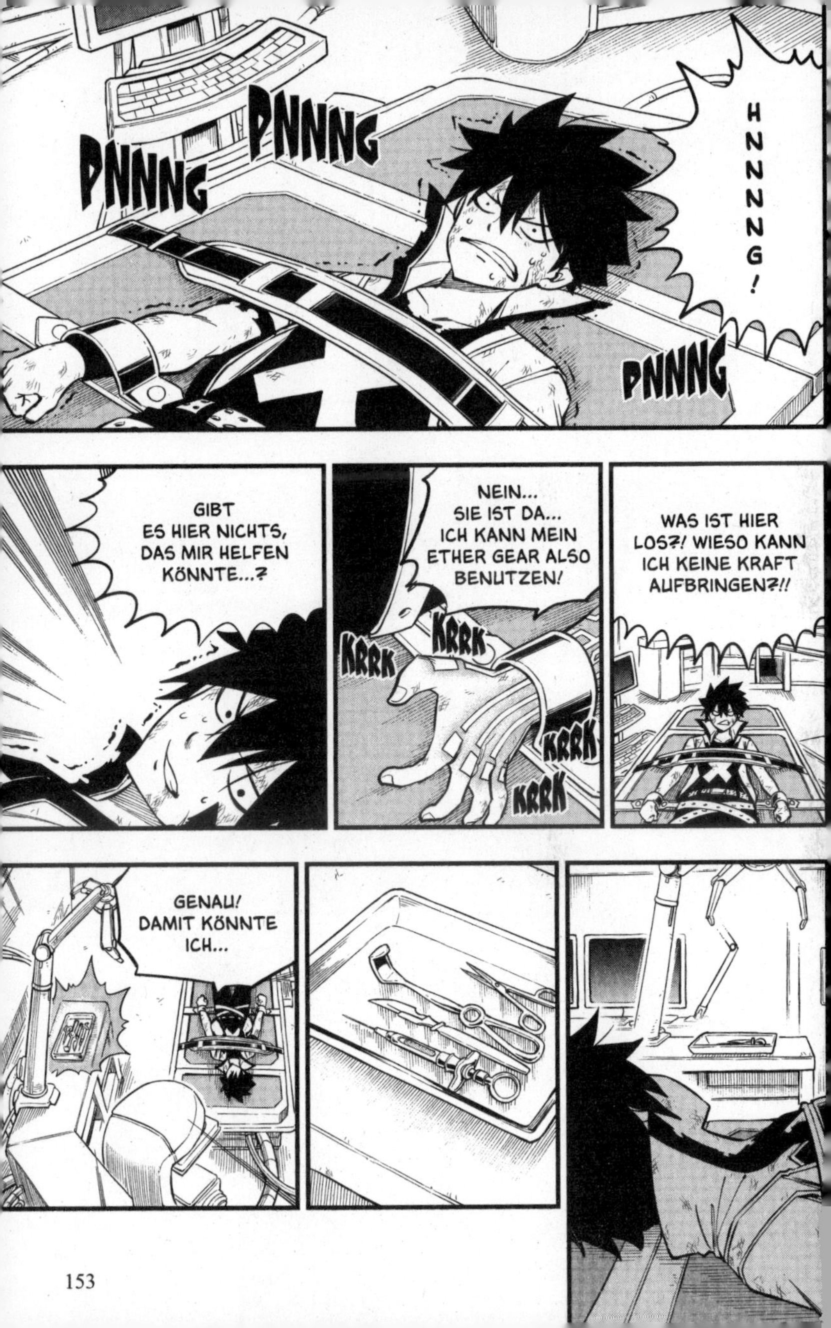
PNNNG
PNNNG
HNNNNG!
PNNNG
WAS IST HIER LOS?! WIESO KANN ICH KEINE KRAFT AUFBRINGEN?!!
NEIN... SIE IST DA... ICH KANN MEIN ETHER GEAR ALSO BENUTZEN!
KRRK
KRRK
KRRK
KRRK
GIBT ES HIER NICHTS, DAS MIR HELFEN KÖNNTE...?
GENAU! DAMIT KÖNNTE ICH...

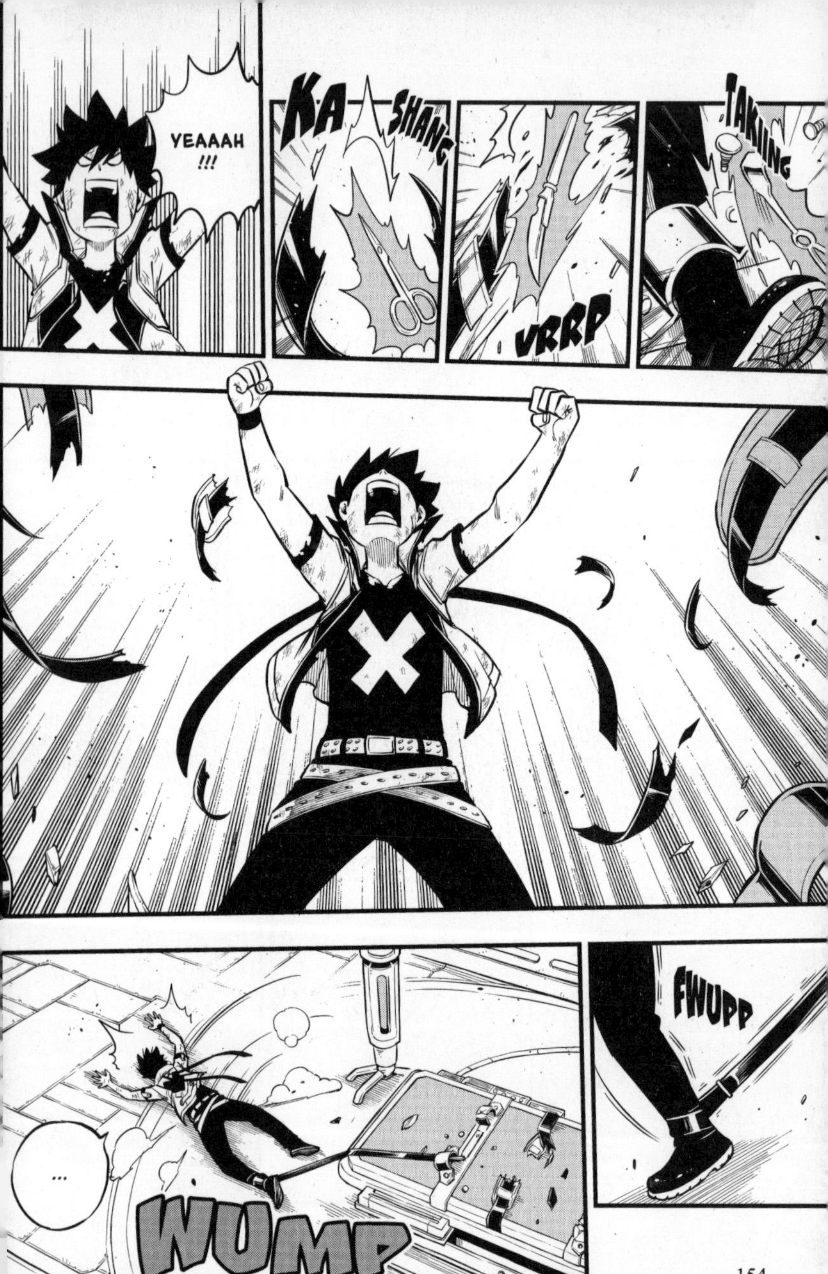
YEAAAH !!!
KA SHANG
VRRP
TAKIIING
WUMP
...
FWUPP

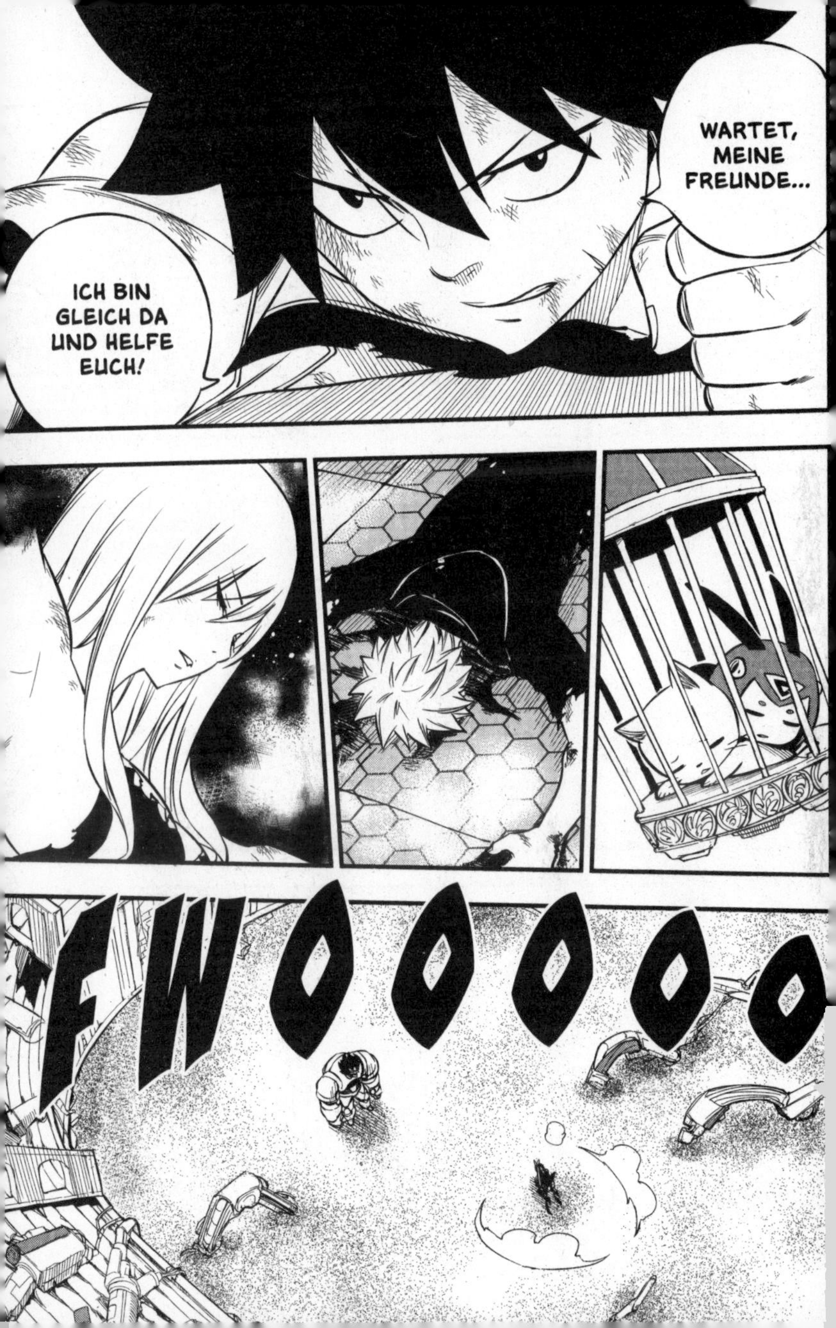
WARTET, MEINE FREUNDE...
ICH BIN GLEICH DA UND HELFE EUCH!
FWOOOOO

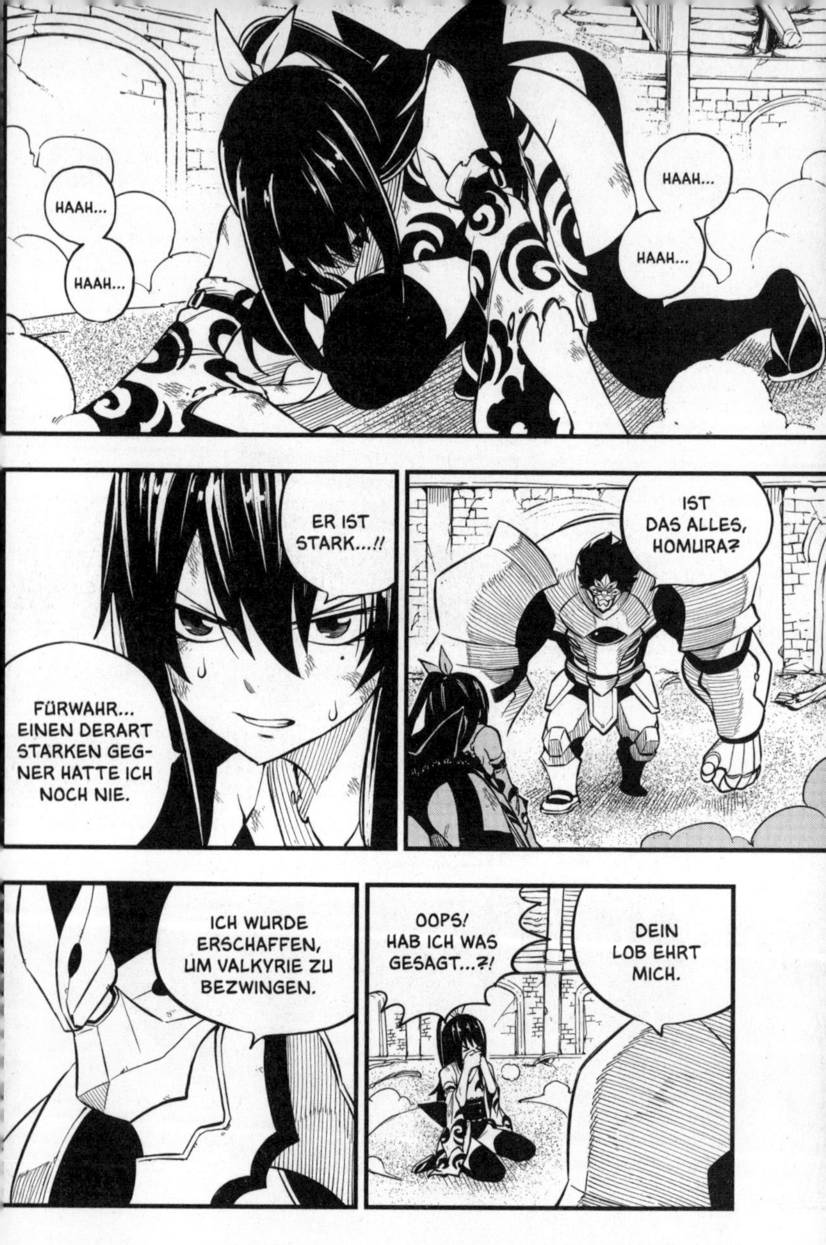
HAAH...
HAAH...
HAAH...
HAAH...
IST DAS ALLES, HOMURA?
ER IST STARK...!!
FÜRWAHR... EINEN DERART STARKEN GEG-NER HATTE ICH NOCH NIE.
DEIN LOB EHRT MICH.
OOPS! HAB ICH WAS GESAGT...?!
ICH WURDE ERSCHAFFEN, UM VALKYRIE ZU BEZWINGEN.

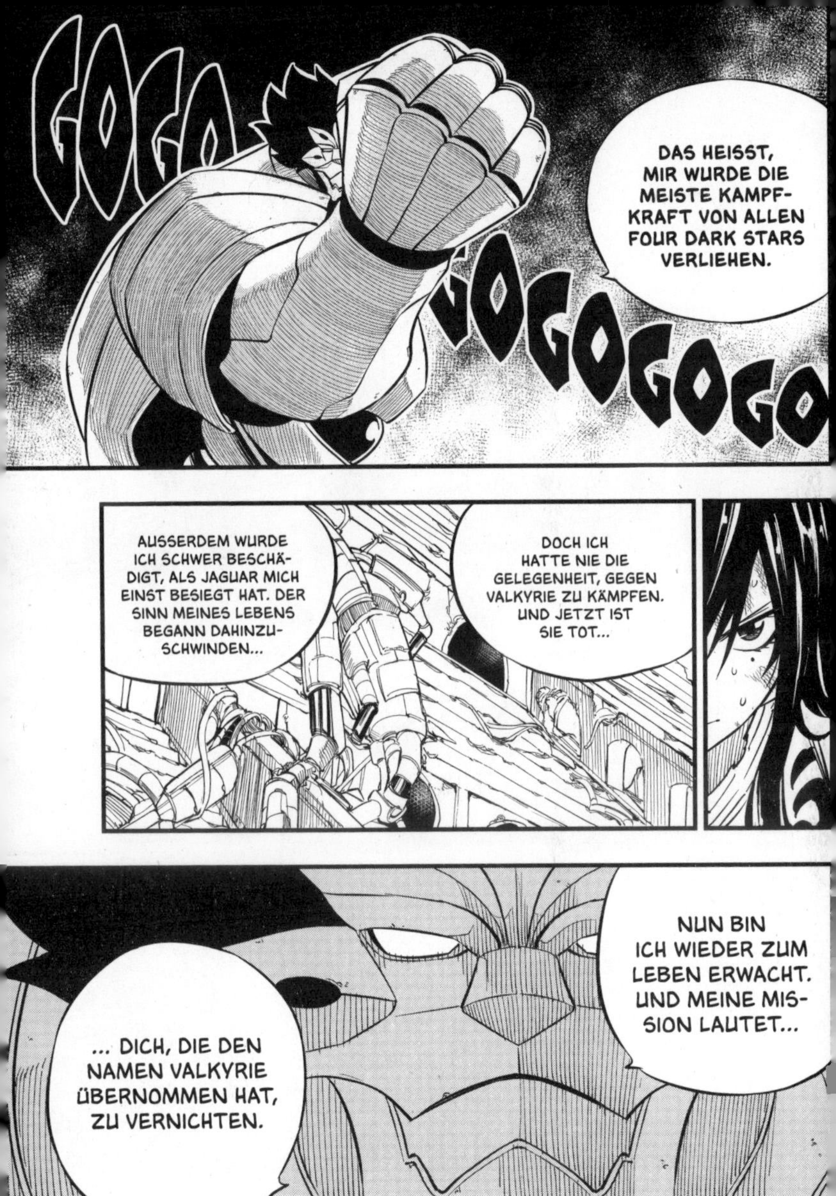
GOGO
GOGOGOGO
DAS HEISST, MIR WURDE DIE MEISTE KAMPF-KRAFT VON ALLEN FOUR DARK STARS VERLIEHEN.
DOCH ICH HATTE NIE DIE GELEGENHEIT, GEGEN VALKYRIE ZU KÄMPFEN. UND JETZT IST SIE TOT...
AUSSERDEM WURDE ICH SCHWER BESCHÄDIGT, ALS JAGUAR MICH EINST BESIEGT HAT. DER SINN MEINES LEBENS BEGANN DAHINZU-SCHWINDEN...
NUN BIN ICH WIEDER ZUM LEBEN ERWACHT. UND MEINE MIS-SION LAUTET...
... DICH, DIE DEN NAMEN VALKYRIE ÜBERNOMMEN HAT, ZU VERNICHTEN.

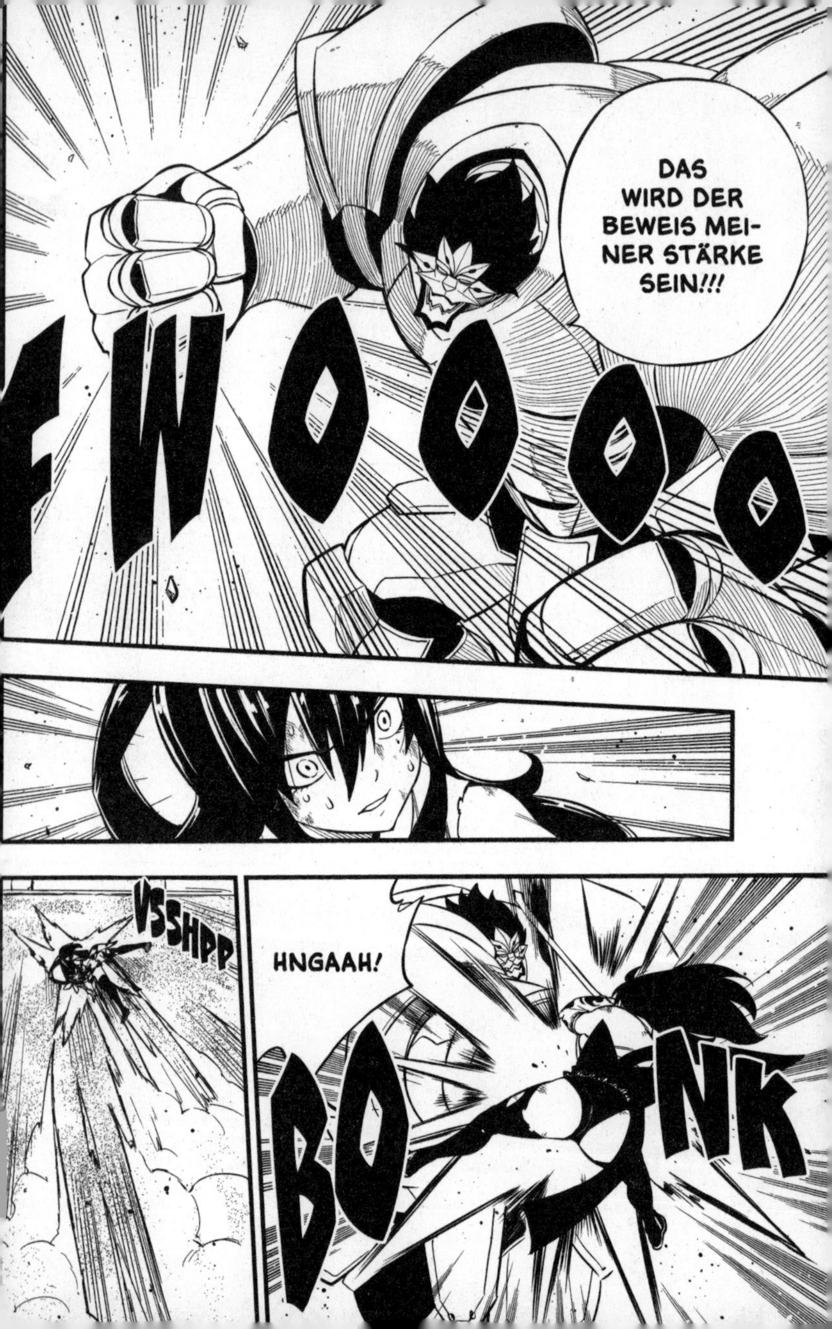
DAS WIRD DER BEWEIS MEINER STÄRKE SEIN!!!
WOOOO
VSSHPP
HNGAAH!
BONK

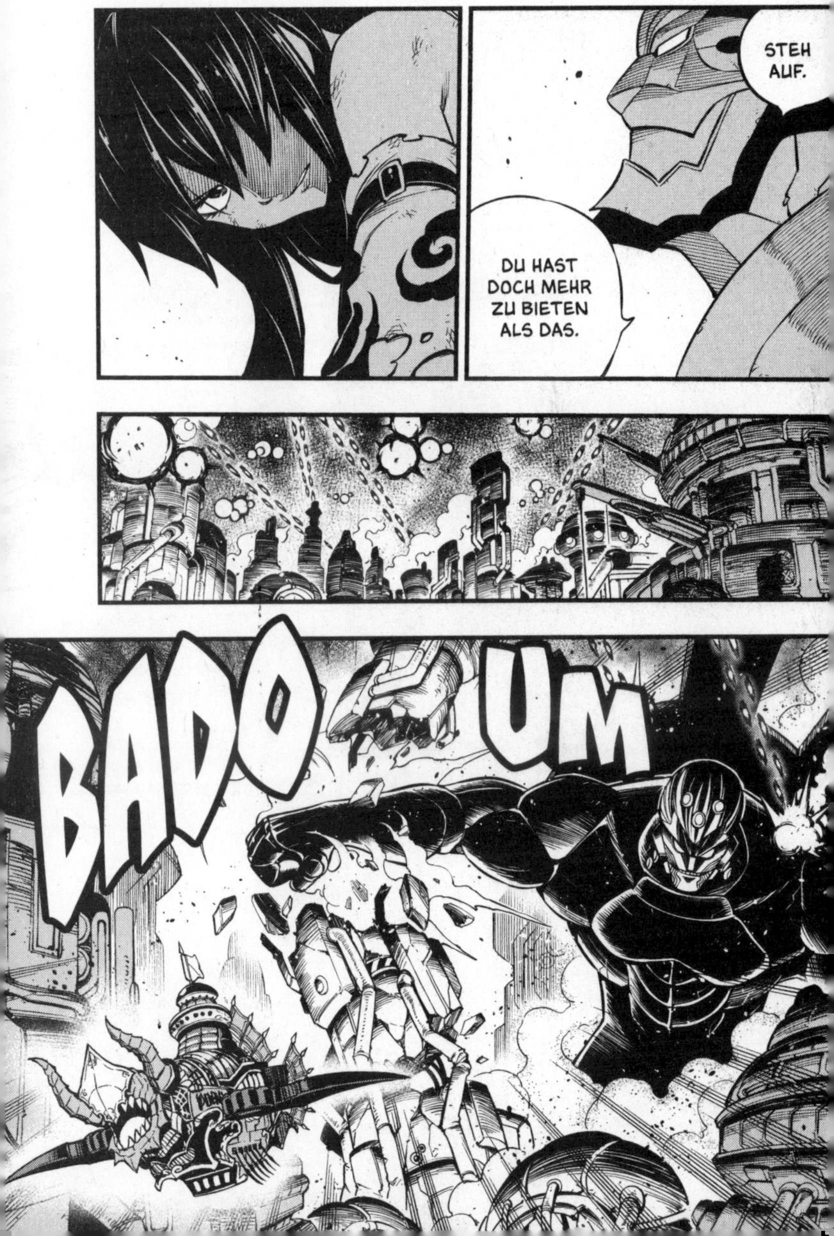
STEH AUF.
DU HAST DOCH MEHR ZU BIETEN ALS DAS.
BADOUM

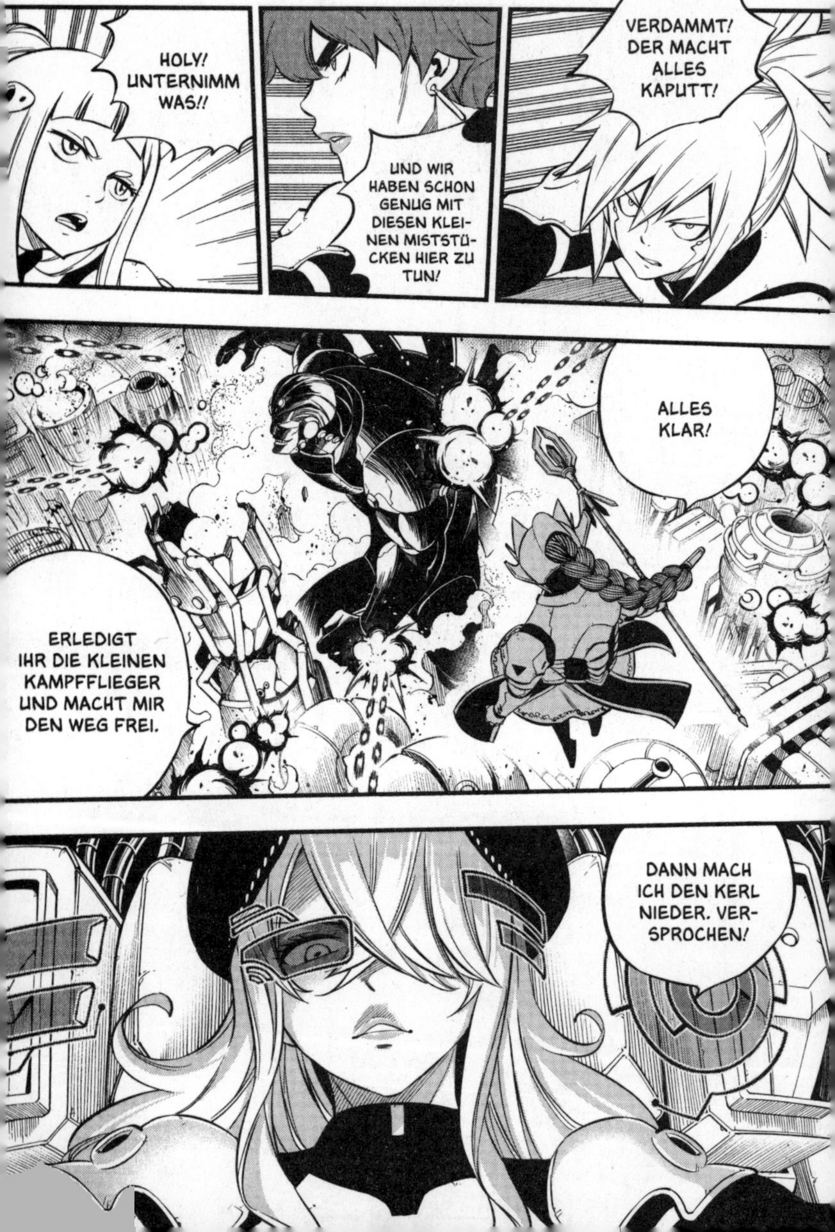
HOLY! UNTERNIMM WAS!!
UND WIR HABEN SCHON GENUG MIT DIESEN KLEI-NEN MISTSTÜ-CKEN HIER ZU TUN!
VERDAMMT! DER MACHT ALLES KAPUTT!
ERLEDIGT IHR DIE KLEINEN KAMPFFLIEGER UND MACHT MIR DEN WEG FREI.
ALLES KLAR!
DANN MACH ICH DEN KERL NIEDER. VER-SPROCHEN!

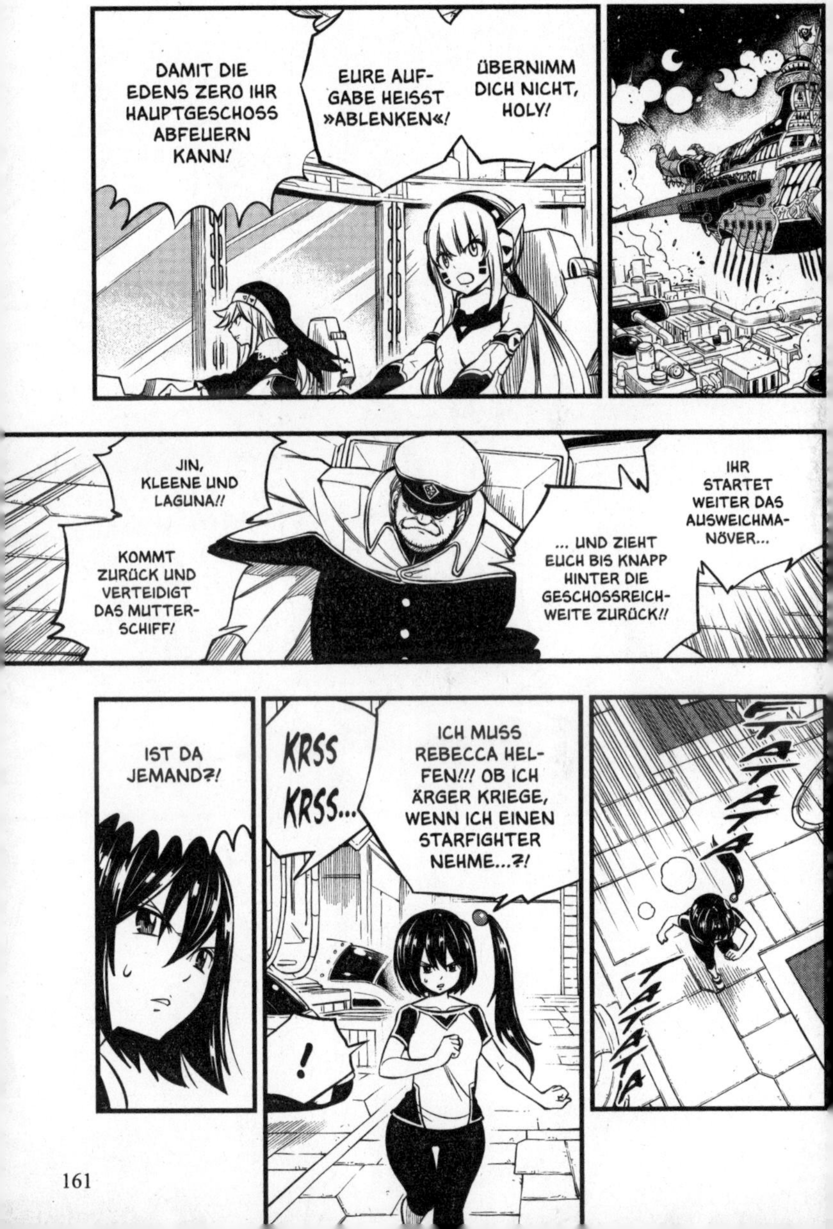
ÜBERNIMM DICH NICHT, HOLY!
EURE AUFGABE HEISST »ABLENKEN«!
DAMIT DIE EDENS ZERO IHR HAUPTGESCHOSS ABFEUERN KANN!
IHR STARTET WEITER DAS AUSWEICHMANÖVER...
... UND ZIEHT EUCH BIS KNAPP HINTER DIE GESCHOSSREICHWEITE ZURÜCK!!
JIN, KLEENE UND LAGUNA!!
KOMMT ZURÜCK UND VERTEIDIGT DAS MUTTERSCHIFF!
ICH MUSS REBECCA HELFEN!!! OB ICH ÄRGER KRIEGE, WENN ICH EINEN STARFIGHTER NEHME...?!
KRSS KRSS...
!
IST DA JEMAND?!

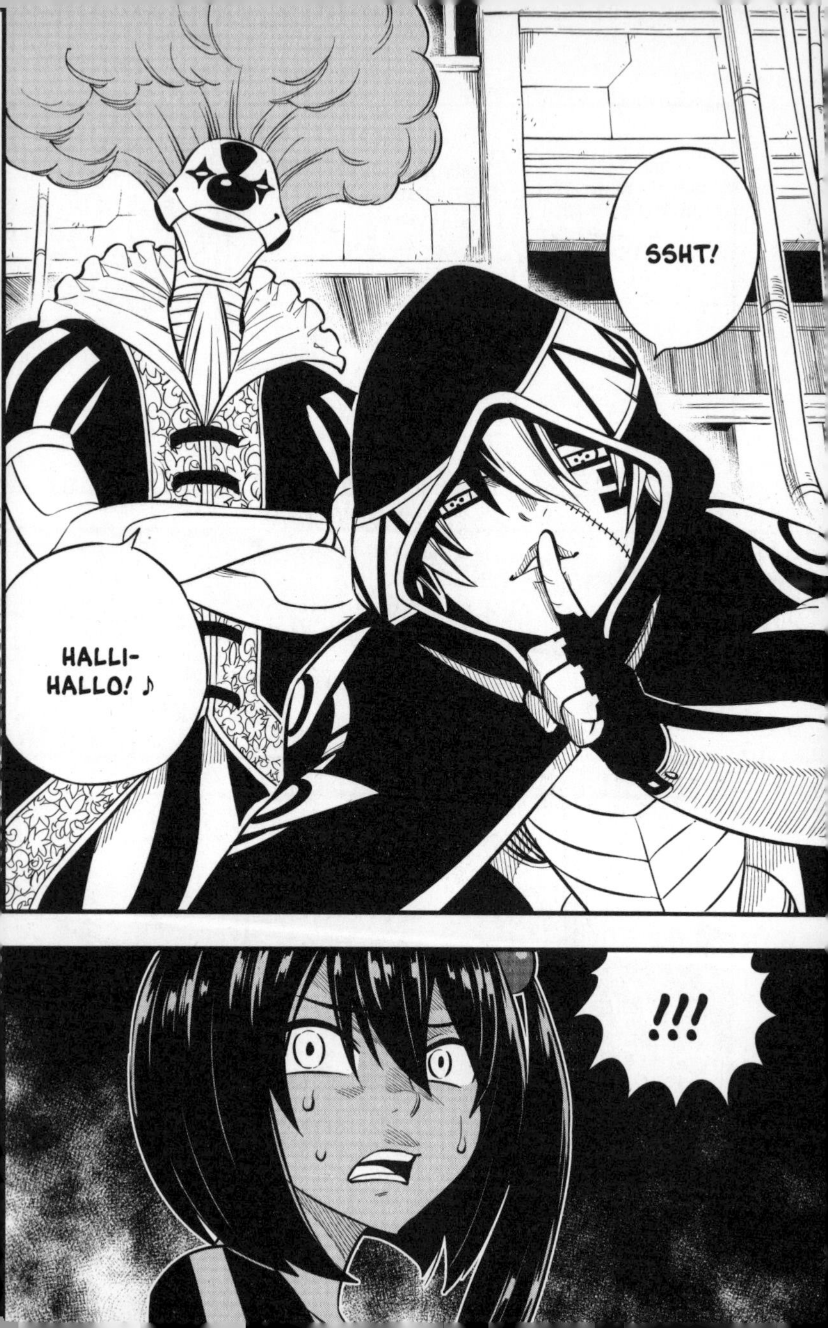
SSHT!
HALLI-HALLO! ♪
!!!

EDENS ZERO

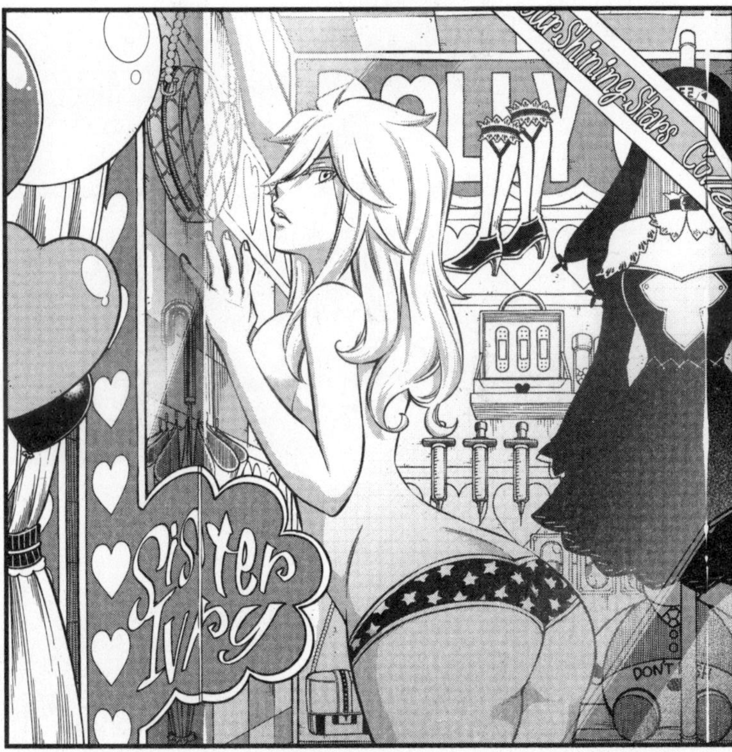

KAPITEL 194: DAS ETHER ALLER DINGE

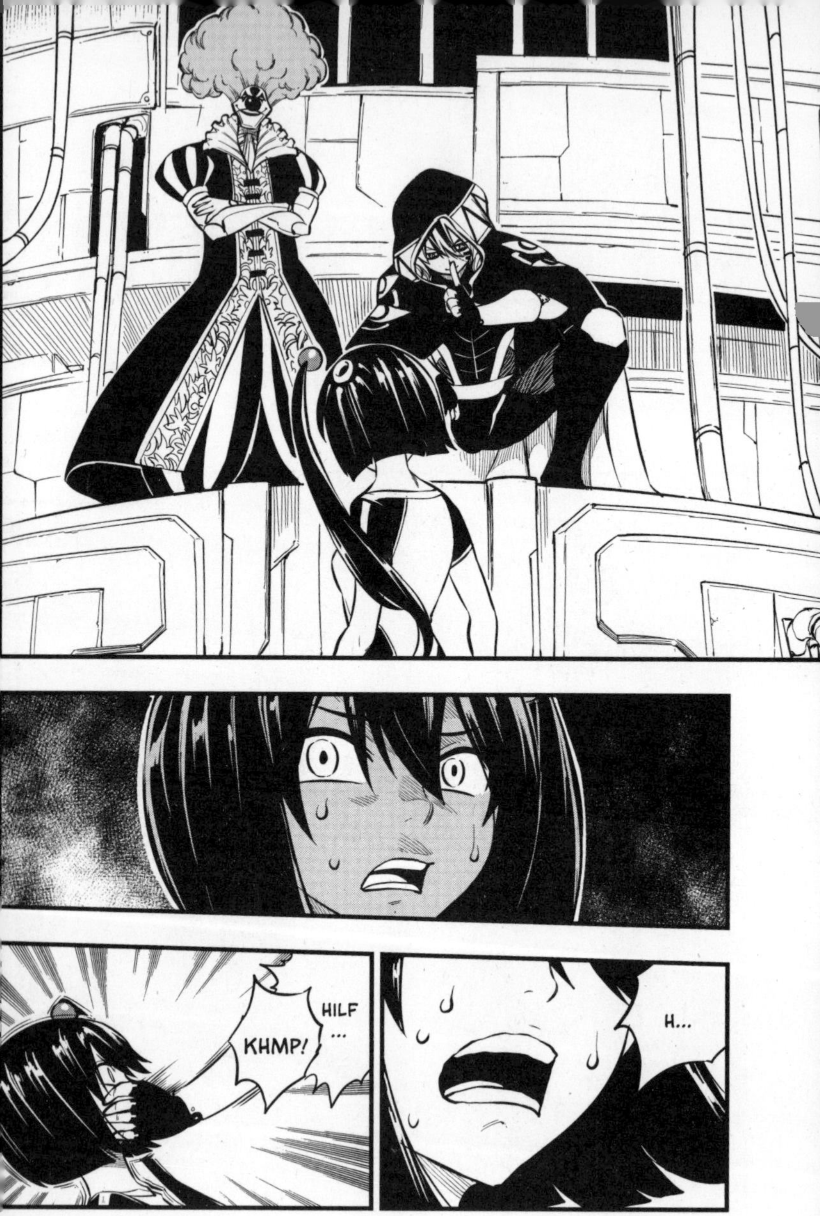
H...
HILF ...
KHMP!

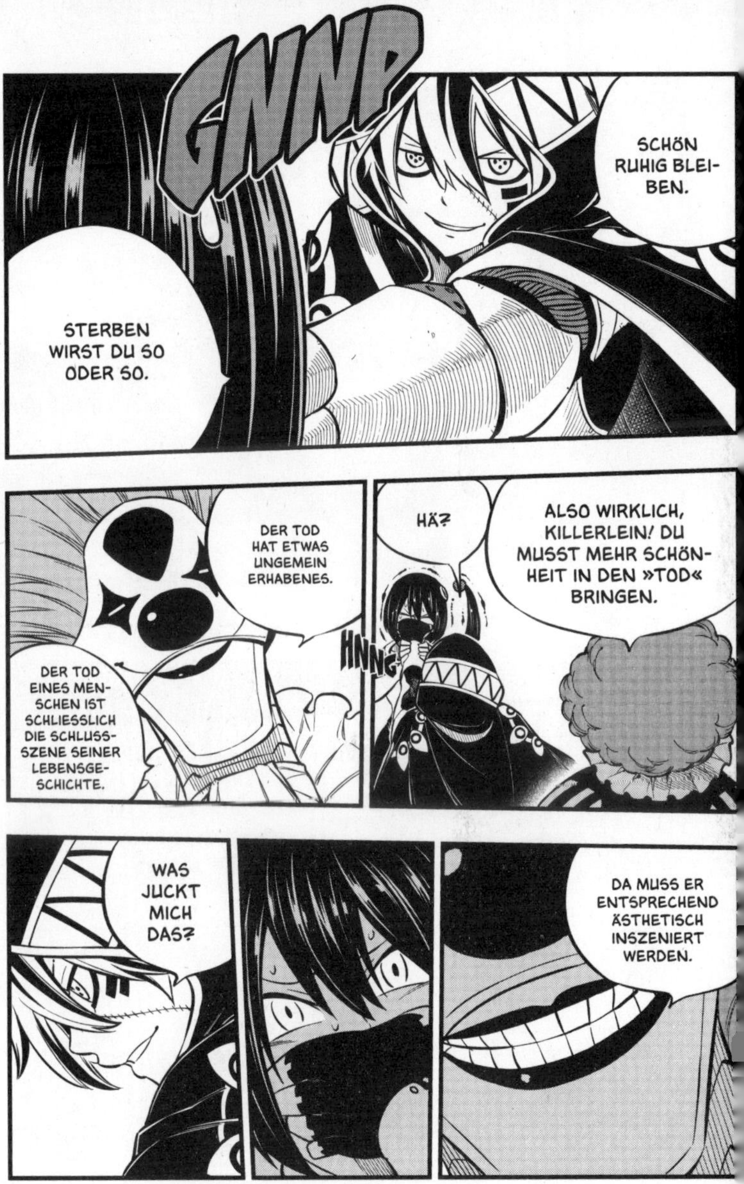
GNNP
SCHÖN RUHIG BLEI- BEN.
STERBEN WIRST DU SO ODER SO.
ALSO WIRKLICH, KILLERLEIN! DU MUSST MEHR SCHÖN- HEIT IN DEN »TOD« BRINGEN.
HÄ?
HNNG
DER TOD HAT ETWAS UNGEMEIN ERHABENES.
DER TOD EINES MEN- SCHEN IST SCHLIESSLICH DIE SCHLUSS- SZENE SEINER LEBENSGE- SCHICHTE.
DA MUSS ER ENTSPRECHEND ÄSTHETISCH INSZENIERT WERDEN.
WAS JUCKT MICH DAS?

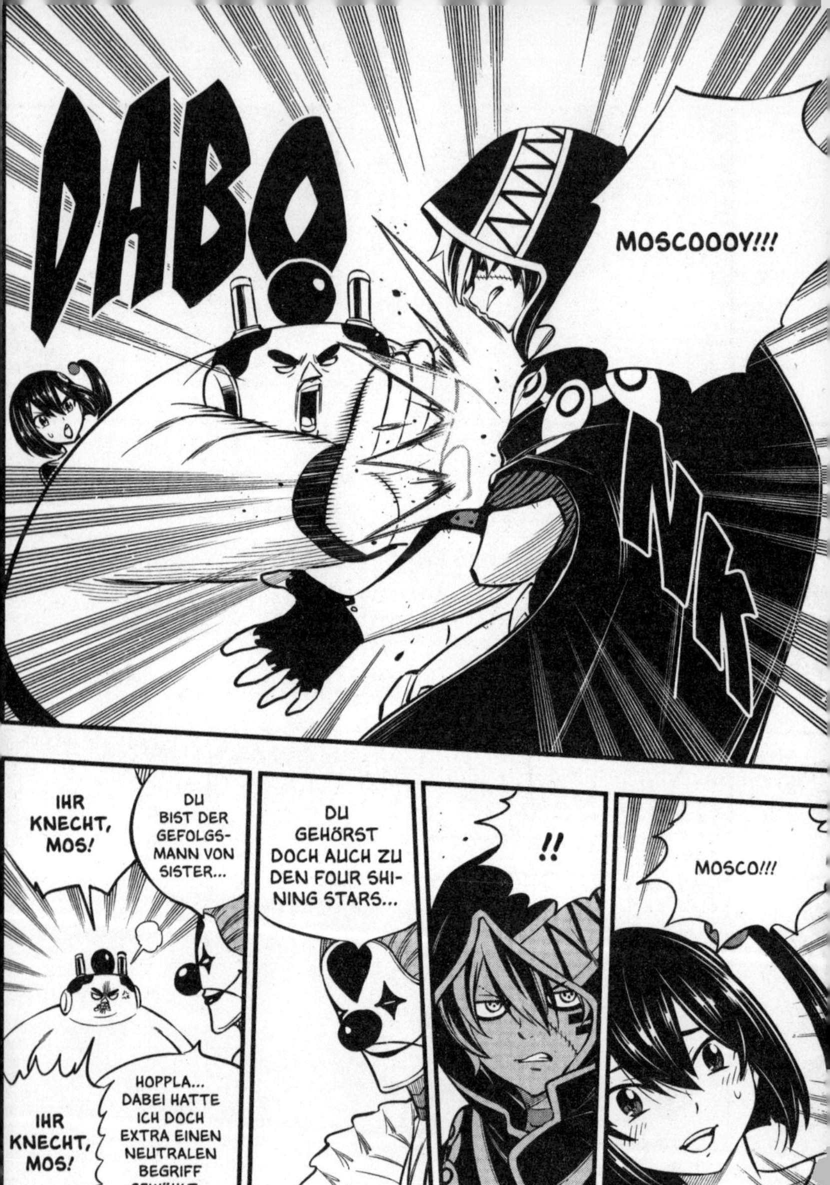
DABO
MOSCOOOY!!!
MOSCO!!!
!!
DU GEHÖRST DOCH AUCH ZU DEN FOUR SHI-NING STARS...
DU BIST DER GEFOLGS-MANN VON SISTER...
IHR KNECHT, MOS!
HOPPLA... DABEI HATTE ICH DOCH EXTRA EINEN NEUTRALEN BEGRIFF GEWÄHLT...
IHR KNECHT, MOS!

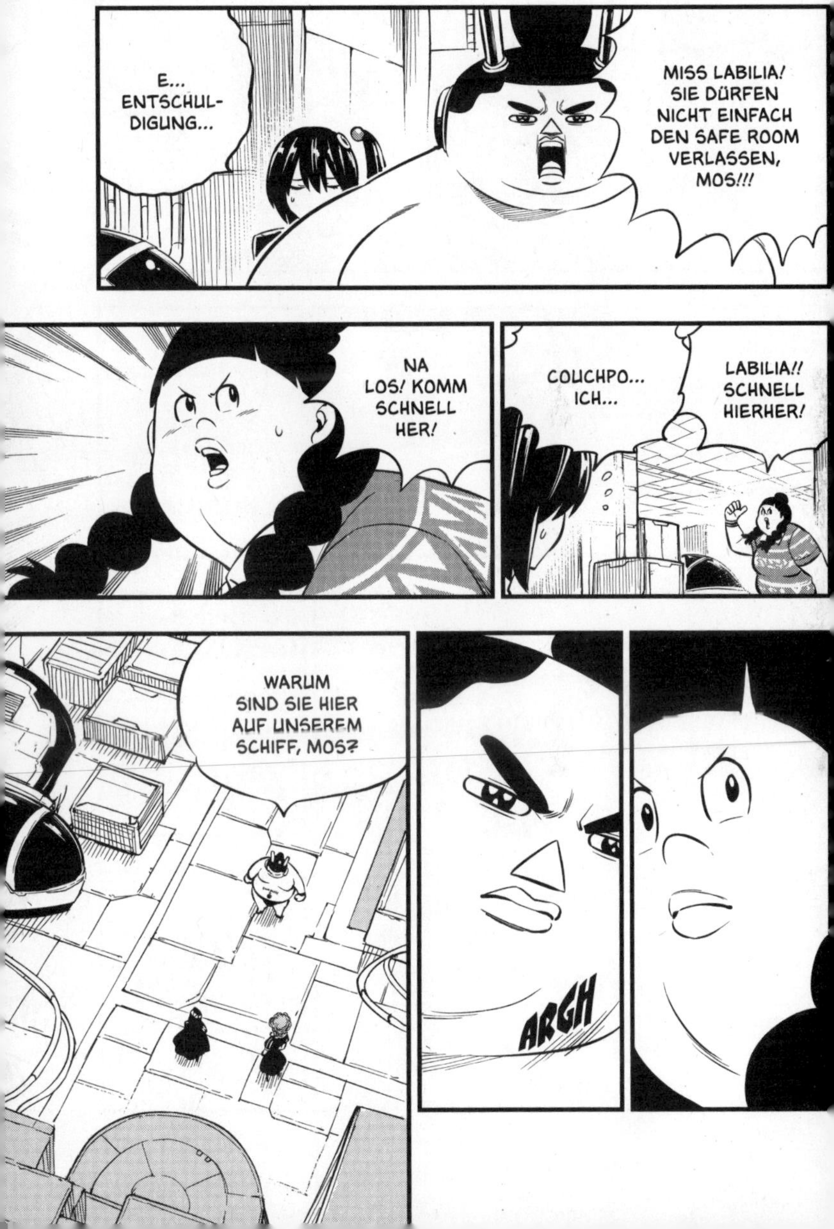
E... ENTSCHUL-DIGUNG...
MISS LABILIA! SIE DÜRFEN NICHT EINFACH DEN SAFE ROOM VERLASSEN, MOS!!!
NA LOS! KOMM SCHNELL HER!
COUCHPO... ICH...
LABILIA!! SCHNELL HIERHER!
WARUM SIND SIE HIER AUF UNSEREM SCHIFF, MOS?
ARGH

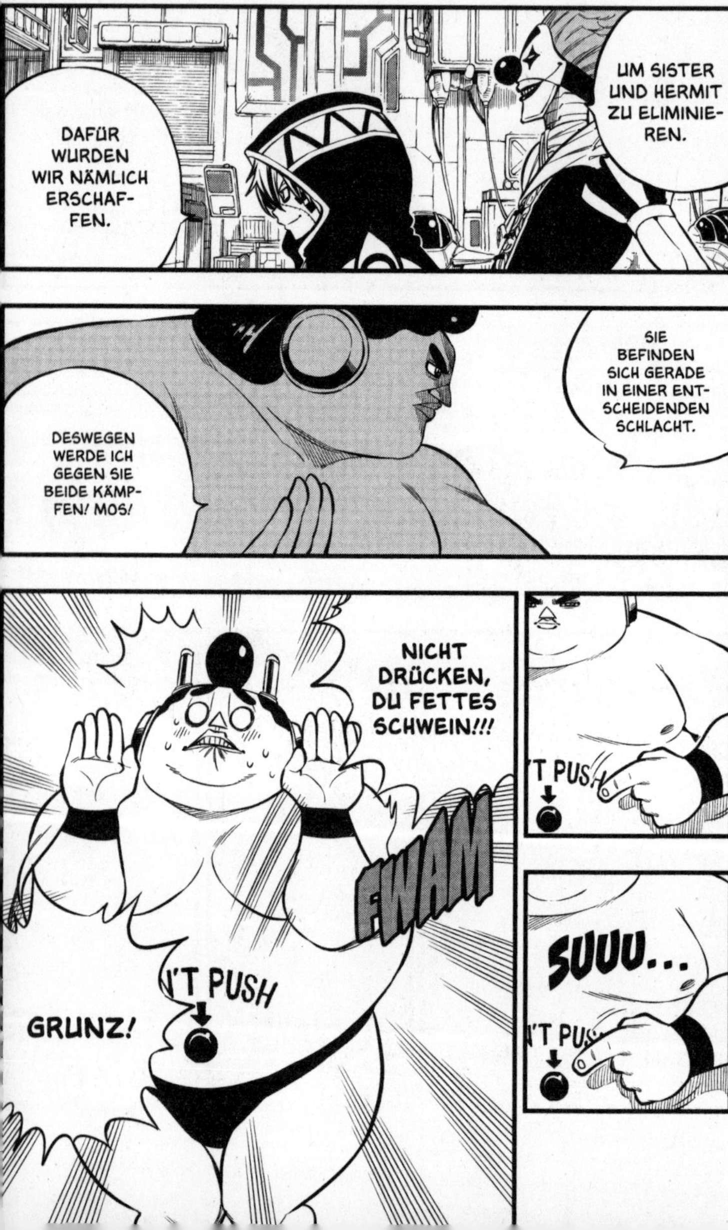
UM SISTER UND HERMIT ZU ELIMINIEREN.
DAFÜR WURDEN WIR NÄMLICH ERSCHAFFEN.
SIE BEFINDEN SICH GERADE IN EINER ENTSCHEIDENDEN SCHLACHT.
DESWEGEN WERDE ICH GEGEN SIE BEIDE KÄMPFEN! MOS!
'T PUSH
SUUU...
'T PUS
NICHT DRÜCKEN, DU FETTES SCHWEIN!!!
FWAM
'T PUSH
GRUNZ!

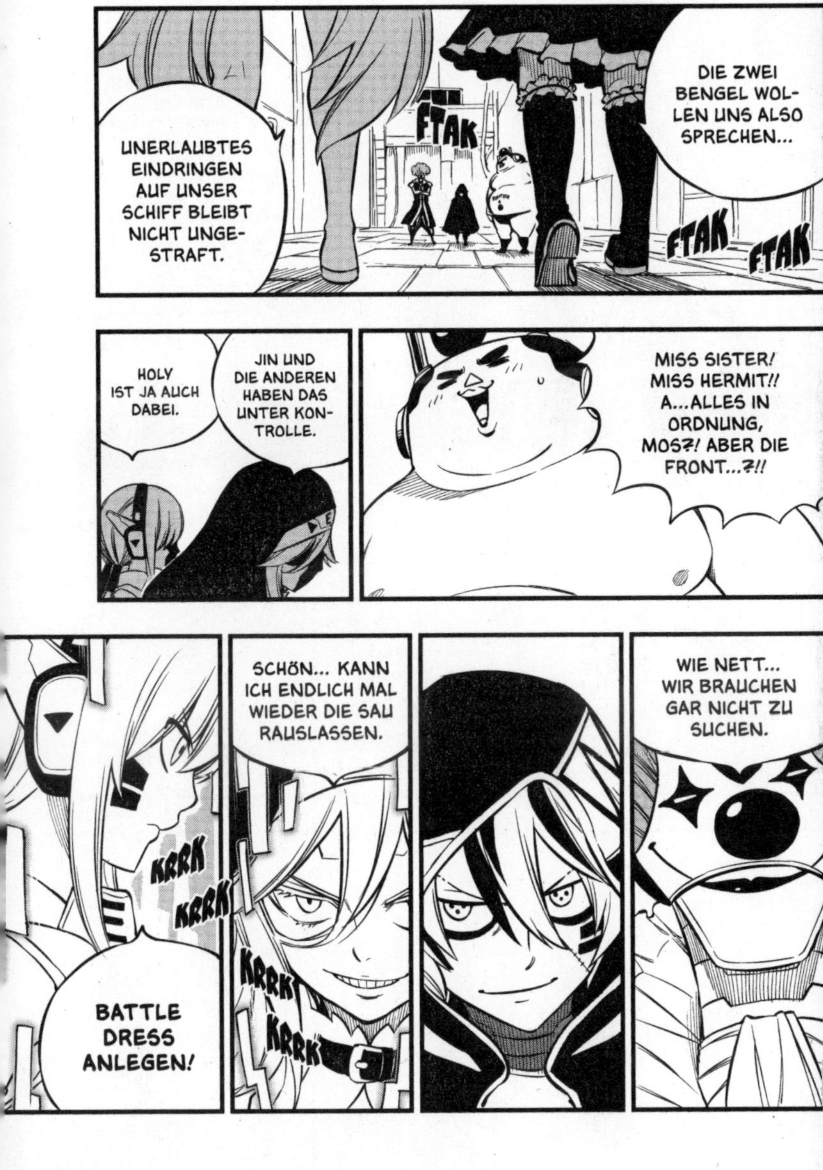
DIE ZWEI BENGEL WOLLEN UNS ALSO SPRECHEN...
FTAK
FTAK FTAK
UNERLAUBTES EINDRINGEN AUF UNSER SCHIFF BLEIBT NICHT UNGESTRAFT.
MISS SISTER! MISS HERMIT!! A...ALLES IN ORDNUNG, MOS?! ABER DIE FRONT...?!!
JIN UND DIE ANDEREN HABEN DAS UNTER KONTROLLE.
HOLY IST JA AUCH DABEI.
WIE NETT... WIR BRAUCHEN GAR NICHT ZU SUCHEN.
SCHÖN... KANN ICH ENDLICH MAL WIEDER DIE SAU RAUSLASSEN.
KRRK KRRK
KRRK KRRK
BATTLE DRESS ANLEGEN!

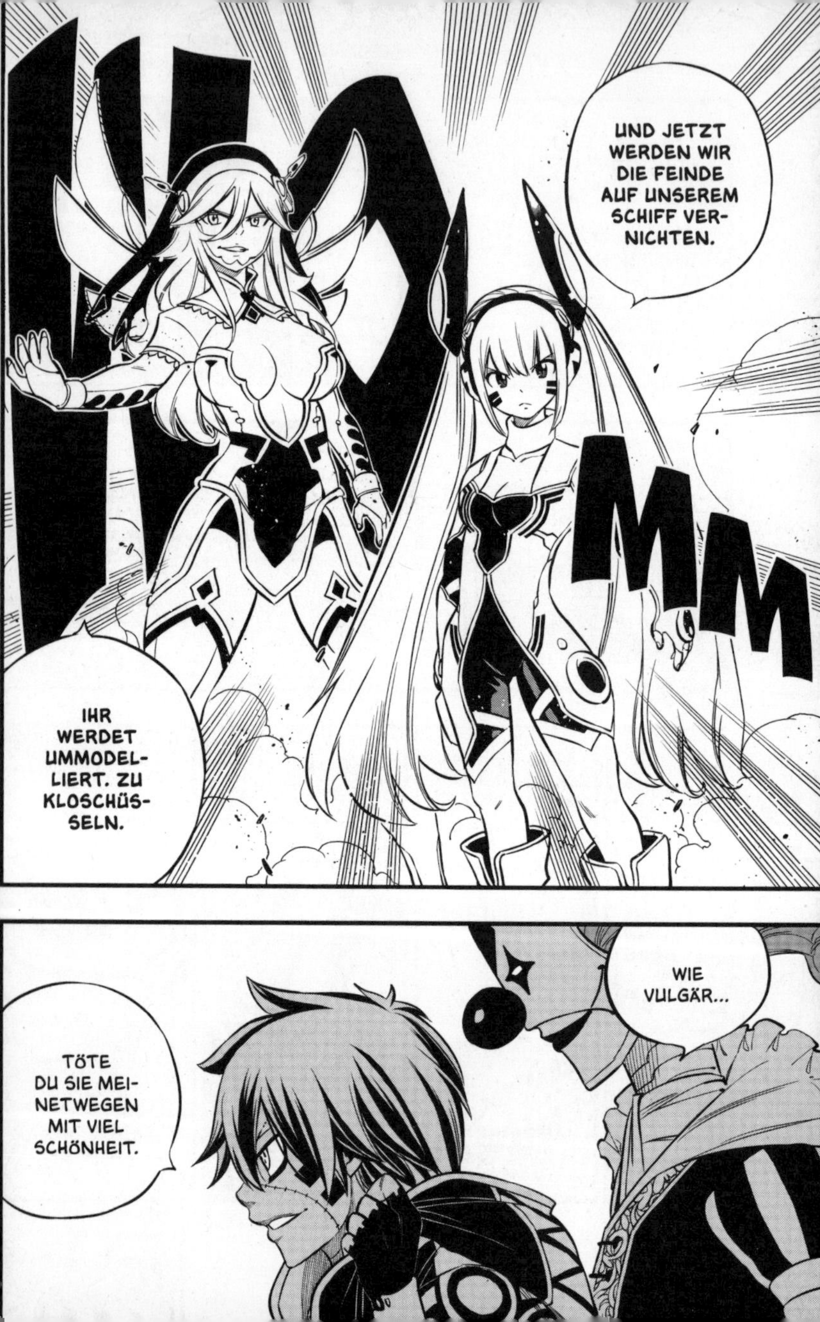
UND JETZT WERDEN WIR DIE FEINDE AUF UNSEREM SCHIFF VERNICHTEN.
MM
IHR WERDET UMMODELLIERT. ZU KLOSCHÜSSELN.
WIE VULGÄR...
TÖTE DU SIE MEINETWEGEN MIT VIEL SCHÖNHEIT.

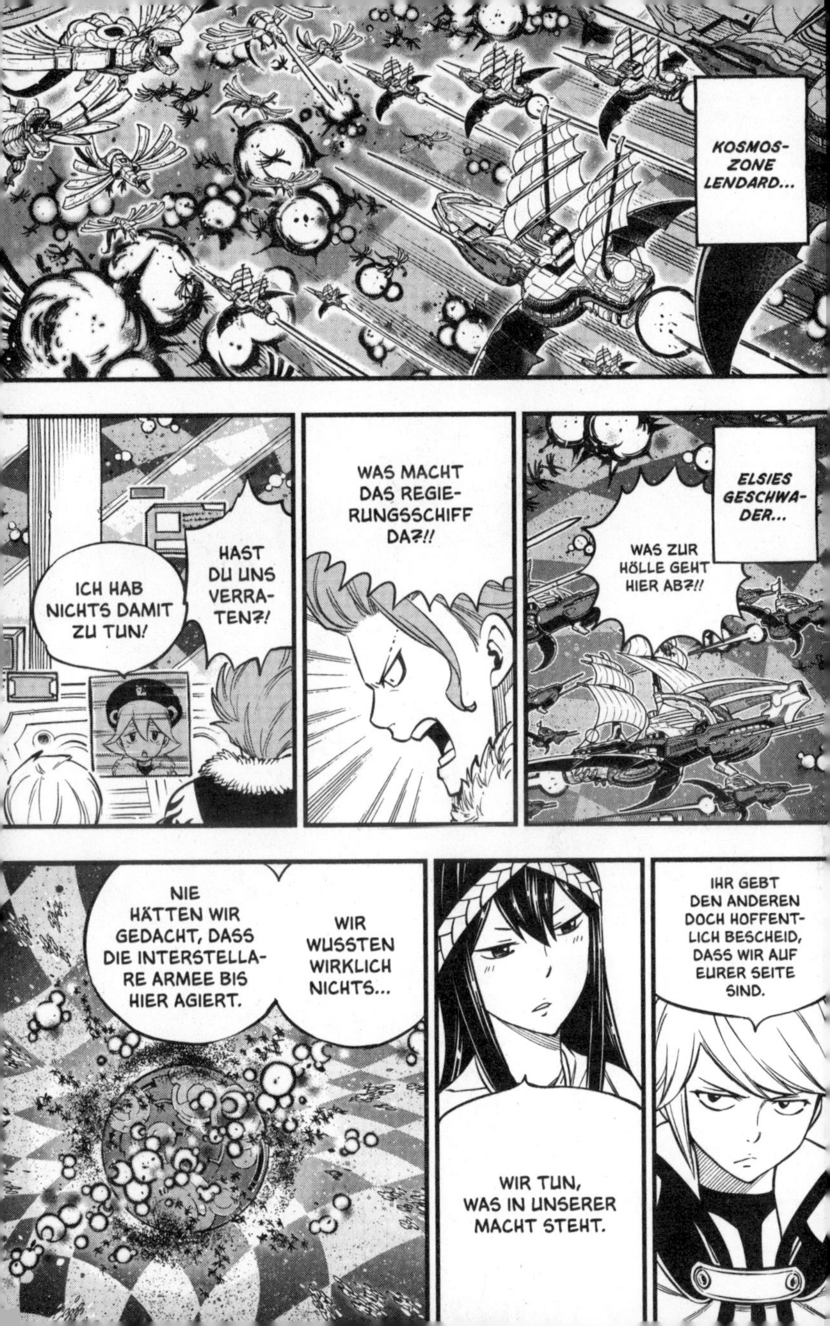
KOSMOS-ZONE LENDARD...
ELSIES GESCHWADER...
WAS ZUR HÖLLE GEHT HIER AB?!!
WAS MACHT DAS REGIERUNGSSCHIFF DA?!!
HAST DU UNS VERRATEN?!
ICH HAB NICHTS DAMIT ZU TUN!
IHR GEBT DEN ANDEREN DOCH HOFFENTLICH BESCHEID, DASS WIR AUF EURER SEITE SIND.
WIR TUN, WAS IN UNSERER MACHT STEHT.
WIR WUSSTEN WIRKLICH NICHTS...
NIE HÄTTEN WIR GEDACHT, DASS DIE INTERSTELLARE ARMEE BIS HIER AGIERT.

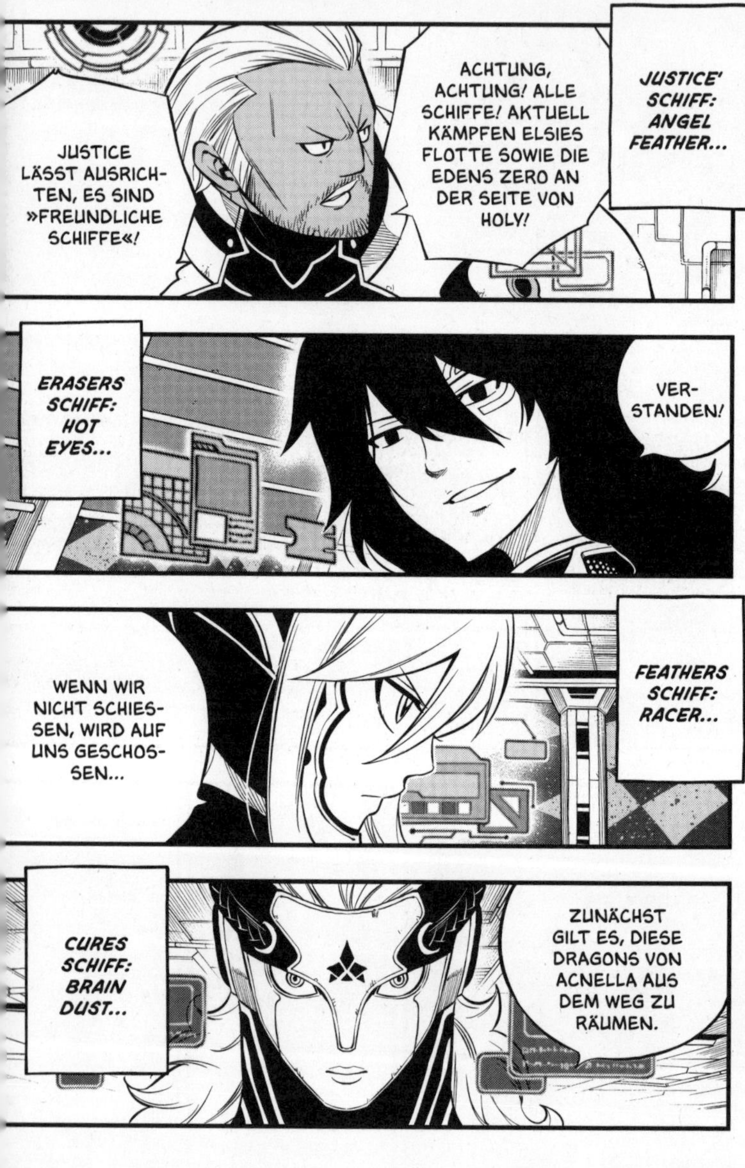
Justice' Schiff: Angel Feather...
Achtung, Achtung! Alle Schiffe! Aktuell kämpfen Elsies Flotte sowie die Edens Zero an der Seite von Holy!
Justice lässt ausrichten, es sind »freundliche Schiffe«!
Erasers Schiff: Hot Eyes...
Ver-standen!
Feathers Schiff: Racer...
Wenn wir nicht schies-sen, wird auf uns geschos-sen...
Cures Schiff: Brain Dust...
Zunächst gilt es, diese Dragons von Acnella aus dem Weg zu räumen.

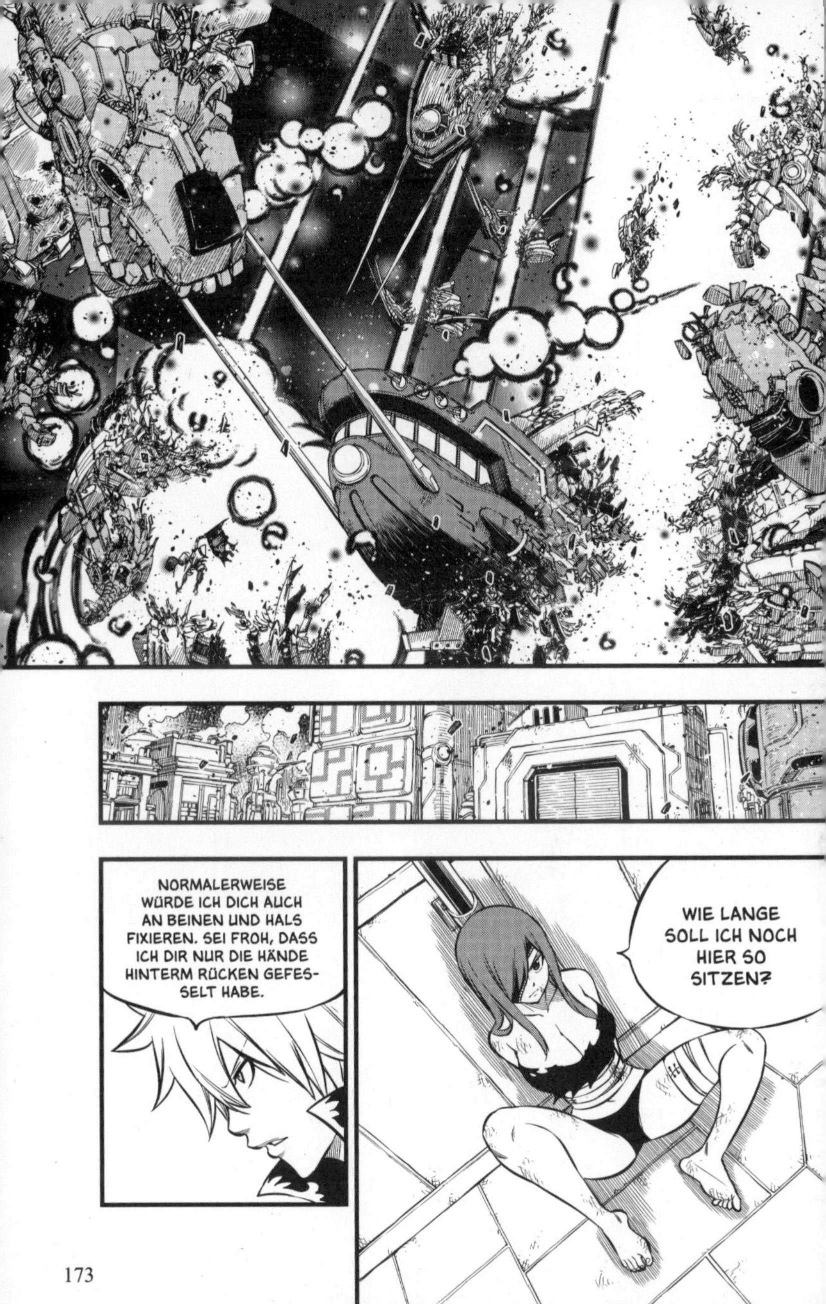
WIE LANGE SOLL ICH NOCH HIER SO SITZEN?
NORMALERWEISE WÜRDE ICH DICH AUCH AN BEINEN UND HALS FIXIEREN. SEI FROH, DASS ICH DIR NUR DIE HÄNDE HINTERM RÜCKEN GEFES-SELT HABE.

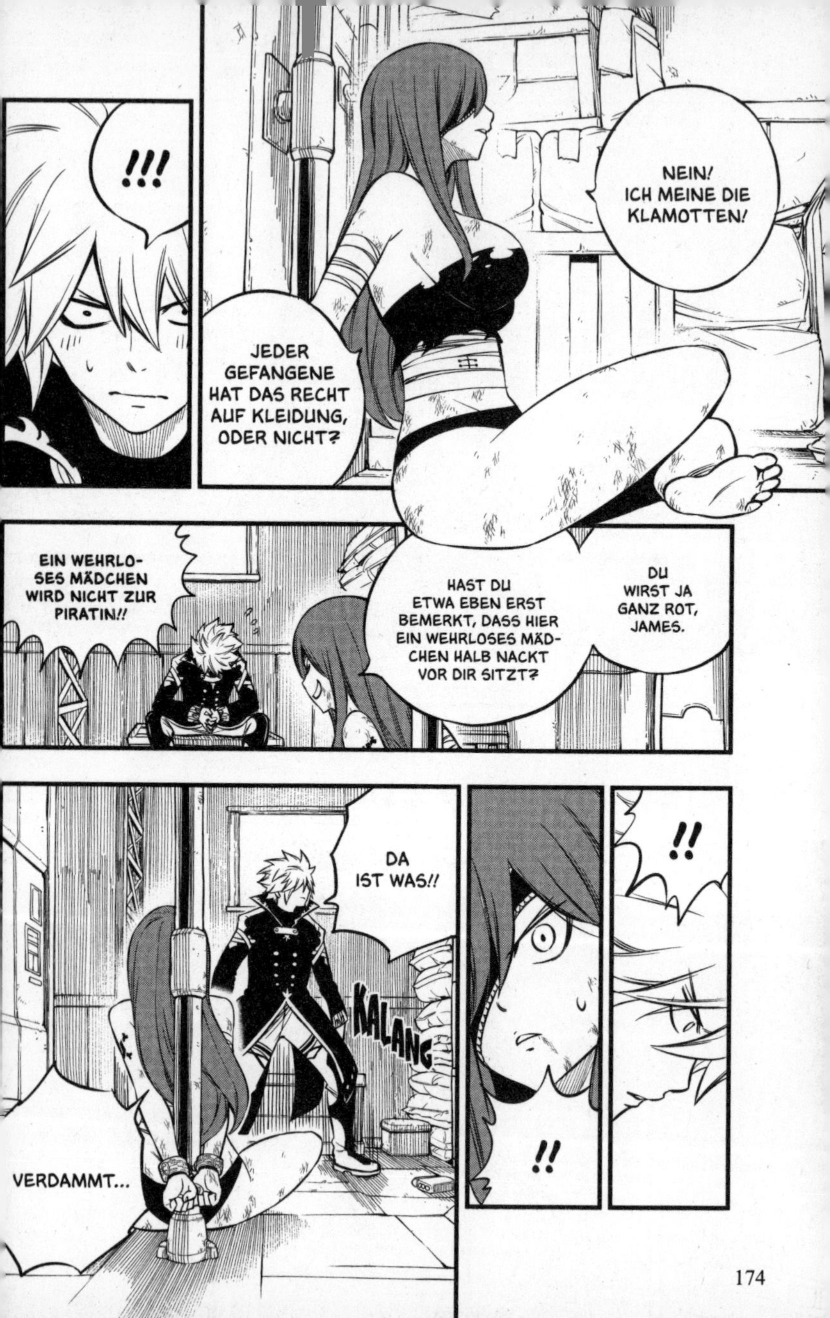
NEIN! ICH MEINE DIE KLAMOTTEN!
JEDER GEFANGENE HAT DAS RECHT AUF KLEIDUNG, ODER NICHT?
!!!
DU WIRST JA GANZ ROT, JAMES.
HAST DU ETWA EBEN ERST BEMERKT, DASS HIER EIN WEHRLOSES MÄDCHEN HALB NACKT VOR DIR SITZT?
EIN WEHRLOSES MÄDCHEN WIRD NICHT ZUR PIRATIN!!
!!
!!
DA IST WAS!!
KALANG
VERDAMMT...

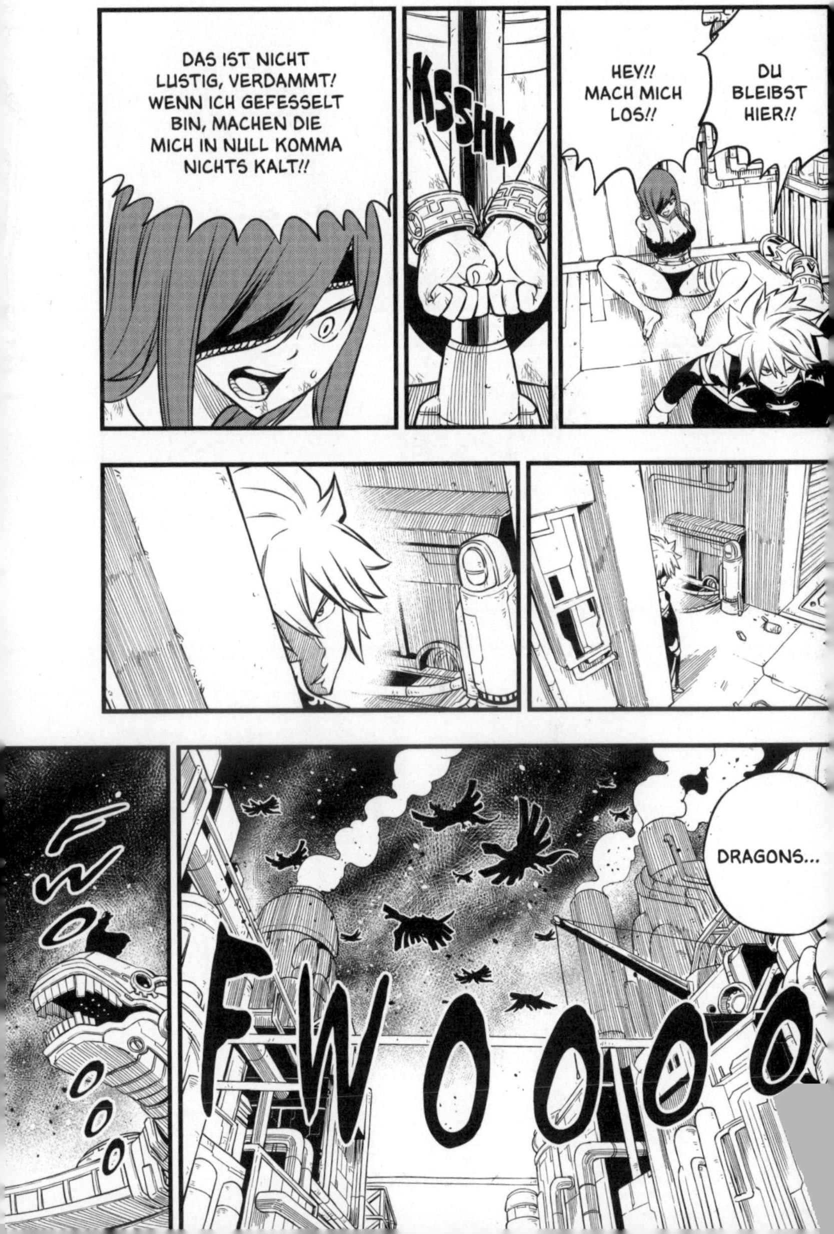
DU BLEIBST HIER!!
HEY!! MACH MICH LOS!!
KSSHK
DAS IST NICHT LUSTIG, VERDAMMT! WENN ICH GEFESSELT BIN, MACHEN DIE MICH IN NULL KOMMA NICHTS KALT!!
DRAGONS...
FWOOOOO
FWOOOOO

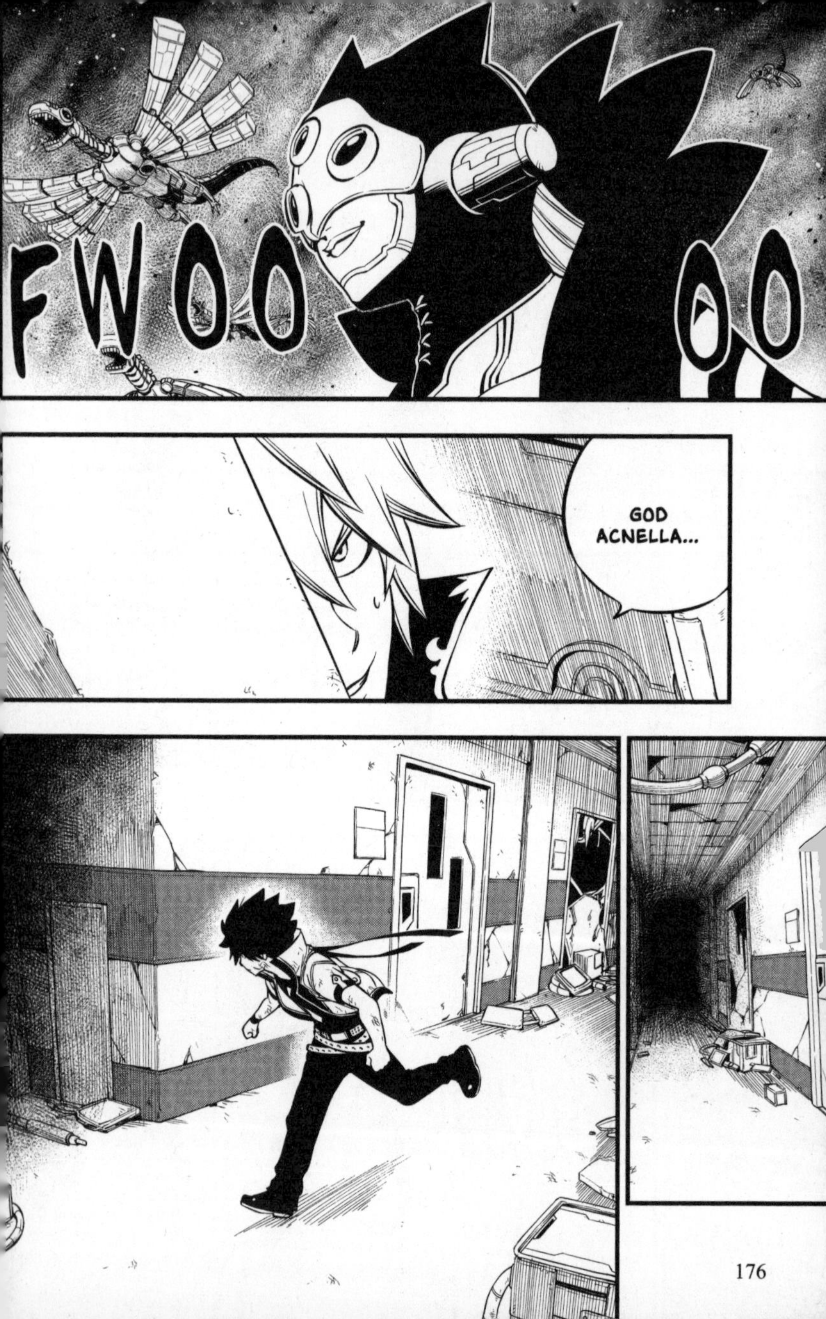
FWOOOO
GOD ACNELLA...

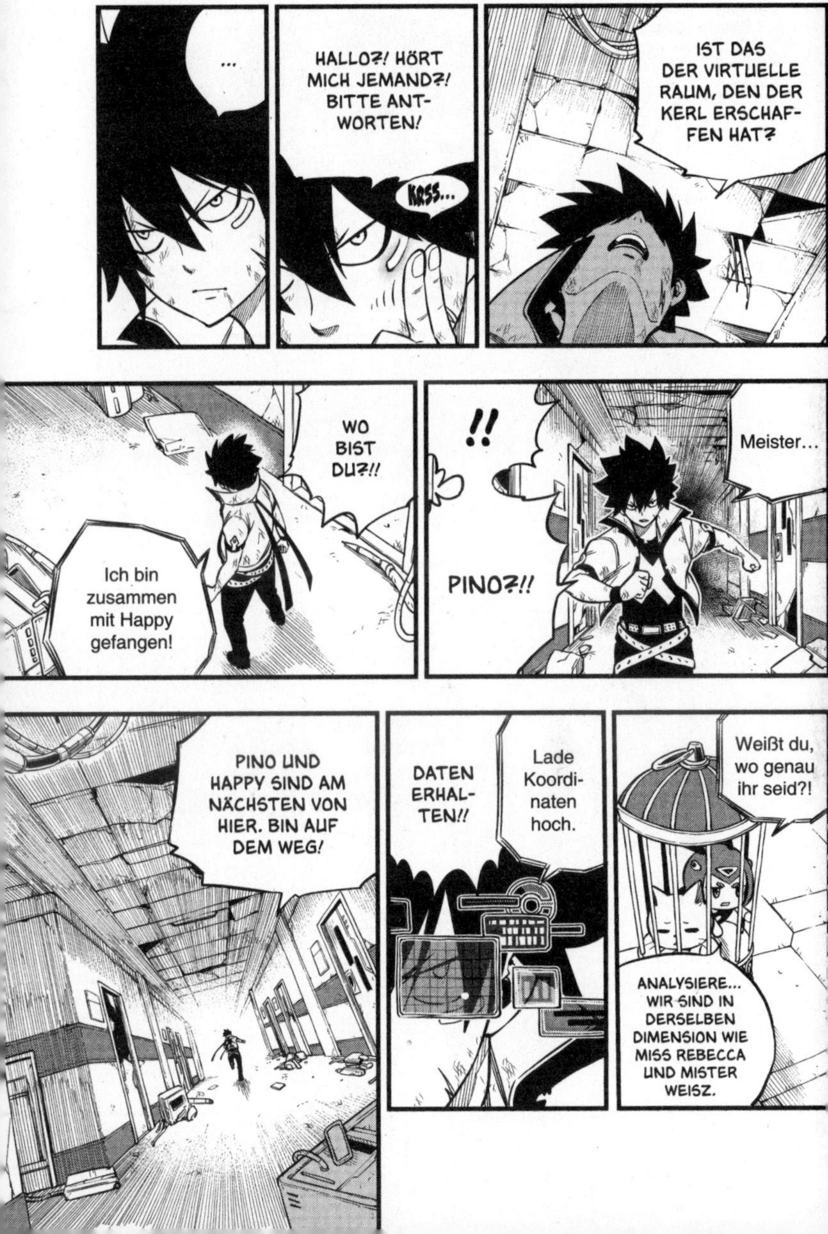
IST DAS DER VIRTUELLE RAUM, DEN DER KERL ERSCHAFFEN HAT?
HALLO?! HÖRT MICH JEMAND?! BITTE ANTWORTEN!
KRSS...
...
Meister...
PINO?!!
!!
WO BIST DU?!!
Ich bin zusammen mit Happy gefangen!
Weißt du, wo genau ihr seid?!
ANALYSIERE... WIR SIND IN DERSELBEN DIMENSION WIE MISS REBECCA UND MISTER WEISZ.
Lade Koordinaten hoch.
DATEN ERHALTEN!!
PINO UND HAPPY SIND AM NÄCHSTEN VON HIER. BIN AUF DEM WEG!

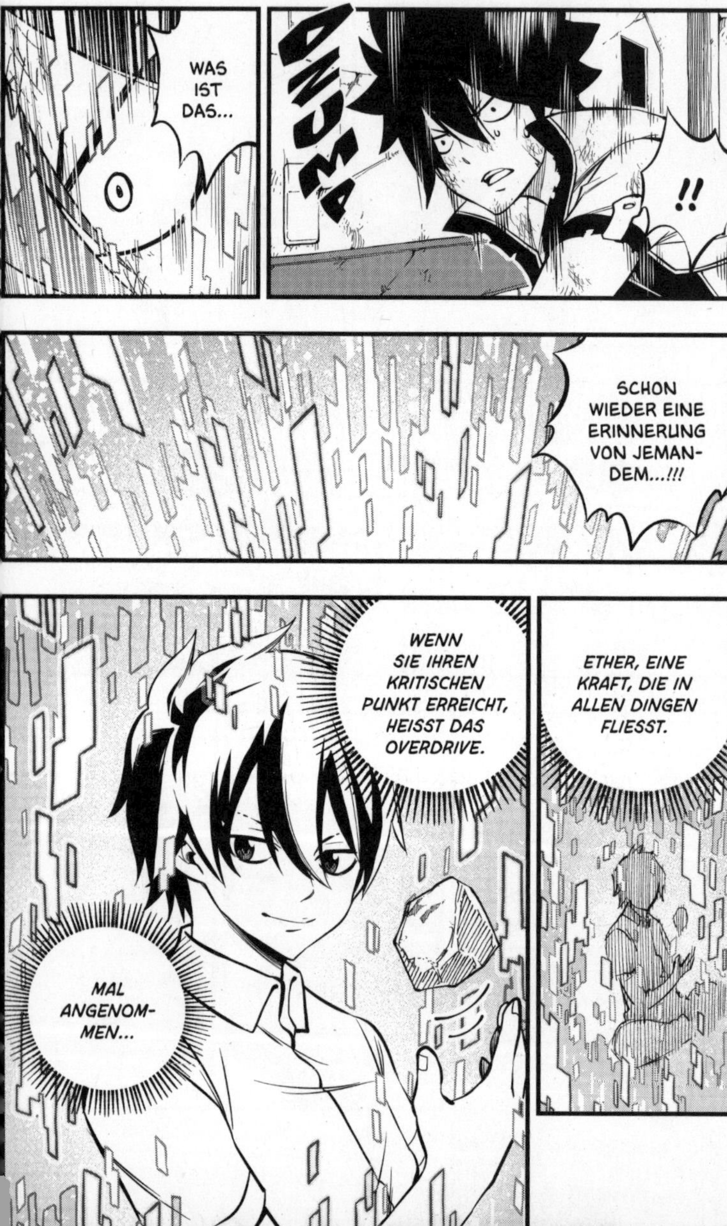
!!
WAS IST DAS...
SCHON WIEDER EINE ERINNERUNG VON JEMANDEM...!!!
ETHER, EINE KRAFT, DIE IN ALLEN DINGEN FLIESST.
MAL ANGENOMMEN...
WENN SIE IHREN KRITISCHEN PUNKT ERREICHT, HEISST DAS OVERDRIVE.

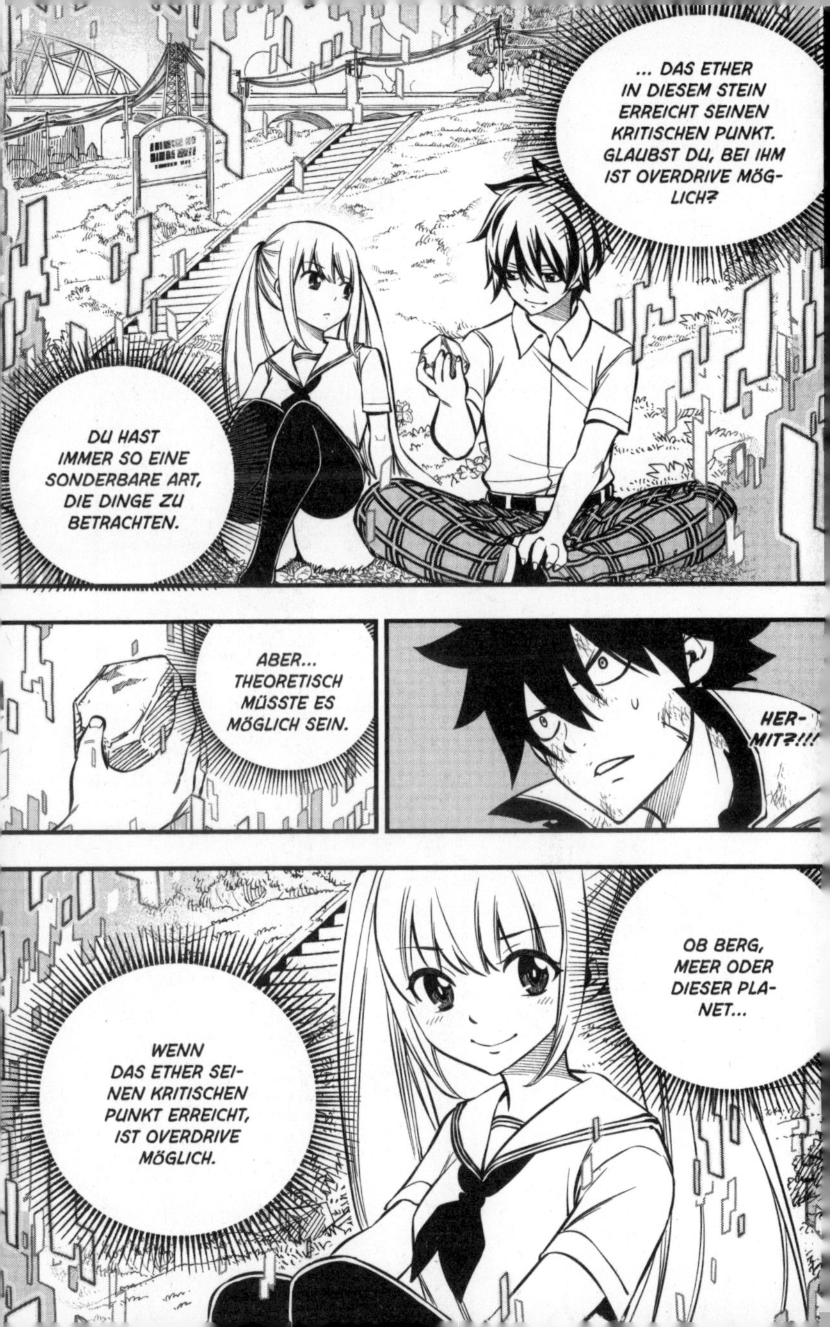
... DAS ETHER IN DIESEM STEIN ERREICHT SEINEN KRITISCHEN PUNKT. GLAUBST DU, BEI IHM IST OVERDRIVE MÖGLICH?
DU HAST IMMER SO EINE SONDERBARE ART, DIE DINGE ZU BETRACHTEN.
HERMIT?!!!
ABER... THEORETISCH MÜSSTE ES MÖGLICH SEIN.
OB BERG, MEER ODER DIESER PLANET...
WENN DAS ETHER SEINEN KRITISCHEN PUNKT ERREICHT, IST OVERDRIVE MÖGLICH.

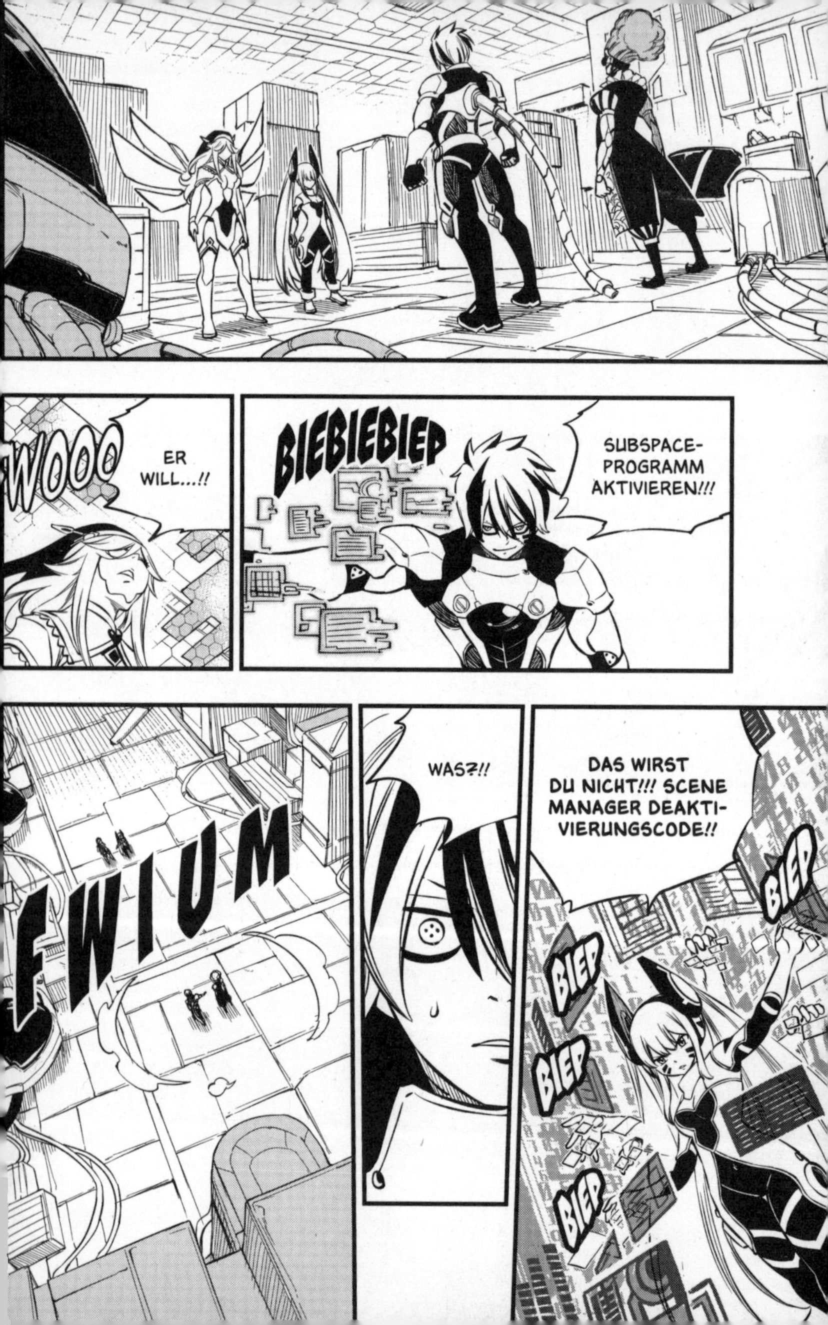

SUBSPACE-PROGRAMM AKTIVIEREN!!!
BIEBIEBIEP
ER WILL...!!
WOOO
DAS WIRST DU NICHT!!! SCENE MANAGER DEAKTI-VIERUNGSCODE!!
BIEP
BIEP
BIEP
BIEP
WAS?!!
FWIUM

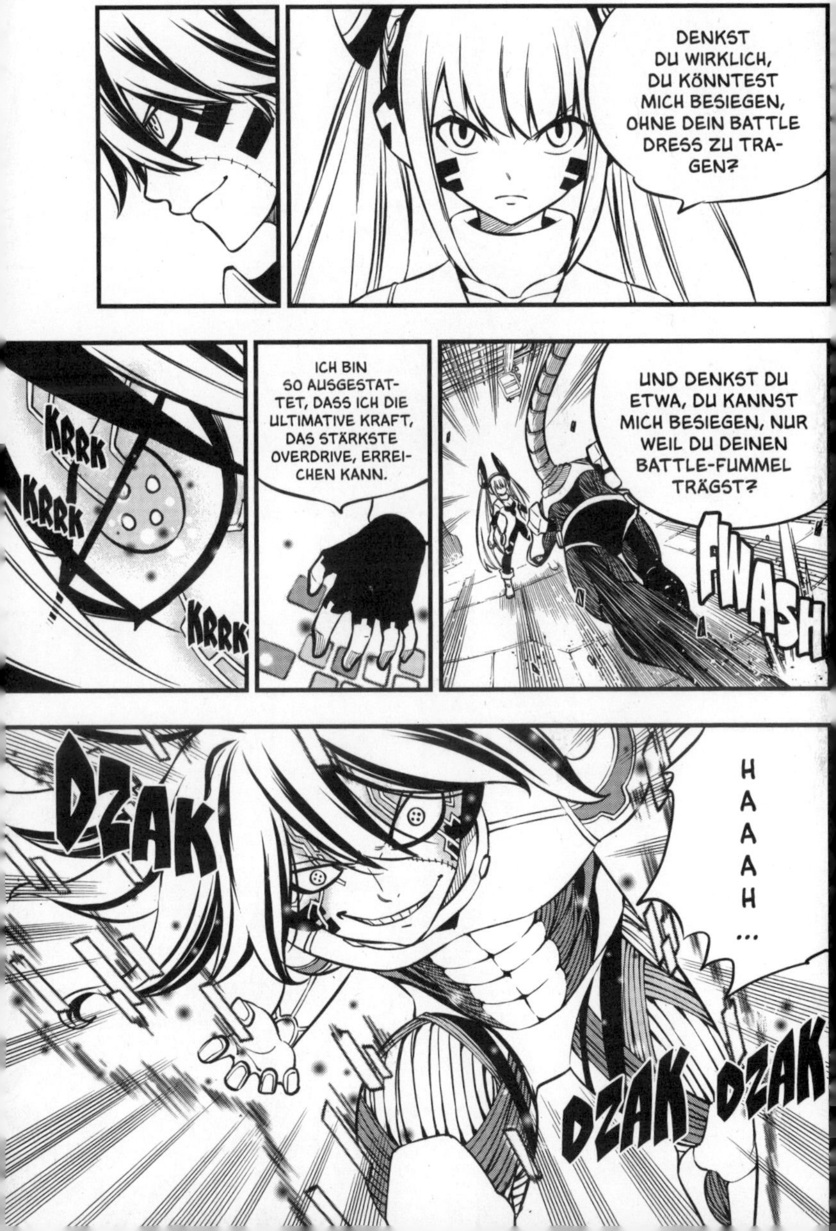

DENKST DU WIRKLICH, DU KÖNNTEST MICH BESIEGEN, OHNE DEIN BATTLE DRESS ZU TRA-GEN?
UND DENKST DU ETWA, DU KANNST MICH BESIEGEN, NUR WEIL DU DEINEN BATTLE-FUMMEL TRÄGST?
FWASH
ICH BIN SO AUSGESTAT-TET, DASS ICH DIE ULTIMATIVE KRAFT, DAS STÄRKSTE OVERDRIVE, ERREI-CHEN KANN.
KRRK
KRRK
KRRK
HAAAAH ...
DZAK
DZAK DZAK

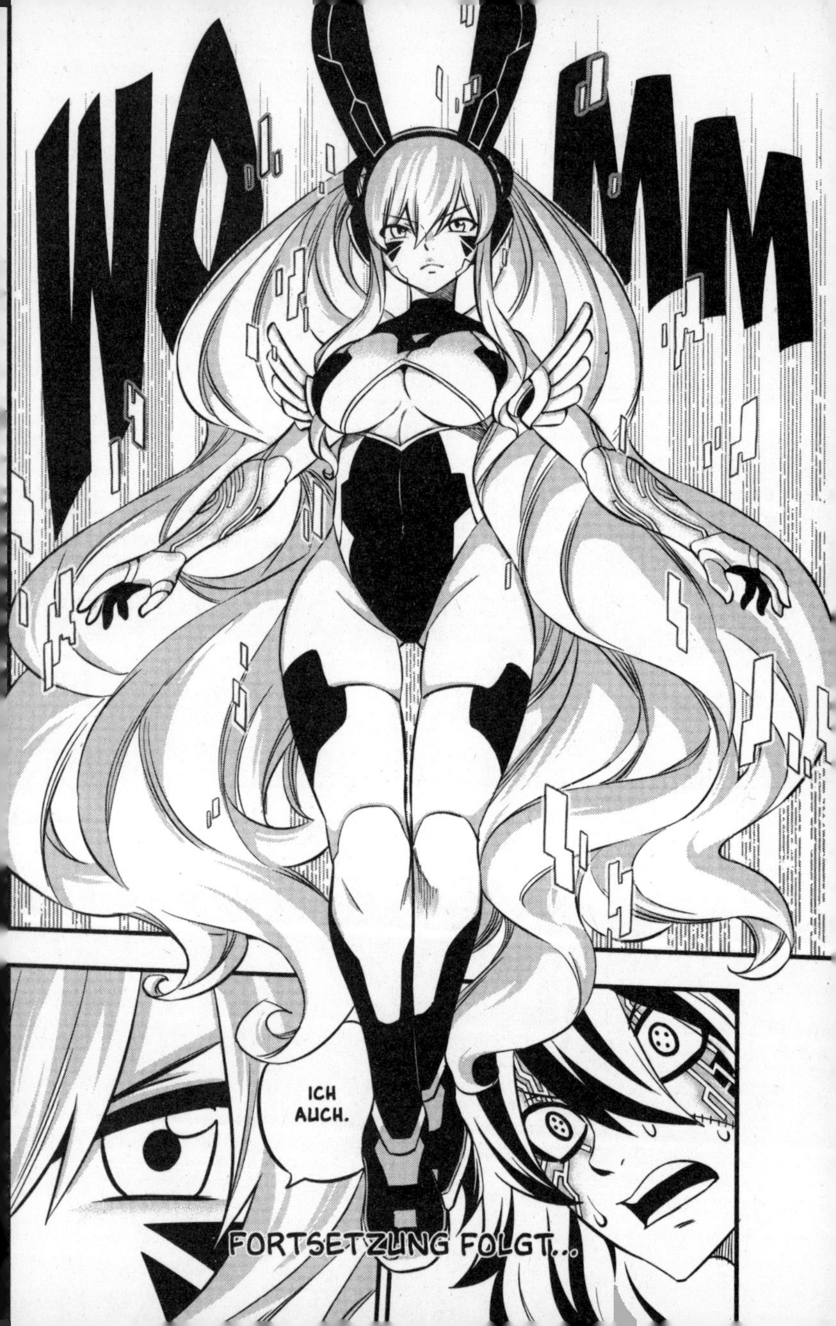
WOMM
ICH AUCH.
FORTSETZUNG FOLGT...

EDENS ZERO

NACHWORT

Ich habe einen YouTube-Kanal eröffnet, weil ich gerne Livestreams von mir beim Zeichnen machen wollte! Im Grunde geht es mir nur ums Streamen. Aber wo ich schon mal einen Kanal habe, dachte ich, kann ich ja auch Storys zeichnen und hochladen. Und während ich nun so kleine Geschichten zeichne, merke ich, wie viel Spaß das macht! Ich werde da jede Menge reinstellen und würde mich sehr freuen, wenn ihr euch das anseht.

Mit den Videos habe ich wirklich bei null angefangen. Ich hatte keinerlei Ahnung von Aufnehmen und Schneiden und lerne das nun, während ich es mache. Das Schneiden nimmt ziemlich viel Zeit in Anspruch und so richtig versiert bin ich da beileibe noch nicht. Außerdem hört sich meine Stimme schrecklich an.

Bisher habe ich nie sonderlich darauf geachtet, aber durch das Streamen und meine Clips habe ich meine eigene Stimme so oft gehört wie nie zuvor. »So schrecklich klingt meine Stimme? Die Aussprache ist ja furchtbar und ich betone alles so komisch.« Es ist mir derart peinlich, dass ich mich am liebsten zu Hause in eine Ecke verkriechen möchte. Wenn ich mit dem Streamen weitermachen will, muss ich da unbedingt was verbessern, mit Sprechtraining anfangen und Artikulationsübungen machen. Tja, was ein Mangaka alles so macht!

»Mit etwas Neuem beginnen, sich anstrengen und lernen!« Wenn man jung ist, erscheint einem das selbstverständlich. Ich bin sehr glücklich, dass ich das in meinem Alter auch noch erleben darf.

Den YouTube-Kanal betreibe ich wirklich nur zum Spaß. Hauptsächlich streame ich mich beim Zeichnen oder stelle Clips von Manga-Gesprächsrunden rein. Künftig möchte ich aber auch Gamingstreams und so was in der Art machen. Ich freue mich sehr, wenn ihr da mal reinschaut.

Nun noch ein Wort zum vorliegenden Band. Nach und nach kommen immer mehr der zahlreichen Rätsel und Geheimnisse von »Edens Zero« ans Licht. Es wird ziemlich schockierend – ich hoffe, ihr freut euch schon darauf!

Wenn ich meinem Redakteur sage: »Dark Fantasy ist wirklich nicht so meine Stärke«, dann antwortet er neuerdings immer: »Je nach Blickwinkel ist Edens Zero schon Dark Fantasy genug!«

EDENSZERO

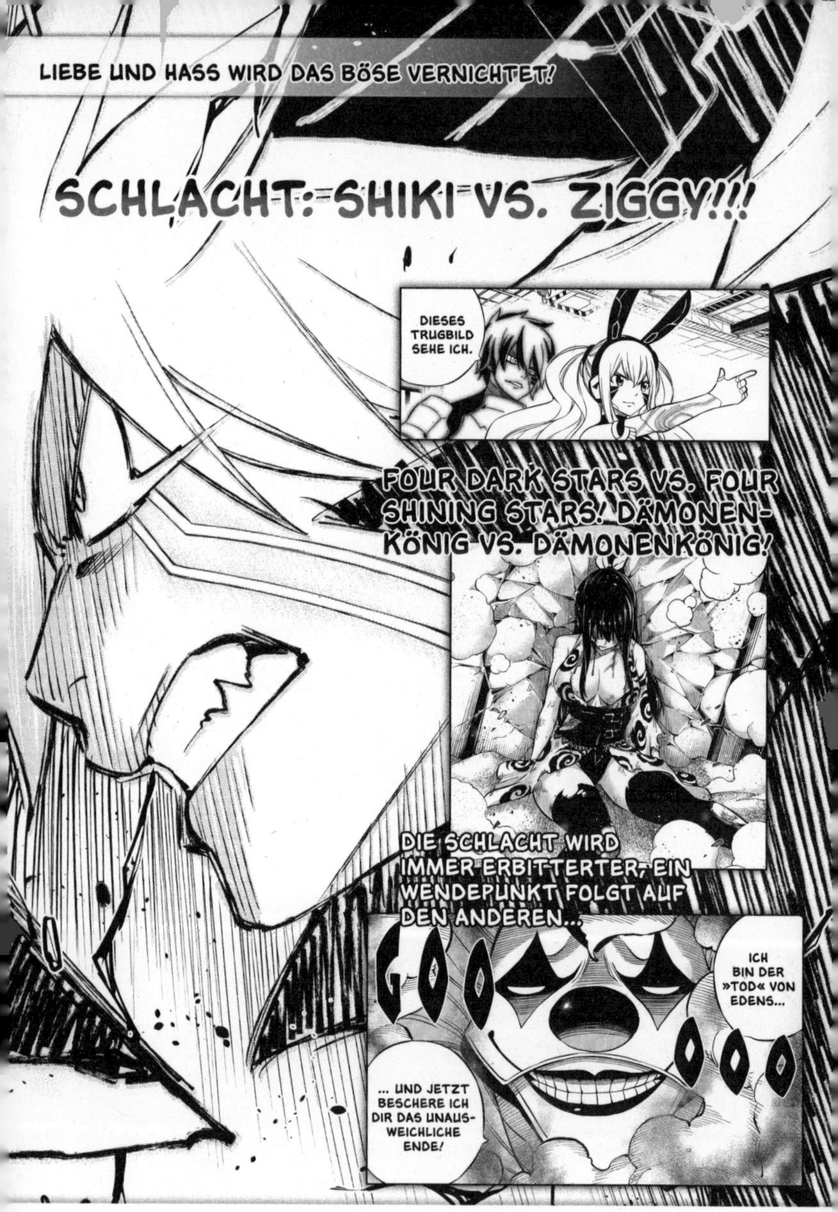
LIEBE UND HASS WIRD DAS BÖSE VERNICHTET!
SCHLACHT: SHIKI VS. ZIGGY!!!
DIESES TRUGBILD SEHE ICH.
FOUR DARK STARS VS. FOUR SHINING STARS! DÄMONEN-KÖNIG VS. DÄMONENKÖNIG!
DIE SCHLACHT WIRD IMMER ERBITTERTER, EIN WENDEPUNKT FOLGT AUF DEN ANDEREN ...
ICH BIN DER »TOD« VON EDENS ...
... UND JETZT BESCHERE ICH DIR DAS UNAUS-WEICHLICHE ENDE!

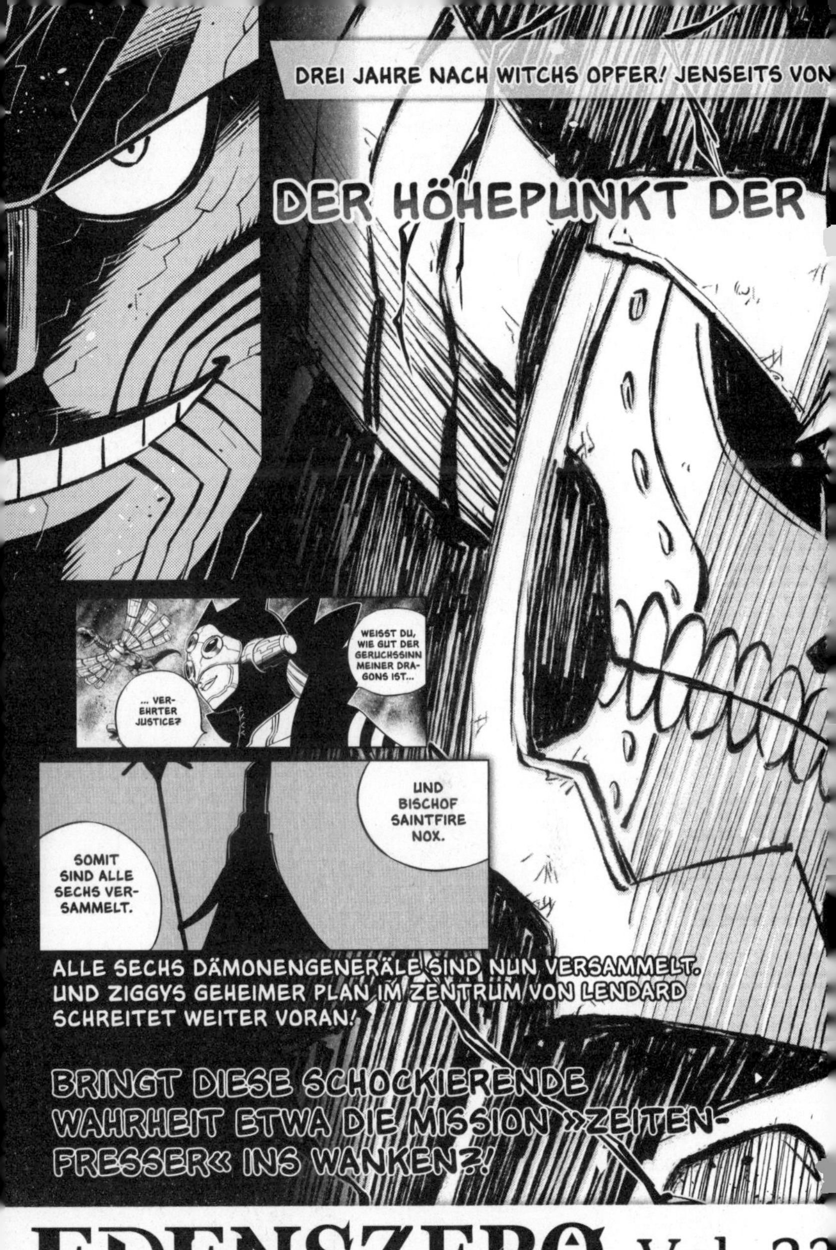

EDENSZERO Vol. 23

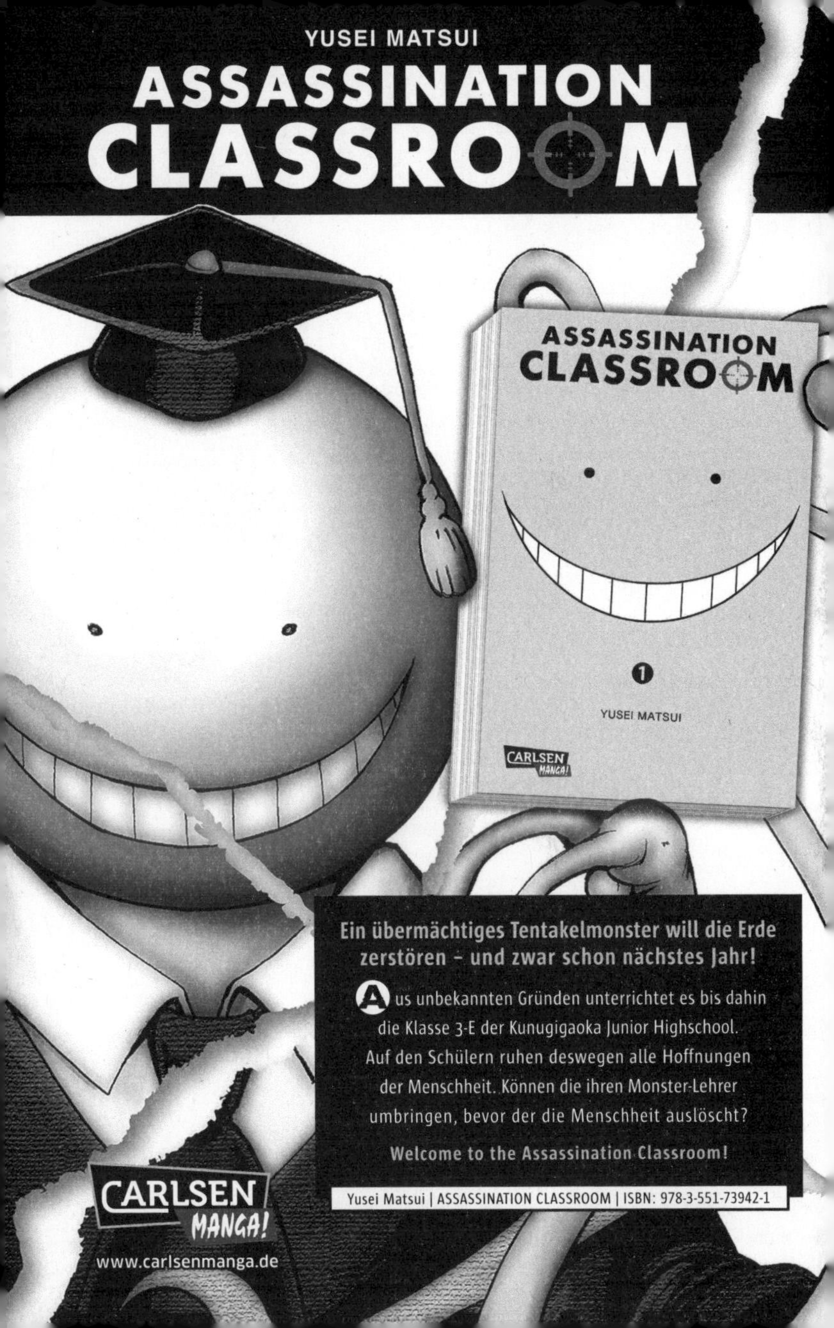
YUSEI MATSUI
ASSASSINATION CLASSROOM
ASSASSINATION CLASSROOM
1
YUSEI MATSUI
CARLSEN MANGA!
Ein übermächtiges Tentakelmonster will die Erde zerstören – und zwar schon nächstes Jahr!
Aus unbekannten Gründen unterrichtet es bis dahin die Klasse 3-E der Kunugigaoka Junior Highschool. Auf den Schülern ruhen deswegen alle Hoffnungen der Menschheit. Können die ihren Monster-Lehrer umbringen, bevor der die Menschheit auslöscht?
Welcome to the Assassination Classroom!
Yusei Matsui | ASSASSINATION CLASSROOM | ISBN: 978-3-551-73942-1
CARLSEN MANGA!
www.carlsenmanga.de

MISSION: Yozakura Family

HITSUJI GONDAIRA

VORHANG AUF FÜR DIE SCHRÄGSTE UND GEFÄHRLICHSTE FAMILIE DER WELT!

Taiyo Asano ist ein extrem schüchterner Oberschüler. Die einzige Person, mit der er unbeschwert reden kann, ist seine Kindheitsfreundin Mutsumi Yozakura. Doch dann stellt sich heraus, dass Mutsumi ein Geheimnis hat, das Taiyos Leben völlig auf den Kopf stellt: Ihre Familie besteht aus lauter Superspionen! Und als wäre das nicht schon aufregend genug, trachtet Mutsumis großer Bruder ihm auch noch nach dem Leben! Wie weit wird Taiyo gehen, um seine Haut zu retten?

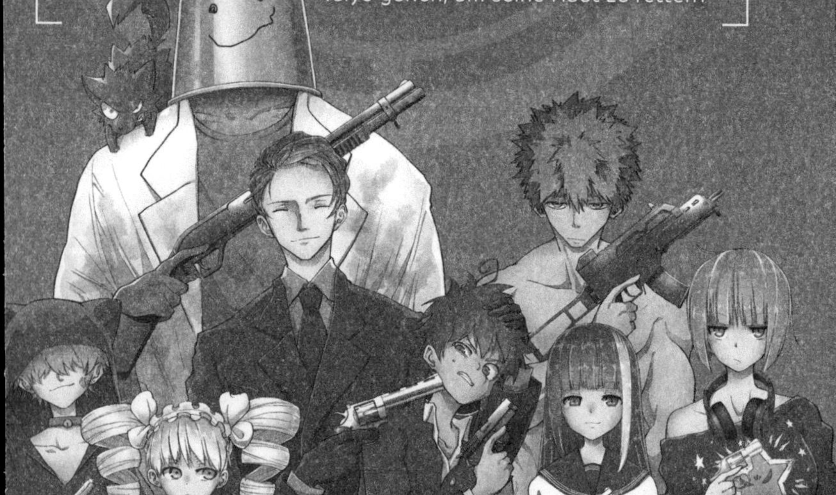

CARLSEN MANGA!

www.carlsenmanga.de

carlsen_manga

carlsenmanga

»EDENS ZERO« ist eine japanische Serie, und in Japan wird von »hinten« nach »vorn« und von rechts nach links gelesen. Man muss diesen Manga also »hinten« aufschlagen und Seite für Seite nach »vorn« weiterblättern. Auch die Bilder auf jeder Seite und die Sprechblasen innerhalb der Bilder werden von rechts oben nach links unten gelesen, so wie in der Grafik gezeigt. Viel Spaß mit »EDENS ZERO«!

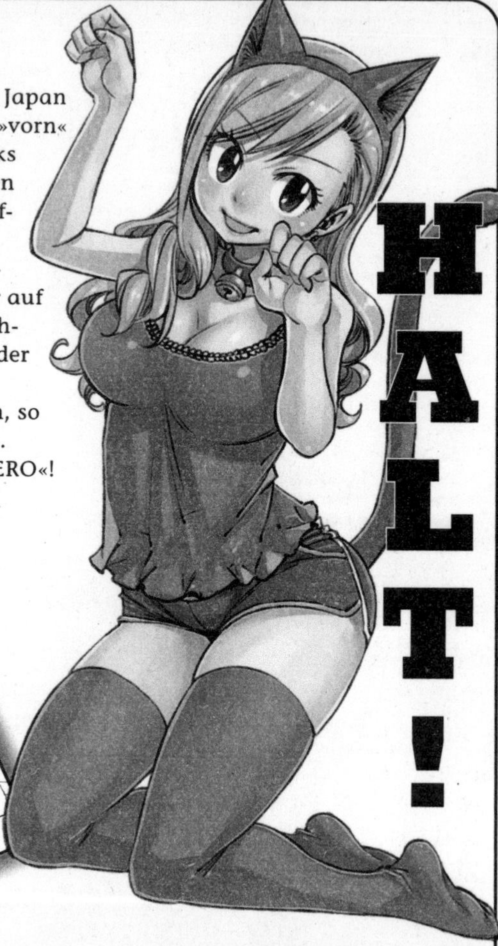

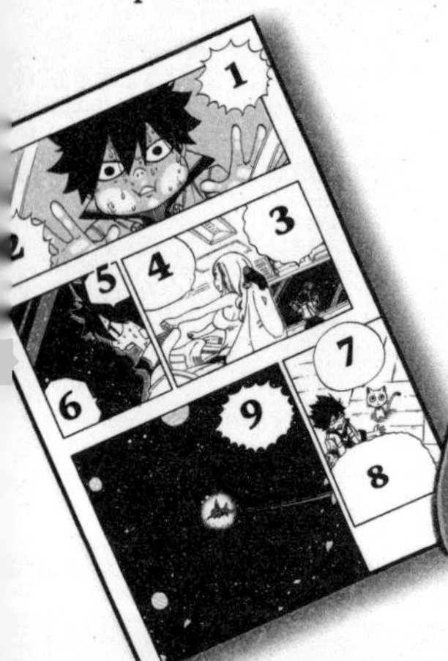

CARLSEN MANGA! NEWS jeden Monat neu per E-Mail
www.carlsenmanga.de · www.carlsen.de
CARLSEN MANGA · Deutsche Ausgabe / German Edition

Aus dem Japanischen von Nadja Stutterheim

First published in Japan in 2022 by KODANSHA Ltd., Tokyo
Publication rights for this German edition arranged through Kodansha Ltd.
Redaktion: Nina Kroesing & Patricia Janzen · Textbearbeitung: Steffen Haubner · Herstellung: Tobias Hametner
 · ISBN: 978-3-551-75900-9

FSC
www.fsc.org
MIX
Papier | Fördert gute Waldnutzung
FSC® C083411
Klimaneutrales Produkt